ACCESO AL E-BOOK GRATIS

[+] Diríjase a la página web de la editorial www.tirant.com

[+] En *Mi cuenta* vaya a Mis promociones www.tirant.com/mispromociones

[+] Introduzca su mail y contraseña, si todavía no está registrado debe registrarse

[+] Una vez en Mis promociones inserte el código oculto en esta página para activar la promoción

Código Promocional

Rasque para visualizar

La utilización del LIBRO ELECTRÓNICO y la visualización del mismo en NUBE DE LECTURA excluyen los usos bibliotecarios y públicos que puedan poner el archivo electrónico a disposición de una comunidad de lectores. Se permite tan solo un uso individual y privado.

AF806831

No se admitirá la devolución de este libro si el código promocional ha sido manipulado

LOS DELITOS LEVES

Causas y consecuencias de la desaparición de las faltas

Procedimiento de selección de originales, ver página web:

www.tirant.net/index.php/editorial/procedimiento-de-seleccion-de-originales

LOS DELITOS LEVES

Causas y consecuencias de la desaparición de las faltas

PATRICIA FARALDO CABANA
Catedrática de Derecho Penal, Universidade da Coruña
Adjunct Professor, Queensland University of Technology, Australia

tirant lo blanch
Valencia, 2016

En caso de erratas y actualizaciones, la Editorial Tirant lo Blanch publicará la pertinente corrección en la página web www.tirant.com.

Este libro se ha escrito en el marco de los proyectos de investigación sobre "El sistema penal español en el período post-crisis" (DER2014-52674-R), financiado por el Programa Estatal de Investigación, Desarrollo e Innovación orientada a los Retos de la Sociedad del Ministerio de Economía y Competitividad; y "Protección penal de la inversión y del crédito público y privado", financiado por el Ministerio de Economía y Competitividad (DER2012-34302) y por la Consellería de Cultura, Educación e Ordenación Universitaria de la Xunta de Galicia (EM 2012/076).

Director de la Colección:
JOSÉ LUIS GONZÁLEZ CUSSAC
Catedrático de Derecho Penal
Universitat de València

© TIRANT LO BLANCH
EDITA: TIRANT LO BLANCH
C/ Artes Gráficas, 14 - 46010 - Valencia
TELFS.: 96/361 00 48 - 50
FAX: 96/369 41 51
Email:tlb@tirant.com
www.tirant.com
Librería virtual: www.tirant.es
DEPÓSITO LEGAL: V-496-2016
ISBN: 978-84-9119-320-3
IMPRIME: Guada Impresores, S.L.
MAQUETA: Tink Factoría de Color

Dedico este libro a mis padres,
por hacerlo posible.
Y a mi hijo,
por intentar evitarlo

ÍNDICE

ABREVIATURAS

AA.VV.	autores varios
ACP	anteproyecto de Código Penal
ADPCP	Anuario de Derecho Penal y Ciencias Penales
BOP	Boletín Oficial de la Provincia
CE	Constitución española de 1978
CP	Código Penal
CPC	Cuadernos de Política Criminal
DJ	Documentación Jurídica
EBEP	Ley 7/2007, de 12 de abril, del Estatuto Básico del Empleado Público
EPC	Estudios Penales y Criminológicos
LEC	Ley 1/2000, de 7 de enero, de Enjuiciamiento Civil
LECrim	Real Decreto de 14 de septiembre de 1882 por el que se aprueba la Ley de Enjuiciamiento Criminal
LO	Ley Orgánica
LPSC	Ley Orgánica 4/2015, de 30 de marzo, de Protección de la Seguridad Ciudadana
LPACAP	Ley 39/2015, de 1 de octubre, del procedimiento administrativo común de las administraciones públicas
LTSV	Real Decreto Legislativo 6/2015, de 30 de octubre, por el que se aprueba el texto refundido de la Ley sobre Tráfico, Circulación de Vehículos a Motor y Seguridad Vial
NEJ	Nueva Enciclopedia Jurídica
NJW	Neue Juristische Wochenschrift
PANCP	Propuesta de Anteproyecto de Nuevo Código Penal
PCP	Proyecto de Código Penal
PJ	Poder Judicial
RDPC	Revista de Derecho Penal y Criminología
RdPP	Revista de Derecho y Proceso Penal
RECPC	Revista Electrónica de Ciencia Penal y Criminología
RGDP	Revista General de Derecho Penal
RGLJ	Revista General de Legislación y Jurisprudencia
RJC	Revista Jurídica de Cataluña
RP	Real Decreto 1398/1993, de 4 de agosto, por el que se aprueba el Reglamento del procedimiento para el ejercicio de la potestad sancionadora (vigente hasta el 2 de octubre de 2016)
SAP	Sentencia de la Audiencia Provincial
STC	Sentencia del Tribunal Constitucional
STS	Sentencia del Tribunal Supremo
ZStW	Zeitschrift für die gesamte Strafrechtswissenschaft

PRÓLOGO

La desaparición del Libro III del Código penal (en adelante CP) es, sin duda, una de las novedades más relevantes (además de un hito histórico en el movimiento de reforma penal) que ofrece la Ley Orgánica 1/2015, de 30 de marzo, por la que se modifica la Ley Orgánica 10/1995, de 23 de noviembre, del CP.

De ahí el notable interés que posee este libro que prologo, escrito por mi querida (y primera) discípula, Patricia Faraldo Cabana, quien en un tiempo *record* (como nos tiene acostumbrados) ha sido capaz de escribir un extenso y valioso estudio sobre esta trascendental reforma del CP, en el que de forma completamente exhaustiva (y no es un tópico) analiza, con la profundidad y brillantez que han venido caracterizando todos sus trabajos anteriores, las numerosas cuestiones que pueden relacionarse con la eliminación de las faltas.

El estudio comienza desenmascarando el equívoco[1] al que pretende llevarnos el legislador español de 2015, al hablar indebidamente de "despenalización de las faltas"[2], cuando lo cierto es que tal despenalización no se corresponde con la realidad, se mire como se mire. Y Patricia Faraldo lo demuestra con un minucioso examen de todas ellas.

---

1 Aunque algún penalista ha calificado de oxímoron la expresión "delito leve", lo cierto es que ello supone halagar inmerecidamente al legislador de 2015, porque, si bien el oxímoron supone la combinación en una misma estructura sintáctica de dos palabras o expresiones de significado opuesto, el resultado debe ser el nacimiento de un nuevo sentido, que supone además la aparición de una figura literaria. Y ni que decir tiene que el legislador de 2015 no solo no creó figura literaria alguna y ni provocó el nacimiento de un nuevo sentido, sino que, antes al contrario, lo único que gestó fue un completo sinsentido.

2 Con todo, conviene aclarar, de entrada, el significado concreto que se quiere otorgar al término "despenalización". Patricia Faraldo parte la base de concebirlo como una renuncia a toda clase de consecuencia jurídica sancionadora con relación a un hecho determinado, reservando el vocablo "descriminalización", en cambio, para referirse al supuesto en que se renuncia exclusivamente a la sanción criminal a través de la pena, pero el hecho sigue sancionado con arreglo a otros sectores del Ordenamiento jurídico, señaladamente el administrativo. Personalmente, comparto esta terminología, que ya utilicé en mi trabajo sobre "La despenalización de las faltas y las reformas relativas al libro III", *PJ* núm. especial XII, 1990. Pues bien, con arreglo a este significado, el término "despenalización", aplicado a esta reforma, es notoriamente incorrecto. Ello no obstante, aunque entendiésemos dicho término en el sentido que damos al vocablo "descriminalización", la reforma de 2015 tampoco se condice en modo alguno con este significado, según explico a continuación en el texto.

De tal examen se infiere que una parte importante de las infracciones hasta ahora contenidas en el Libro III del CP no solo no desaparece del texto punitivo, sino que reaparece en el Libro II bajo la fisonomía de delitos leves, configurando tipos atenuados de delitos menos graves preexistentes o tipos autónomos. Es más, existe incluso un determinado número de faltas que pasa a integrarse en la categoría de delitos menos graves: sea en alguno de los delitos anteriormente existentes, sea en nuevos delitos menos graves creados *ex novo* por el legislador de 2015 (si bien en algunos supuestos se añade, ciertamente, un ulterior elemento típico).

Por otra parte, en el juicio que merece la referida despenalización, la autora considera acertadamente que no puede pasarse por alto la circunstancia de que la supresión de algunas faltas contra el orden público se ve sobradamente compensada no solo por la desmesurada ampliación que experimentan en la reforma de 2015 los delitos de atentado, resistencia y desórdenes públicos, sino también por la aprobación de la nueva Ley de Protección de la Seguridad Ciudadana, en la que se introducen nuevas infracciones administrativas (introducción que explícitamente se justifica por la desaparición de las faltas) y se eleva la cuantía de las sanciones ya existentes.

En fin, a la vista del análisis realizado, Patricia Faraldo llega a la conclusión de que únicamente queda al margen de cualquier consecuencia sancionadora un tercio del total de faltas incluidas en el derogado Libro III; y con la decisiva peculiaridad añadida de que las faltas que realmente desaparecen del ámbito punitivo representan nada más que el 5% de las faltas conocidas en 2014, según los datos que se recogen en el *Anuario Estadístico del Ministerio del Interior*.

A continuación, la autora analiza las razones que en su día justificaron la introducción de las faltas en la legislación histórica, confrontándolas con los objetivos político-criminales que declaradamente se esperan obtener con su desaparición y con los objetivos reales, pero no explicitados, que se persiguen.

A tal efecto, lleva a cabo posteriormente un pormenorizado estudio de las consecuencias dogmáticas que se derivan de la conversión de las faltas en delitos leves y menos graves, examinando todas las instituciones de la Parte General que se hallan implicadas en dicha conversión, así como las novedades que surgen tanto en el sistema de sanciones aplicables a los delitos leves como en su perseguibilidad.

Al propio tiempo, se exponen también las novedades en la regulación de los delitos leves en la Parte Especial del CP, incluyendo no solo las reformas expresas sino también las (más numerosas) reformas tácitas que comportan la ampliación del ámbito de aplicación de delitos preexistentes[3].

Al final de su profundo estudio Patricia Faraldo llega a unas conclusiones que me parecen plenamente compartibles. Entre ellas cabe destacar, principalmente, la de que hay razones sólidas para augurar un completo fracaso en la consecución de los objetivos político-criminales apuntados por el legislador para justificar una reforma de este calado, puesto que, de un lado, la supresión de las faltas no mejora la situación de solapamiento de los tipos penales y administrativos y, de otro lado, no agilizará la sanción de las infracciones leves ni conseguirá reducir la congestión del sistema judicial.

Por el contrario, lo que realmente ha conseguido el legislador de 2015 es sumergirnos en un panorama desolador y distópico, que Patricia Faraldo sintetiza en los siguientes puntos: agravamiento de las penas de buena parte de las infracciones que permanecen en el CP; empeoramiento de la posición de la persona infractora con carácter general; aumento de la discrecionalidad del Ministerio Fiscal, en cuyas manos queda el proceso de despenalización real que el legislador no se ha atrevido o no ha querido afrontar; empeoramiento de la posición de víctimas y perjudicados en el caso de las infracciones leves que se reconducen al Derecho Civil; en fin, aumento del poder punitivo de la Administración y empeoramiento de la posición de los infractores cuando se trata de las infracciones leves que se reconducen al Derecho Administrativo sancionador.

Finalmente, solo me queda recomendar encarecidamente la lectura de este libro, que a buen seguro será de suma utilidad y de consulta obligada para todos los profesionales del Derecho. Es una lástima que ese proteico y enigmático cuerpo que denominamos "legislador de la reforma de 2015" no haya podido contar con un estudio como el que Patricia Faraldo ha llevado a cabo en esta publicación; no obstante, queda el consuelo de que el "legislador de la reforma de 2016" (y el de años sucesivos) sí podrá contar con este excepcional bagaje, aunque ello no garantice, obviamente, que el legislador de los años venideros lo tenga en consideración.

Y no puedo terminar este prólogo sin felicitar a Patricia por la extraordinaria labor investigadora que ha venido realizando desde su in-

---

3 Particular interés reviste el fenómeno de las reformas tácitas, las cuales se producen en la medida en que en el término "delito" hay que incluir ahora también los delitos leves, mientras que antes de la reforma de 2015 se entendía que las faltas quedaban al margen. Se produce así un cambio sustancial del ámbito de aplicación de algunos delitos que se construyen por remisión al concepto de "delito". A estas reformas tácitas se dedica el tercer apartado del capítulo 7 del libro.

corporación al área de Derecho Penal de la Universidad de A Coruña, así como por su firme compromiso con la búsqueda de un Derecho Penal mejor que el que padecemos: técnicamente mejor y anclado en los principios garantísticos que dimanan del Estado de Derecho.

CARLOS MARTÍNEZ-BUJÁN PÉREZ
Catedrático de Derecho Penal de la Universidad de A Coruña

1. INTRODUCCIÓN

La Ley Orgánica (en adelante LO) 1/2015, de 30 de marzo por la que se modifica la Ley Orgánica 10/1995, de 23 de noviembre, del Código Penal, ha llevado a cabo una modificación de gran calado en la organización del Código Penal de 1995 (en adelante CP), consistente en la completa desaparición del Libro III, en el que históricamente se han regulado las faltas.

Si tenemos en cuenta que del total de infracciones penales conocidas en España en 2014 (último año del que se disponen de cifras), que asciende a 2.092.040, las faltas suponen el 52,07% (1.089.485)[4], y que los juicios de faltas ingresados ascendieron en 2014 a 1.040.918, resolviéndose 1.073.581, de los cuales el 9,3% (100.284) lo fueron como juicios rápidos[5], está claro que la supresión de las faltas constituye una cuestión clave en la gestión del orden jurisdiccional penal. El legislador ha de haber tenido un motivo poderoso para llevar a cabo un cambio tan trascendente. ¿Es así?

El Preámbulo de la LO 1/2015 explica que "se suprimen las faltas que históricamente se regulaban en el Libro III del Código Penal, si bien algunas de ellas se incorporan al Libro II del Código reguladas como delitos leves. La reducción del número de faltas — delitos leves en la nueva regulación que se introduce — viene orientada por el principio de intervencion mınima, y debe facilitar una disminución relevante del número de asuntos menores que, en gran parte, pueden encontrar respuesta a través del sistema de sanciones administrativas y civiles" (apartado I). Por tanto, la justificación conceptual de la reforma se centra en el principio de intervención mínima.

> No es un argumento novedoso. Este principio ya se utilizó en 1989 para justificar la importante reducción del número de faltas que entonces se llevó a cabo mediante la LO 3/1989, de 21 de junio, de actualización del Código Penal[6].

---

4 Datos aportados en el *Anuario Estadístico del Ministerio del Interior para el año 2014*, Ministerio del Interior, Madrid, 2015, p. 154.

5 Datos aportados en el informe del Consejo General del Poder Judicial titulado *Panorámica de la Justicia durante 2014*, publicado en su página web. No se incluyen en esta cifra, obviamente, las faltas juzgadas con arreglo al procedimiento aplicable al delito principal.

6 De acuerdo con el Preámbulo de la LO 3/1989, "entre los principios en que descansa el Derecho penal moderno destaca el de intervención mínima. En mérito suyo el aparato punitivo reserva su actuación para aquellos comportamientos o conflictos cuya importancia o trascendencia no puede ser tratada adecuadamente más que con

El objetivo político-criminal perseguido es descargar el sistema penal de asuntos "menores": tras indicar que la reforma se orienta en parte a suprimir "aquellas otras infracciones que, por su escasa gravedad, no merecen reproche penal" (apartado I), más adelante se explica que "[e]n la actualidad debe primarse la racionalización del uso del servicio público de Justicia, para reducir la elevada litigiosidad que recae sobre Juzgados y Tribunales, con medidas dirigidas a favorecer una respuesta judicial eficaz y ágil a los conflictos que puedan plantearse. Al tiempo, el Derecho Penal debe ser reservado para la solución de los conflictos de especial gravedad" (apartado XXXI).

> Tampoco éste es un argumento novedoso. La necesidad de evitar el dispendio de medios públicos en el procesamiento de infracciones de escasa gravedad también fue utilizada en 1989 para justificar la reforma llevada a cabo entonces[7].

Las faltas que se han suprimido eran infracciones penales leves, contrapuestas hasta la reforma de 2015 a los delitos, que eran las infracciones

---

el recurso a la pena; tan grave decisión se funda a su vez en la importancia de los bienes jurídicos en juego y en la entidad objetiva y subjetiva de las conductas que los ofenden.

Hace ya tiempo que existe unanimidad en la jurisprudencia y doctrina españolas en cuanto a que nuestro sistema penal tiene una amplitud excesiva, siendo grande el número de las infracciones penales carentes de sentido en la actualidad, sea porque ha desaparecido su razón de ser, sea porque el Derecho privado o el Derecho administrativo están en condiciones de ofrecer soluciones suficientes, con la adicional ventaja de preservar el orden de lo delictivo en su lugar adecuado, que debe ser la cúspide de los comportamientos ilícitos. En el mismo tipo de consideraciones debe inscribirse el hecho demostrable de que fuera de lo punible se describen y sancionan conductas de entidad notoriamente superior a las que son objeto de las descripciones penales. Resulta así que, de un lado, se ha llegado a un exceso de presencia de lo punitivo, y, de otro, se ha producido cierto desequilibrio entre las penas y el sistema de reacciones jurídicas no penales.

La situación expuesta es particularmente visible en el ámbito de las faltas. Las que en su día fueron llamadas "delitos veniales" integran un cuerpo de infracciones penales de excesiva amplitud".

7 De acuerdo con el Preámbulo de la LO 3/1989, "a ello [n. de la a., a la necesidad de acomodar la regulación penal al principio de intervención mínima] se añaden las imaginables consecuencias de agolpamiento ante los Tribunales de Justicia de muchos pequeños problemas que no merecen ciertamente el dispendio de tantos esfuerzos de los poderes públicos".

La vinculación de estas formas leves de criminalidad y la sobrecarga de la Administración de Justicia es una constante histórica. Véase, entre otros, ARMENTA DEU, M. T., *Criminalidad de bagatela y principio de oportunidad: Alemania y España*, PPU, Barcelona, 1991, p. 24.

penales graves y menos graves[8]. Esta clasificación, que se remitía a la de las penas[9], era muy relevante en la práctica pues tenía múltiples efectos, tanto procesales como sustantivos: desde el distinto procedimiento de enjuiciamiento y las diferentes posibilidades de acordar ciertas medidas cautelares, hasta los diversos plazos de prescripción y cancelación de antecedentes penales, pasando por los criterios de determinación de la pena, la imposición de penas accesorias o el castigo de la tentativa, entre otros.

Como veremos, tras la reforma se mantiene la clasificación tripartita de las infracciones penales, distinguiéndose ahora entre delitos leves, menos graves y graves[10]. No se trata tanto de que las faltas desaparezcan —solo lo hace aproximadamente un tercio del total— como de que se hayan convertido en buena parte en delitos leves y menos graves, integrándose en el articulado del Libro II del Código Penal. También se mantienen las consecuencias procedimentales de esta clasificación, dado que no desaparece el juicio de faltas. Éste se sigue aplicando a los delitos leves, a los que se añaden aquellos delitos que tengan una pena que, por su extensión, se pueda clasificar a la vez como leve o menos grave. Al mismo tiempo, se han modificado numerosos preceptos de los Libros I y II que aludían a las faltas[11], a veces para eliminar dicha mención y a veces para sustituirla por una referencia a los delitos leves, aprovechándose en algunos casos

---

8 Critica la categoría de los delitos leves por entender que "es un oxímoron o una *contradictio in terminis*", BOLDOVA PASAMAR, M. A., "La desaparición de las faltas en el proyecto de reforma de Código Penal de 2013", *RECPC* núm. 16, 2014, p. 7, quien afirma que "el delito es grave por naturaleza. Por ello resulta un contrasentido hablar de delitos leves (quizás sí se pudiera hablar de un delito menor, incurriendo posiblemente en anglicismo). De ahí la corrección terminológica de las faltas para designar a las infracciones penales leves".

9 Según el art. 13 CP, en la versión original de 1995: "1. Son delitos graves las infracciones que la Ley castiga con pena grave.
2. Son delitos menos graves las infracciones que la Ley castiga con pena menos grave.
3. Son faltas las infracciones que la Ley castiga con pena leve".

10 La LO 1/2015 ha modificado el art. 13.3 CP, que ahora señala que "son delitos leves las infracciones que la ley castiga con pena leve".

11 No se han eliminado, sin embargo, todas las referencias a las faltas. Por ejemplo, el art. 73 CP las sigue mencionando: "Al responsable de dos o más delitos o faltas se le impondrán todas las penas correspondientes a las diversas infracciones para su cumplimiento simultáneo, si fuera posible, por la naturaleza y efectos de las mismas".
Lo mismo ocurre en el art. 74.1 CP, al definir el delito continuado: "1. No obstante lo dispuesto en el artículo anterior, el que, en ejecución de un plan preconcebido o aprovechando idéntica ocasión, realice una pluralidad de acciones u omisiones que ofendan a uno o varios sujetos e infrinjan el mismo precepto penal o preceptos de igual o semejante naturaleza, será castigado como autor de un delito o falta continuados con la pena señalada para la infracción más grave, que se impondrá en su mitad superior, pudiendo llegar hasta la mitad inferior de la pena superior en grado…".

la ocasión para introducir cambios sustantivos en la regulación de estas infracciones.

> Como señala el apartado XXXI del Preámbulo de la LO 1/2015, "la reforma supone la derogación completa del Libro III del Código Penal, de forma que desaparece la infracción penal constitutiva de falta. Ello exige adecuar un gran número de artículos que hacen referencia a la dualidad delito o falta, simplemente para eliminar esa mención a las faltas penales. De ahí la extensión de la reforma que se acomete, que en muchos casos consiste en una mera adecuación de la regulación a la supresión del sistema dualista, como sucede con buena parte de los artículos de la parte general del Código Penal, o con otros preceptos de la parte especial como los relativos a las asociaciones ilícitas, la prevaricación judicial o la imputación de delitos, o también el castigo de la receptación en faltas, que con la reforma queda derogado".

Por otra parte, numerosos delitos que no han sido modificados expresamente en la reforma experimentan un cambio en su ámbito de aplicación —generalmente, aunque no siempre, en sentido ampliatorio—, a consecuencia de la inclusión de los delitos leves en el término más genérico de "delito", cambio que en buena medida no fue previsto ni, por tanto, querido por el legislador.

Para valorar estas novedades se analizan las razones que en su día justificaron la introducción de las faltas en la legislación histórica, confrontándolas con los objetivos político-criminales que declaradamente se espera obtener de su desaparición y con los objetivos reales, pero no explicitados, que se persiguen. También se exponen los cambios que la reforma introduce expresa o tácitamente en determinados preceptos de los Libros I y II del Código Penal y en el sistema de penas, así como las novedades procedimentales. Se terminará con unas conclusiones.

Con carácter previo hay que avanzar que el legislador apoya su decisión en un estado de opinión favorable a la desaparición de las faltas.

> En el Preámbulo de la LO 1/2015 señala que "una buena parte de los operadores jurídicos viene reclamando la supresión de las infracciones penales constitutivas de falta: por la notoria desproporción que existe entre los bienes jurídicos que protegen y la inversión en tiempo y medios que requiere su enjuiciamiento; pero también por la dudosa necesidad de que conductas carentes en muchos casos de gravedad suficiente, deban ser objeto de un reproche penal. En tal sentido se viene pronunciando la Fiscalía General del Estado, que aboga por que las actuales infracciones consideradas como faltas penales queden al margen del Código Penal por su escasa gravedad. Y también el Consejo General del Poder Judicial, que de forma reciente ha propuesto despenalizar ciertos comportamientos tipificados como faltas penales como medida adecuada para reducir los elevados niveles de litigiosidad, que son especialmente altos en el orden jurisdiccional penal" (apartado XXXI).

En efecto, había voces relevantes que reclamaban la despenalización de las faltas, ya desde hace años. Baste recordar que el Libro Blanco de la Justicia de 1998, elaborado por el Consejo General del Poder Judicial, ya proponía en su apartado i) "La supresión del juicio de faltas... Esta medida ha de comportar necesariamente la despenalización de las faltas y la supresión del Libro III del Código Penal, debiendo contemplarse como ilícitos administrativos o, en su caso, reclamarse las respectivas indemnizaciones ante el orden jurisdiccional civil. Aquellas conductas que no puedan ser objeto de despenalización, tales como las lesiones, deberán tener el mismo tratamiento procesal que los delitos menos graves...". Más recientemente, el Consejo incluyó la destipificación de las faltas de menor relevancia entre sus *Propuestas para la reducción de la litigiosidad*, elaboradas en 2012. Durante la tramitación legislativa de la LO 1/2015, el Consejo Fiscal proponía eliminar todas las faltas excepto las de lesiones, hurto, estafa y apropiación indebida[12]. Había llegado más lejos la Memoria de la Fiscalía General del Estado del año 2012, cuando proponía lo que llamaba la desjudicialización de las faltas[13]. Lo mismo hacía un sector doctrinal[14]. Por tanto, en principio la opinión era favorable a la desapari-

---

12 Informe del Consejo Fiscal al Anteproyecto de Ley Orgánica por la que se modifica la Ley Orgánica 10/1995, de 24 de noviembre, del Código Penal, de 20 de diciembre de 2012, p. 332 (Disposición Transitoria Cuarta).

13 Tras lamentarse del esfuerzo dedicado por el Ministerio Fiscal y los órganos judiciales a las faltas, que consideraba "desproporcionado por excesivo", el Fiscal General del Estado apuntaba en su discurso que "ha llegado la hora de plantearnos en serio si es correcto persistir en la judicialización de este tipo de conflictos de rango menor, o si por el contrario procede buscar soluciones flexibles extramuros del proceso por vías de conciliación o mediación de las partes afectadas, mediante su reducción al ámbito administrativo sancionador o, inversamente, en aquellos muy escasos supuestos en que la especial significación antijurídica de la conducta lo justifique, mediante su incorporación al elenco de los delitos menos graves. Precisamente en este momento está en marcha una intensa actividad prelegislativa que parece orientarse en tal sentido" (pp. XXV y 157).

14 Cfr. COBO DEL ROSAL/ QUINTANAR DÍEZ en COBO DEL ROSAL, M. (Coord.), *Derecho Penal español. Parte Especial*, 2ª ed. Dykinson, Madrid, 2005, pp. 1204-1205; DÍAZ-MAROTO Y VILLAREJO, J., *Las faltas contra los intereses generales y contra el orden público en el Código penal español*, Civitas Thomson Reuters, Cizur Menor, 2009, pp. 16-20; TRILLO NAVARRO, J. P., "Criminalidad de bagatela: descriminalización garantista", *La Ley Penal* núm. 51, 2008, pp. 44-45. De "tremendo fracaso" calificaba la respuesta penal a las faltas MAGRO SERVET, V., "La derogación de las faltas del Código Penal: nuevas vías para luchar contra la "delincuencia menor"", *La Ley* 2009-4, p. 1864, proponiendo ya hace años la conversión de buena parte de ellas en delitos, de forma que la reincidencia y la reiteración delictiva tuvieran efectos negativos para el reo y el aumento de las penas consintiera la utilización de los mecanismos de suspensión y sustitución con la imposición de reglas de conducta de

ción de las faltas, aunque a la vista de los términos concretos de la reforma se discrepe del legislador en la manera de hacerlo[15].

Sin embargo, también hay posiciones que valoran muy negativamente la opción elegida por el legislador[16], incluso entre los órganos consultivos.

> Por ejemplo, el Consejo de Estado se mostró particularmente crítico en su Dictamen 358/2013, sobre el Anteproyecto de ley orgánica por la que se modifica la Ley Orgánica 10/1995, de 23 de noviembre del Código Penal, aprobado el 27 de junio de 2013, con la derogación del Libro III, que considera una "reforma de calado en el sistema penal español" que hubiera merecido "una más detenida justificación", por cuanto "no se ven las ventajas" a esta "ruptura con una larga tradición histórica de nuestro Derecho Penal, plasmada en sucesivos códigos, al menos desde 1848 hasta el ahora vigente de 1995", y sí numerosos inconvenientes tanto en su aspecto sustantivo como procesal.

Para encontrar un antecedente legislativo que claramente se oriente en la misma línea de despenalización de las faltas hay que remontarse a la LO 3/1989, de 21 de junio, de actualización del Código Penal[17], que afectó al entonces vigente Código Penal de 1944/73.

índole resocializadora. BOLDOVA PASAMAR, M. A., "La desaparición", cit., pp. 2-3, afirma que "su existencia, al ocuparse de hechos de escasa gravedad e incluso de supuestos de bagatela, tropieza con los principios político-criminales del Derecho penal moderno (intervención mínima, carácter fragmentario del Derecho penal y pena como última ratio) y, además, la respuesta que se ofrece a la delincuencia menor a través de las consecuencias jurídicas de las faltas, especialmente cuando se trata de delincuencia menor habitual, no resulta eficaz".

15 Vid. por ejemplo, CUGAT MAURI, M., "La discutible bondad de la supresión del Libro III", *CPC* núm. 113, 2014, pp. 159 y ss.; DÍEZ RIPOLLÉS, J. L., "Sucintas observaciones sobre algunas decisiones del Anteproyecto de Reforma del Código Penal de 2012", en ÁLVAREZ GARCÍA, F. J. (Dir.), *Estudio crítico sobre el Anteproyecto de Reforma Penal de 2012*, Tirant lo Blanch, Valencia, 2013, p. 27; MARÍN DE ESPINOSA CEBALLOS, E. B./ GONZÁLEZ TASCÓN, M. M., "Delitos y penas leves: Art. 13 CP", en ÁLVAREZ GARCÍA, F. J. (Dir.), *Estudio crítico sobre el Anteproyecto de Reforma Penal de 2012*, Tirant lo Blanch, Valencia, 2013, p. 55; o el Informe del Consejo Fiscal al Anteproyecto.

16 Vid. por ejemplo, FARALDO CABANA, P., "La desaparición de las faltas: entre la agravación de las penas y el aumento de la represión administrativa", *InDret. Revista para el Análisis del Derecho* núm. 3, 2014, pássim; JIMÉNEZ SEGADO, C., "Eliminar las faltas tiene delito (leve)", *La Ley* 2014-1, pp. 1231-1236; RODRÍGUEZ LAINZ, J. L., "Los nuevos delitos leves: aspectos sustantivos y procesales", *La Ley* 2015-2, pp. 1393 y ss.; SÁEZ RODRÍGUEZ, C./ SANTOS ITOIZ, E., "La derogación de las faltas en el Anteproyecto de reforma del Código Penal", 2013, pp. 1-36, disponible en la página web http://libros.otroderechopenal.com/DerogacionFaltas.pdf.

17 Esta ley orgánica produjo una sustancial reducción del número de faltas. Véanse al respecto las distintas contribuciones contenidas en *Poder Judicial*, número especial XII, 1990, así como las observaciones de BAJO FERNÁNDEZ, M., *La actualización*

La idea de que era necesario aligerar de contenido el Libro III se había plasmado tanto en el Proyecto de Código Penal de 1980 como en la Propuesta de Anteproyecto de Nuevo Código Penal de 1983. En el primero, la Exposición de Motivos declaraba su objetivo de corregir "la hipertrofia... cualitativa del sistema penal..., despenalizando todos los hechos que no son dignos de sanción penal", sometiendo al Libro III, en particular, "a un intenso proceso de despenalización, relegando al ámbito de las infracciones administrativas gran parte de las faltas de contenido puramente contravencional y que carecían de un correlativo delito", no obstante lo cual seguía manteniendo un buen número de infracciones leves, recogidas en los arts. 656 a 685 PCP 1980[18]. Por su parte, la propuesta de anteproyecto de 1983 suponía un importante avance en materia de despenalización de faltas, en la línea trazada por el proyecto de 1980, en el que se inspiraba. Por tanto, su Libro III era todavía más reducido que el de éste, sin llegar a plantear su completa desaparición, que entonces se entendió que sería "precipitada e inadecuada"[19]. Eso sí, no solo eliminaba algunos comportamientos, sino que también incluía otros nuevos[20].

Estos textos pre-legislativos no llegaron a convertirse en ley, y sus propuestas en materia de faltas tampoco fueron plenamente asumidas en las reformas legislativas posteriores, al menos hasta la LO 3/1989[21]. Así, la reforma lle-

---

del Código penal de 1989, Centro de Estudios Ramón Areces, Madrid, 1989; BOIX REIG, J. *et al.*, *La reforma penal de 1989*, Tirant lo Blanch, Valencia, 1989; y MUÑOZ CONDE, F. *et al.*, *La reforma penal de 1989*, Tecnos, Madrid, 1989, pp. 144 y ss.

18 Calificaba la despenalización de "tímida", indicando que "se queda a mitad de camino en lo que respecta a las faltas del Libro III, donde se mantienen muchos tipos de los que se debería haber descargado el Proyecto", SÁINZ CANTERO, J. A., "El Proyecto del Código penal a la luz del movimiento mundial de reforma de las leyes penales", en AA.VV., *La reforma penal y penitenciaria*, Servicio de Publicaciones de la Universidad de Santiago, Santiago de Compostela, 1980, p. 182. En el mismo sentido, PERIS RIERA, J., *El proceso despenalizador*, Universidad de Valencia, Valencia, 1983, p. 329.

19 QUINTERO OLIVARES, G., "La reforma penal en España", *DJ* núm. 37/40, Volumen I, Ministerio de Justicia, Madrid, 1983, p. 19.

20 Como la falta de utilización indebida de vehículos de motor cuyo valor no excediese de 30.000 pesetas (art. 593 PANCP 1983), la defraudación de fluido eléctrico u otras energías cuando el valor de lo defraudado no excediese de 30.000 pesetas (art. 596 PANCP 1983), la producción de ruidos excesivos (art. 604.4 PANCP 1983) o el maltrato cruel de animales ofendiendo los sentimientos de los presentes (art. 607 PANCP 1983, que asumía así la propuesta del art. 685 PCP 1980)

21 Indica que el legislador tuvo muy presente la propuesta de anteproyecto de 1983 al redactar la LO 3/1989, COUCEIRO TOVAR, A., "Los principios inspiradores de la Reforma dentro de la incriminación y desincriminación de las leyes penales", *PJ* núm. especial XII, 1990, pp. 73-74. Esta ley no pretendió "otra cosa que adaptar la regulación punitiva material de la delincuencia menor, sobre todo en el ámbito de las faltas y de la imprudencia, que en relación con el tráfico automovilístico constituye uno de los sectores estadísticamente más importantes de la actividad judicial, a la nueva organización de la Administración de Justicia, descargando a ésta en la parte penal de

vada a cabo por la LO 8/1983, de 25 de junio, de Reforma Urgente y Parcial del Código Penal, se limitó a dejar sin contenido los arts. 575 y 580.1 CP 1944/74, destipificando las conductas de promoción y participación en sitios y establecimientos públicos en cualquier clase de juegos de azar que no fueren de puro pasatiempo y recreo[22], y la del encargado de la guarda o custodia de un enajenado que le deja vagar por las calles o sitios públicos sin la debida vigilancia. En este último caso se introducía al mismo tiempo un nuevo número 6 *bis* en el art. 584 CP 1944/73 que castigaba a "los encargados de un enajenado que dejaren de cumplir sus deberes de tutela o guarda", por lo que en realidad se trataba de una mera reordenación espacial. En la Exposición de Motivos se explicaba que, "de acuerdo, también, con la decisión que se propone para los juegos ilícitos, procede la supresión de la falta descrita en el artículo 575. Dentro, también, del libro III, queda sin contenido el artículo 580.1 introduciéndose en su lugar el artículo 583.6 *bis*, que sitúa en su correcto emplazamiento de falta contra las personas, las faltas de maltrato de los enajenados. Por último, la igualdad entre cónyuges obliga a fundir en uno solo y nuevo precepto —el artículo 583.2— las faltas hasta ahora descritas en los números 2 y 3 de dicho artículo 533". En conjunto, no se puede decir que la reforma de las faltas tuviera mucha incidencia[23]. Por su parte, la LO 2/1984, de 26 de marzo, reguladora del derecho de rectificación, se limitó a dejar sin contenido el art. 566.1 CP 1944/73, que contenía una falta de imprenta. No se dieron explicaciones al respecto. Por último, la LO 5/1988, de 9 de junio, sobre modificación de los artículos 431 y 432 y derogación de los artículos 239, 566.5°, 567.1° y 3° y 577.1° del Código Penal, suprimió el contenido de los arts. 566.5, 567.1 y 3 y 577.1 CP 1944/73, relacionados con las infracciones de escándalo público y blasfemia[24].

Por su parte, el Código Penal de 1995 efectuó en su versión original una reordenación de las faltas, cambiando el orden de los capítulos para

---

hechos de escasa gravedad o trascendencia social, que pueden ser soluciones por otras vías o remedios jurídicos". MUÑOZ CONDE, F., *et al.*, *La reforma penal de 1989*, cit., p. 14. Estos objetivos siguen estando de plena actualidad.

22 Que se justificó en la Exposición de Motivos por ser "la regulación del juego de competencia netamente administrativa a partir de su autorización", por lo que "carece de sentido la subsistencia del actual Título VI, rubricado "De los juegos ilícitos"".

23 Habla de "nula o escasa incidencia" GONZÁLEZ-CUÉLLAR GARCÍA, A., "Consideraciones sobre la reforma del Libro III del Código Penal", *ADPCP* 1987, pp. 611-612.

24 Narra el razonamiento tras esta reforma, fundado sobre todo en el principio de intervención mínima, GARCÍA VALDÉS, C., "La reforma del Libro III del Código penal", en AA.VV., *Estudios de Derecho Penal y Criminología. En homenaje al profesor José María Rodríguez Devesa. Tomo I*, UNED, Madrid, 1989, pp. 325-328.

adecuarlo al de los delitos en el Libro II, pero no hubo un proceso de verdadera despenalización[25].

En las reformas posteriores no se tocaron con frecuencia las faltas, y cuando se hizo no fue para despenalizarlas sin más.

> Hasta la reforma de 2015, las modificaciones llevadas a cabo en las faltas pretendían, fundamentalmente, incluir nuevas conductas o modificar las sanciones. Véase la LO 9/2002, de 10 de diciembre, de modificación de la Ley Orgánica 10/1995, de 23 de noviembre, del Código Penal, y del Código Civil, sobre sustracción de menores, que dio nueva redacción al art. 622 CP para incluir la conducta de infracción "del régimen de custodia de sus hijos menores establecido por la autoridad judicial o administrativa", sobre la base de que "en aquellos supuestos donde quien verifica la conducta de sustracción o de negativa a restituir al menor es uno de sus progenitores, cuando las facultades inherentes a la custodia del menor han sido atribuidas legalmente al otro progenitor o alguna persona o institución en interés del menor, resulta necesario prever una respuesta penal clara, distinta del delito de desobediencia genérico" (Exposición de Motivos). La LO 15/2003, de 25 de noviembre, por la que se modifica la Ley Orgánica 10/1995, de 23 de noviembre, del Código Penal, modificó los arts. 617, 618, 621, 624, 625, 626, 629, 630, 631, 632, 633, 635, 636 y 637 CP. La mayoría de estos cambios se debió a la desaparición de la pena de arresto de fin de semana y su sustitución por la nueva pena de localización permanente o por trabajos en beneficio de la comunidad. Pero también se creó "una falta de maltrato de animales cuando la conducta fuese muy leve y no tuviese las consecuencias previstas para el delito. Lo mismo ocurre en relación con la perturbación del orden en los actos públicos o espectáculos deportivos o culturales y con determinadas conductas leves contrarias al medio ambiente" (según el apartado III de la Exposición de Motivos, que olvidó mencionar la falta de incumplimiento de obligaciones familiares establecidas en convenio judicial aprobado o resolución judicial, y la de abandono de jeringuillas u otros instrumentos peligrosos)[26]. Por su parte, la LO 1/2004, de 28 de diciembre, de Medidas de Protección Integral contra la Violencia de Género, modificó el art. 620 CP para castigar como delito las coacciones leves y las amenazas leves de cualquier clase cometidas contra quien sea o haya sido la esposa del autor, o mujer que esté o haya estado ligada a él por una análoga relación de afectividad, aun sin convivencia, decisión que constituyó uno de los aspectos más conflictivos y

[25] Pese a lo indicado por algunos autores, como CASTILLEJO MANZANARES, R., *El juicio de faltas*, Tirant lo Blanch, Valencia, 2004, p. 13.

[26] Critica estas incorporaciones VICENTE MARTÍNEZ, R. de, "La supresión del Libro III del Código Penal y la consecuente reconversión de las faltas", en AA.VV., *Especial Reforma Código Penal*, Wolters Kluwer, Madrid, 2015, p. 45; de la misma autora, *La nueva regulación de las faltas como delitos leves, infracciones administrativas o ilícitos civiles tras la reforma penal de 2015*, Bosch, Barcelona, 2015, pp. 11-12.

criticados de la reforma penal en materia de violencia de género[27]. La LO 5/2010, de 22 de marzo, por la que se modifica la Ley Orgánica 10/1995, de 23 de noviembre, del Código Penal, afectó a los arts. 623, 626 y 631 CP. Destaca aquí la modificación de la falta de hurto que, como veremos con detalle más adelante, se encuadraba "en la tónica general de endurecimiento punitivo ante un tipo de delincuencia patrimonial que se entiende como "profesionalizada""[28], así como la de la localización permanente, relevante en el ámbito de las faltas reiteradas de hurto, y que perseguía el objetivo de "ofrecer una mayor dureza en la respuesta frente a la reiteración de la infracción que sea al tiempo compatible con la naturaleza leve de la sanción, evitando el efecto desocializador del régimen de cumplimiento continuado que caracteriza a la pena de prisión propiamente dicha" (apartado V de la Exposición de Motivos). Por último, la LO 7/2012, de 27 de diciembre, por la que se modifica la LO 10/1995, de 23 de noviembre, del Código Penal en materia de transparencia y lucha contra el fraude fiscal y en la Seguridad Social, constituye el antecedente más claro de la actual reforma, por cuanto sentó una pauta que se ha seguido, como veremos, en 2015[29]: derogó las faltas de defraudación a la Hacienda de la Unión Europea y a los presupuestos generales de la Comunidad Europea por cuantía entre 4.000 y 50.000 euros, entonces contenidas en los arts. 627 y 628 CP, y modificó al mismo tiempo el art. 306 CP para incluir ahí la conducta, desde entonces un delito menos grave. Esto se justificó en el Preámbulo sobre la base de la necesidad de "introducir mejoras técnicas en la regulación de las defraudaciones a la Hacienda y a los Presupuestos de la Unión Europea" (apartado I).

Por tanto, pese a que ya hace muchos años que se elevan voces a favor de la desaparición de las faltas, hasta el Anteproyecto de 2012 no había indicio alguno de que se fuera a efectuar una reforma de esta envergadura[30]. De hecho, se puede afirmar que ha constituido una sorpresa.

La idea aparece por primera vez en el Anteproyecto presentado en 2012, y se mantiene sin cambios en el de 2013[31].

---

27 Al respecto, por todos, ACALE SÁNCHEZ, M., *La discriminación hacia la mujer por razón de género en el Código penal*, Reus, Madrid, 2006, pp. 216 y ss.

28 GUARDIOLA LAGO, M. J., "La reforma penal en el delito y la falta de hurto", en ÁLVAREZ GARCÍA, F. J./ GONZÁLEZ CUSSAC, J. L. (Dirs.), *Comentarios a la reforma penal de 2010*, Tirant lo Blanch, Valencia, 2010, pp. 255 y ss.

29 Cfr. VICENTE MARTÍNEZ, R. de, *La nueva regulación*, cit., pp. 31-32.

30 Lo destaca CUGAT MAURI, M., "La discutible bondad", cit., pp. 160-161.

31 Anteproyecto de Ley Orgánica por la que se modifica la Ley Orgánica 10/1995, de 23 de noviembre, del Código Penal, aprobado por el Consejo de Ministros de 17 de octubre de 2012, y Anteproyecto de 3 de abril de 2013. Se trata de textos con diferencias sustanciales en su articulado, si bien en lo que respecta a las faltas ambos contienen una disposición derogatoria única que establece la derogación del Libro III, modificando numerosos artículos de los Libros I y II. No cambia la explicación que ofrece el pre-legislador en las respectivas exposiciones de motivos sobre la derogación de las faltas, aunque sí la numeración, pues el apartado XXVIII de la Exposición de

En las siguientes páginas se analizará su alcance, bastante más reducido de lo que el legislador ha dado a entender, al menos en lo que se refiere a la supuesta despenalización de las faltas.

Motivos del Anteproyecto de 2012 pasa a convertirse en el apartado XXXII de la del texto de 2013.

2. ¿SE PUEDE HABLAR DE DESPENALIZACIÓN DE LAS FALTAS?

En este capítulo analizaremos si es procedente hablar de despenalización de las faltas o si resulta más adecuado emplear otra terminología, dada su generalizada reconversión en la nueva categoría de los delitos leves o su reconducción a la ya conocida de los delitos menos graves, así como el escaso número de las que realmente se suprimen sin someterse de una forma u otra al *ius puniendi* estatal. En este trabajo se opta por denominar "despenalización" a la renuncia a toda clase de consecuencia jurídica sancionadora con relación a un hecho determinado, y "descriminalización" al supuesto en que se renuncia exclusivamente a la sanción criminal a través de la pena, pero el hecho sigue sancionado con arreglo a otros sectores del Ordenamiento jurídico, señaladamente el administrativo[32].

Pues bien, una parte importante de las infracciones contenidas en el Libro III del Código Penal[33] no se despenaliza, sino que las mismas conductas reaparecen en el Libro II como delitos leves, configurando tipos atenuados de delitos menos graves preexistentes o tipos autónomos. Es lo que sucede en el caso de las faltas de lesiones leves (art. 617.1 CP, que se recoge en el art. 147.2 CP, y se agrava en caso de víctimas vulnerables por el art. 153 CP)[34], malos tratos de obra sin causar lesión (art. 617.2 CP, que pasa al art. 147.3 CP, que se agrava en caso de violencia doméstica por el

---

32 Véase en este sentido MARTÍNEZ PÉREZ, C., "La despenalización de las faltas y las reformas relativas al libro III", *PJ* núm. especial XII, 1990, p. 328. También VIVES ANTÓN en BOIX REIG, J., *et al.*, *La reforma penal de 1989*, cit., p. 193. Téngase en cuenta que en la doctrina se encuentra a veces la utilización inversa de estos conceptos. Vid. por ejemplo GONZÁLEZ-CUÉLLAR GARCÍA, A., "Consideraciones", cit., p. 614; o VICENTE MARTÍNEZ, R. de, *La nueva regulación*, cit., p. 30, nota núm.22.

33 No se tocan las faltas recogidas en la legislación penal especial. Mantienen, pues, su vigencia las contenidas en el Título III de la Ley 209/1964, de 24 de diciembre, por la que se establece la Ley penal y procesal, en materia de navegación aérea. Sobre los problemas procesales que plantea su subsistencia, vid. ALCAÑIZ RODRÍGUEZ, A., y otros, "Las faltas no derogadas de la ley penal y procesal de la navegación aérea y la ¿ausencia? de procedimiento para su enjuiciamiento tras la entrada en vigor de la Ley Orgánica 1/2015", *CEFLegal: revista práctica de derecho. Comentarios y casos prácticos* núm. 174, 2015, pp. 125-130; VICENTE MARTÍNEZ, R. de, *La nueva regulación*, cit., pp. 14-15.

34 Art. 617 CP, derogado: "1. El que, por cualquier medio o procedimiento, causara a otro una lesión no definida como delito en este Código será castigado con la pena de localización permanente de seis a doce días o multa uno a dos meses".

art. 153 CP)[35], amenazas y coacciones leves (art. 620.2° CP, que pasa respectivamente a los arts. 171.7 y 172.3 CP)[36], contra la propiedad de hurto

---

Art. 147 CP: "... 2. El que, por cualquier medio o procedimiento, causare a otro una lesión no incluida en el apartado anterior, será castigado con la pena de multa de uno a tres meses".

35 Art. 617 CP, derogado: "... 2. El que golpeare o maltratare de obra a otro sin causarle lesión será castigado con la pena de localización permanente de dos a seis días o multa de diez a treinta días".

Art. 147 CP: "... 3. El que golpeare o maltratare de obra a otro sin causarle lesión, será castigado con la pena de multa de uno a dos meses".

Art. 153 CP: "1. El que por cualquier medio o procedimiento causare a otro menoscabo psíquico o una lesión de menor gravedad de las previstas en el apartado 2 del artículo 147, o golpeare o maltratare de obra a otro sin causarle lesión, cuando la ofendida sea o haya sido esposa, o mujer que esté o haya estado ligada a él por una análoga relación de afectividad aun sin convivencia, o persona especialmente vulnerable que conviva con el autor, será castigado con la pena de prisión de seis meses a un año o de trabajos en beneficios de la comunidad de treinta y uno a ochenta días y, en todo caso, privación del derecho a la tenencia y porte de armas de un año y un día a tres años, así como, cuando el juez o tribunal lo estime adecuado al interés del menor o persona con discapacidad necesitada de especial protección, inhabilitación para el ejercicio de la patria potestad, tutela, curatela, guarda o acogimiento hasta cinco años.

2. Si la víctima del delito previsto en el apartado anterior fuere alguna de las personas a que se refiere el artículo 173.2, exceptuadas las personas contempladas en el apartado anterior de este artículo, el autor será castigado con la pena de prisión de tres meses a un año o de trabajos en beneficio de la comunidad de treinta y uno a ochenta días y, en todo caso, privación del derecho a la tenencia y porte de armas de un año y un día a tres años, así como, cuando el Juez o Tribunal lo estime adecuado al interés del menor o incapaz, inhabilitación para el ejercicio de la patria potestad, tutela, curatela, guarda o acogimiento de seis meses a tres años.

3. Las penas previstas en los apartados 1 y 2 se impondrán en su mitad superior cuando el delito se perpetre en presencia de menores, o utilizando armas, o tenga lugar en el domicilio común o en el domicilio de la víctima, o se realice quebrantando una pena de las contempladas en el artículo 48 de este Código o una medida cautelar o de seguridad de la misma naturaleza.

4. No obstante lo previsto en los apartados anteriores, el Juez o Tribunal, razonándolo en sentencia, en atención a las circunstancias personales del autor y las concurrentes en la realización del hecho, podrá imponer la pena inferior en grado".

36 Art. 620 CP, derogado: "Serán castigados con la pena de multa de diez a veinte días: ... 2°. Los que causen a otro una amenaza, coacción, injuria o vejación injusta de carácter leve, salvo que el hecho sea constitutivo de delito...".

Art. 171 CP: "... 7. Fuera de los casos anteriores, el que de modo leve amenace a otro será castigado con la pena de multa de uno a tres meses. Este hecho sólo será perseguible mediante denuncia de la persona agraviada o de su representante legal...".

Art. 172 CP: "... 3. Fuera de los casos anteriores, el que cause a otro una coacción de carácter leve, será castigado con la pena de multa de uno a tres meses. Este hecho sólo será perseguible mediante denuncia de la persona agraviada o de su representante legal".

(art. 623.1 CP, que se integra en el art. 234.2 CP)[37], sustracción de cosa propia (art. 623.2 CP, que se lleva a un nuevo tipo atenuado introducido en el art. 236.2 CP)[38], sustracción o utilización ilegítima de vehículo a motor o ciclomotor (art. 623.3 CP, que pasa al art. 244.1 y 2 CP)[39], estafa, apropiación indebida y defraudaciones de electricidad, gas, agua u otro elemento, energía o fluido, o en equipos terminales de telecomunicación (art. 623.4 CP, reapareciendo las conductas, respectivamente, en los tipos atenuados de los arts. 249, 253.2 y 254.2, 255.2 y 256.2 CP)[40], alteración

---

37 Art. 623 CP, derogado: "Serán castigados con localización permanente de cuatro a doce días o multa de uno a dos meses:
1. Los que cometan hurto, si el valor de lo hurtado no excediera de 400 euros...".
Art. 234 CP: "... 2. Se impondrá una pena de multa de uno a tres meses si la cuantía de lo sustraído no excediese de 400 euros, salvo si concurriese alguna de las circunstancias del artículo 235".

38 Art. 623 CP, derogado: "Serán castigados con localización permanente de cuatro a doce días o multa de uno a dos meses:
... 2. Los que realicen la conducta descrita en el artículo 236, siempre que el valor de la cosa no exceda de 400 euros".
Art. 236 CP: "... 2. Si el valor de la cosa sustraída no excediera de 400 euros, se impondrá la pena de multa de uno a tres meses".

39 Art. 623 CP, derogado: "Serán castigados con localización permanente de cuatro a doce días o multa de uno a dos meses:
... 3. Los que sustraigan o utilicen sin la debida autorización, sin ánimo de apropiárselo, un vehículo a motor o ciclomotor ajeno, si el valor del vehículo utilizado no excediera de 400 euros.
Si el hecho se ejecutare empleando fuerza en las cosas, se impondrá la pena en su mitad superior...".
Art. 244 CP: "1. El que sustrajere o utilizare sin la debida autorización un vehículo a motor o ciclomotor ajenos, sin ánimo de apropiárselo, será castigado con la pena de trabajos en beneficio de la comunidad de treinta y uno a noventa días o multa de dos a doce meses, si lo restituyera, directa o indirectamente, en un plazo no superior a cuarenta y ocho horas, sin que, en ningún caso, la pena impuesta pueda ser igual o superior a la que correspondería si se apropiare definitivamente del vehículo.
2. Si el hecho se ejecutare empleando fuerza en las cosas, la pena se aplicará en su mitad superior...".

40 Art. 623 CP, derogado: "Serán castigados con localización permanente de cuatro a doce días o multa de uno a dos meses:
... 4. Los que cometan estafa, apropiación indebida, o defraudación de electricidad, gas, agua u otro elemento, energía o fluido, o en equipos terminales de telecomunicación, en cuantía no superior a 400 euros".
Art. 249 CP: "... Si la cuantía de lo defraudado no excediere de 400 euros, se impondrá la pena de multa de uno a tres meses".
Art. 253 CP: "... 2. Si la cuantía de lo apropiado no excediere de 400 euros, se impondrá una pena de multa de uno a tres meses".
Art. 254 CP: "... 2. Si la cuantía de lo apropiado no excediere de 400 euros, se impondrá una pena de multa de uno a dos meses".

de términos o lindes (art. 624.1 CP, que se convierte en un nuevo tipo atenuado del art. 246.2 CP)[41], distracción de aguas (art. 624.2 CP, que se convierte en un nuevo tipo atenuado del art. 247.2 CP)[42], daños (art. 625.1 CP, que reaparece en el art. 263.1 CP)[43], expendición de moneda, billetes, sellos de correos o efectos timbrados falsos recibidos de buena fe (art. 629 CP, que se lleva al último inciso del párrafo tercero del art. 386 CP en lo referente a la moneda, y al segundo inciso del art. 389 CP en lo que respecta a los sellos de correos y efectos timbrados)[44], abandono de animales domésticos en condiciones de peligro para su vida o integridad (art. 631.2 CP, que pasa al nuevo art. 337 *bis* CP)[45], maltrato cruel de

---

Art. 255 CP: "... 2. Si la cuantía de lo defraudado no excediere de 400 euros, se impondrá una pena de multa de uno a tres meses".

Art. 256 CP: "... 2. Si la cuantía del perjuicio causado no excediere de 400 euros, se impondrá una pena de multa de uno a tres meses".

41 Art. 624 CP, derogado: "1. El que ejecutare los actos comprendidos en el artículo 246 será castigado con multa de diez a treinta días si la utilidad no excede de 400 euros o no sea estimable, siempre que medie denuncia del perjudicado".

Art. 246 CP: "... 2. Si la utilidad reportada no excediere de 400 euros, se impondrá la pena de multa de uno a tres meses".

42 Art. 624 CP, derogado: "... 2. Será castigado con multa de diez días a dos meses el que ejecute los actos contemplados en el artículo 247, si la utilidad reportada no excede de 400 euros".

Art. 247 CP: "... 2. Si la utilidad reportada no excediere de 400 euros, se impondrá la pena de multa de uno a tres meses".

43 Art. 625 CP, derogado: "1. Serán castigados con la pena de localización permanente de dos a doce días o multa de diez a veinte días los que intencionadamente causaran daños cuyo importe no exceda de 400 euros".

Art. 263 CP: "1... Si la cuantía del daño causado no excediere de 400 euros, se impondrá una pena de multa de uno a tres meses".

44 Art. 629 CP, derogado: "Serán castigados con la pena de localización permanente de dos a ocho días o multa de veinte a sesenta días los que, habiendo recibido de buena fe moneda, billetes, sellos de correos o efectos timbrados falsos, los expendieran en cantidad que no exceda de 400 euros, a sabiendas de su falsedad".

Art. 386 CP: "... 3. El que habiendo recibido de buena fe moneda falsa la expenda o distribuya después de constarle su falsedad será castigado con la pena de prisión de tres a seis meses o multa de seis a veinticuatro meses. No obstante, si el valor aparente de la moneda no excediera de 400 euros, se impondrá la pena de multa de uno a tres meses".

Art. 389 CP: "... El adquirente de buena fe de sellos de correos o efectos timbrados que, conociendo su falsedad, los distribuyera o utilizara será castigado con la pena de prisión de tres a seis meses o multa de seis a veinticuatro meses. No obstante, si el valor aparente de los sellos o efectos timbrados no excediera de 400 euros, se impondrá la pena de multa de uno a tres meses".

45 Art. 631 CP, derogado: "... 2. Quienes abandonen a un animal doméstico en condiciones en que pueda peligrar su vida o su integridad serán castigados con la pena de multa de quince días a dos meses".

animales en espectáculos no autorizados legalmente (art. 632.2 CP, que se traslada al art. 337.4 CP)[46] y uso público e indebido de uniforme, traje o insignia que atribuyan carácter oficial (parte del art. 637 CP, que se convierte en el nuevo art. 402 *bis* CP)[47].

Por otro lado, un cierto número de faltas pasa a integrarse en los delitos menos graves antes existentes o en nuevos delitos menos graves que se crean para acogerlos, en algunos supuestos añadiendo algún elemento típico. Es el caso de las faltas contra la propiedad industrial (parte del art. 623.5 CP, que se integra en los delitos contra la propiedad intelectual e industrial como tipo atenuado)[48], mantenimiento no consentido en el domicilio de personas jurídicas (art. 635 CP, que reaparece en el art. 203.2

Art. 337 *bis* CP: "El que abandone a un animal de los mencionados en el apartado 1 del artículo anterior en condiciones en que pueda peligrar su vida o integridad será castigado con una pena de multa de uno a seis meses. Asimismo, el juez podrá imponer la pena de inhabilitación especial de tres meses a un año para el ejercicio de profesión, oficio o comercio que tenga relación con los animales y para la tenencia de animales".

46 Art. 632 CP, derogado: "...2. Los que maltrataren cruelmente a los animales domésticos o a cualesquiera otros en espectáculos no autorizados legalmente sin incurrir en los supuestos previstos en el artículo 337 serán castigados con la pena de multa de veinte a sesenta días o trabajos en beneficio de la comunidad de veinte a treinta días".
Art. 337 CP: "... 4. Los que, fuera de los supuestos a que se refieren los apartados anteriores de este artículo, maltrataren cruelmente a los animales domésticos o a cualesquiera otros en espectáculos no autorizados legalmente, serán castigados con una pena de multa de uno a seis meses. Asimismo, el juez podrá imponer la pena de inhabilitación especial de tres meses a un año para el ejercicio de profesión, oficio o comercio que tenga relación con los animales y para la tenencia de animales".

47 Art. 637 CP, derogado: "El que usare pública e indebidamente uniforme, traje, insignia o condecoración oficiales... será castigado con la pena de localización permanente de dos a diez días o multa de diez a treinta días".
Art. 402 *bis* CP: "El que sin estar autorizado usare pública e indebidamente uniforme, traje o insignia que le atribuyan carácter oficial será castigado con la pena de multa de uno a tres meses".

48 Art. 623 CP, derogado: "Serán castigados con localización permanente de cuatro a doce días o multa de uno a dos meses:
... 5. Los que realicen los hechos descritos en el párrafo segundo de los artículos 270.1 y 274.2, cuando el beneficio no sea superior a 400 euros, salvo que concurra alguna de las circunstancias prevenidas en los artículos 271 y 276, respectivamente".
Art. 270 CP: "... 4. En los supuestos a que se refiere el apartado 1, la distribución o comercialización ambulante o meramente ocasional se castigará con una pena de prisión de seis meses a dos años.
No obstante, atendidas las características del culpable y la reducida cuantía del beneficio económico obtenido o que se hubiera podido obtener, siempre que no concurra ninguna de las circunstancias del artículo 271, el Juez podrá imponer la pena de multa de uno a seis meses o trabajos en beneficio de la comunidad de treinta y uno a sesenta días".

CP, como modalidad atenuada del delito de allanamiento de domicilio de persona jurídica, y en el nuevo art. 557 *ter* CP como delito menos grave de desórdenes públicos, en este caso añadiendo la exigencia de que se cause una perturbación relevante de la actividad normal de la persona jurídica afectada)[49]; y daños en lugares o bienes de valor histórico, artístico, científico, cultural o monumental (art. 625.2 CP, que se integra en el art. 323.1 CP)[50]. La atribución de cualidad profesional de la que se carece (parte del art. 637 CP) se convierte en una circunstancia agravante del delito

---

Art. 274 CP: "... 3. La venta ambulante u ocasional de los productos a que se refieren los apartados anteriores será castigada con la pena de prisión de seis meses a dos años. No obstante, atendidas las características del culpable y la reducida cuantía del beneficio económico obtenido o que se hubiera podido obtener, siempre que no concurra ninguna de las circunstancias del artículo 276, el Juez podrá imponer la pena de multa de uno a seis meses o trabajos en beneficio de la comunidad de treinta y uno a sesenta días".

49 Art. 635 CP, derogado: "Será castigado con la pena de localización permanente de dos a diez días o multa de uno a dos meses el que se mantuviere contra la voluntad de su titular, fuera de las horas de apertura, en el domicilio de una persona jurídica pública o privada, despacho profesional u oficina o establecimiento mercantil o local abierto al público".

Art. 203 CP: "... 2. Será castigado con la pena de multa de uno a tres meses el que se mantuviere contra la voluntad de su titular, fuera de las horas de apertura, en el domicilio de una persona jurídica pública o privada, despacho profesional u oficina, o en establecimiento mercantil o local abierto al público".

Art. 557 *ter* CP: "1. Los que, actuando en grupo o individualmente pero amparados en él, invadan u ocupen, contra la voluntad de su titular, el domicilio de una persona jurídica pública o privada, un despacho, oficina, establecimiento o local, aunque se encuentre abierto al público, y causen con ello una perturbación relevante de la paz pública y de su actividad normal, serán castigados con una pena de prisión de tres a seis meses o multa de seis a doce meses, salvo que los hechos ya estuvieran castigados con una pena más grave en otro precepto de este Código.

2. Los hechos serán castigados con la pena superior en grado cuando concurran las circunstancias 1ª, 3ª, 4ª ó 5ª del artículo 557 bis".

50 Art. 625 CP, derogado: "... 2. Se impondrá la pena en su mitad superior si los años se causaran en los lugares o bienes a que se refiere el artículo 323 de este Código".

Art. 323 CP: "1. Será castigado con la pena de prisión de seis meses a tres años o multa de doce a veinticuatro meses el que cause daños en bienes de valor histórico, artístico, científico, cultural o monumental, o en yacimientos arqueológicos, terrestres o subacuáticos. Con la misma pena se castigarán los actos de expolio en estos últimos.

2. Si se hubieran causado daños de especial gravedad o que hubieran afectado a bienes cuyo valor histórico, artístico, científico, cultural o monumental fuera especialmente relevante, podrá imponerse la pena superior en grado a la señalada en el apartado anterior.

3. En todos estos casos, los jueces o tribunales podrán ordenar, a cargo del autor del daño, la adopción de medidas encaminadas a restaurar, en lo posible, el bien dañado".

de intrusismo (art. 403.2 a) CP)[51]. A esta lista hay que añadir las faltas de defraudación a la Hacienda de la Unión Europea y a los presupuestos generales de la Comunidad Europea entre 4.000 y 50.000 euros (arts. 627 y 628 CP)[52], que ya habían sido eliminadas por el número 1 de la disposición derogatoria única de la LO 7/2012, de 27 de diciembre, por la que se modifica la LO 10/1995, de 23 de noviembre, del Código Penal en materia de transparencia y lucha contra el fraude fiscal y en la Seguridad Social, que modificó al mismo tiempo el art. 306 CP para incluir en su segundo inciso la conducta, ahora un delito menos grave[53]. Como cabe observar, alguno de estos delitos, no todos, contempla la posibilidad de aplicar facultativamente un tipo atenuado si la conducta no es grave.

Únicamente se suprimen, en principio (más adelante veremos que ello no significa que todas queden al margen del Derecho punitivo estatal, ni siquiera al margen del Derecho Penal), las faltas de abandono de menores o incapaces e incumplimiento de obligaciones familiares (art. 618 CP)[54],

---

51 Art. 637 CP, derogado: "El que... se atribuyere públicamente la cualidad de profesional amparada por un título académico que no posea, será castigado con la pena de localización permanente de dos a diez días o multa de diez a treinta días".
Art. 403 CP: "1. El que ejerciere actos propios de una profesión sin poseer el correspondiente título académico expedido o reconocido en España de acuerdo con la legislación vigente, incurrirá en la pena de multa de doce a veinticuatro meses. Si la actividad profesional desarrollada exigiere un título oficial que acredite la capacitación necesaria y habilite legalmente para su ejercicio, y no se estuviere en posesión de dicho título, se impondrá la pena de multa de seis a doce meses.
2. Se impondrá una pena de prisión de seis meses a dos años si concurriese alguna de las siguientes circunstancias:
a) Si el culpable, además, se atribuyese públicamente la cualidad de profesional amparada por el título referido...".

52 Art. 627 CP, en la redacción otorgada por la LO 15/2003, de 25 de noviembre, derogado: "El que defraudara a la Hacienda de la Comunidad Europea más de 4.000 euros, por cualquiera de los procedimientos descritos en el artículo 305, será castigado con multa de uno a dos meses".
Art. 628 CP, en la redacción otorgada por la LO 15/2003, de 25 de noviembre, derogado: "El que defraudare a los presupuestos generales de la Comunidad Europea, u otros administrados por ésta, u obtuviera indebidamente fondos de las mismas, por alguno de los procedimientos descritos en los artículos 306 y 309, en cuantía superior a 4.000 euros, será castigado con la pena de multa de uno a dos meses".

53 Art. 306 CP: "...Si la cuantía defraudada o aplicada indebidamente no superase los cincuenta mil euros, pero excediere de cuatro mil, se impondrá una pena de prisión de tres meses a un año o multa del tanto al triplo de la citada cuantía y la pérdida de la posibilidad de obtener subvenciones o ayudas públicas y del derecho a gozar de los beneficios o incentivos fiscales o de la Seguridad Social durante el período de seis meses a dos años".

54 Art. 618 CP, derogado: "1. Serán castigados con la pena de localización permanente de seis a doce días o multa de doce a veinticuatro días los que, encontrando abando-

denegación de asistencia a personas ancianas o incapacitadas (art. 619 CP)[55], amenazas leves con armas u otros instrumentos peligrosos (art. 620.1 CP)[56], injuria o vejación injusta de carácter leve (parte del contenido del art. 620.2 CP)[57], lesiones constitutivas de delito pero de menor gravedad cometidas por imprudencia grave (art. 621.1 CP)[58], homicidio por imprudencia leve (art. 621.2 CP)[59], lesiones constitutivas de delito por imprudencia leve (art. 621.3 CP)[60], infracciones del régimen de custodia de menores (art. 622 CP)[61], deslucimiento de muebles e inmuebles (art. 626 CP)[62], abandono de jeringuillas y otros objetos peligrosos (art. 630 CP)[63],

---

nado a un menor de edad o a un incapaz, no lo presenten a la autoridad o a su familia o no le presten, en su caso, el auxilio que las circunstancias requieran.

2. El que incumpliere obligaciones familiares establecidas en convenio judicialmente aprobado o resolución judicial en los supuestos de separación legal, divorcio, declaración de nulidad del matrimonio, proceso de filiación o proceso de alimentos a favor de sus hijos, que no constituya delito, será castigado con la pena de multa de diez días a dos meses o trabajos en beneficio de la comunidad de uno a treinta días".

55 Art. 619 CP, derogado: "Serán castigados con la pena de multa de diez a veinte días los que dejaren de prestar asistencia o, en su caso, el auxilio que las circunstancias requieran a una persona de edad avanzada o discapacitada que se encuentre desvalida y dependa de sus cuidados".

56 Art. 620 CP, derogado: "Serán castigados con la pena de multa de diez a veinte días: 1. Los que de modo leve amenacen a otro con armas u otros instrumentos peligrosos, o los saquen en riña, como no sea en justa defensa, salvo que el hecho sea constitutivo de delito".

57 Art. 620 CP, derogado: "Serán castigados con la pena de multa de diez a veinte días: ... 2. Los que causen a otro... injuria o vejación injusta de carácter leve, salvo que el hecho sea constitutivo de delito...".

58 Art. 621 CP, derogado: "1. Los que por imprudencia grave causaren alguna de las lesiones previstas en el apartado 2 del artículo 147, serán castigados con la pena de multa de uno a dos meses".

59 Art. 621 CP, derogado: "...2. Los que por imprudencia leve causaren la muerte de otra persona, serán castigados con la pena de multa de uno a dos meses".

60 Art. 621 CP, derogado: "... 3. Los que por imprudencia leve causaran lesión constitutiva de delito serán castigados con pena de multa de diez a treinta días".

61 Art. 622 CP, derogado: "Los padres que sin llegar a incurrir en delito contra las relaciones familiares o, en su caso, de desobediencia infringiesen el régimen de custodia de sus hijos menores establecido por la autoridad judicial o administrativa serán castigados con la pena de multa de uno a dos meses".

62 Art. 626 CP, derogado: "Los que deslucieren bienes muebles o inmuebles de dominio público o privado, sin la debida autorización de la Administración o de sus propietarios, serán castigados con la pena de localización permanente de dos a seis días o tres a nueve días de trabajos en beneficio de la comunidad".

63 Art. 630 CP, derogado: "Los que abandonaren jeringuillas, en todo caso, u otros instrumentos peligrosos de modo o con circunstancias que pudieran causar daño a las personas o contagiar enfermedades, o en lugares frecuentados por menores, serán

falta de vigilancia de animales peligrosos (art. 631.1 CP)[64], atentados leves contra la flora amenazada (art. 632.1 CP)[65], perturbación leve del orden público (art. 633 CP)[66], falta de respeto y consideración o desobediencia leve a la autoridad (art. 634 CP)[67] y realización de actividades sin seguro obligatorio (art. 636 CP)[68].

Se trata de "una parte más bien exigua" de las infracciones leves la que queda "definitivamente despenalizada y entregada a otras formas de reacción jurídica —sancionadora-administrativa o civil—"[69].

Es de destacar que el propio legislador se ha preocupado por aclarar que algunas de estas faltas pueden eliminarse porque en cualquier caso serían incardinables en delitos ya existentes. Es lo que ocurre, en su opinión, con las faltas de abandono de menores e incapaces y de denegación de asistencia a personas ancianas y discapacitadas, que se podrían subsumir en el delito de omisión del deber de socorro o en el correspondiente delito de resultado, cuando se comete por quien, como garante, viene obligado a garantizar la asistencia a la víctima; el incumplimiento de deberes familiares, cuyas formas más graves ya están tipificadas como delito en los arts. 226 y siguientes CP; el deslucimiento de bienes muebles o inmuebles, reconducible a los daños u otras figuras delictivas cuando revista cierta

---

castigados con las penas de localización permanente de seis a diez días o multa de uno a dos meses".

64 Art. 631 CP, derogado: "1. Los dueños o encargados de la custodia de animales feroces o dañinos que los dejaren sueltos o en condiciones de causar mal serán castigados con la pena de multa de uno a dos meses".

65 Art. 632 CP, derogado: "1. El que corte, tale, queme, arranque, recolecte alguna especie o subespecie de flora amenazada o de sus propágulos, sin grave perjuicio para el medio ambiente, será castigado con la pena de multa de diez a treinta días o trabajos en beneficio de la comunidad de diez a veinte días".

66 Art. 633 CP, derogado: "Los que perturbaren levemente el orden en la audiencia de un tribunal o juzgado, en los actos públicos, en espectáculos deportivos o culturales, solemnidades o reuniones numerosas serán castigados con las penas de localización permanente de dos a doce días y multa de diez a treinta días".

67 Art. 634 CP, derogado: "Los que faltaren al respeto y consideración debida a la autoridad o sus agentes, o los desobedecieren levemente, cuando ejerzan sus funciones, serán castigados con la pena de multa de diez a sesenta días".

68 Art. 636 CP, derogado: "Los que realizaren actividades careciendo de los seguros obligatorios de responsabilidad civil que se exigieran legalmente para el ejercicio de aquéllas serán castigados con la pena de multa de uno a dos meses.
No se considerará comprendida entre las actividades a las que se refiere el párrafo anterior la conducción de vehículos a motor y ciclomotores".

69 En palabras de la Circular 1/2015, de 19 de junio, de la Fiscalía General del Estado, sobre pautas para el ejercicio de la acción penal en relación con los delitos leves tras la reforma penal operada por la LO 1/2015, p. 1 (apartado 1).

entidad; la falta de vigilancia de animales peligrosos y los atentados leves contra la flora amenazada, que se pueden castigar a través de otros delitos si finalmente se causan daños; o los incumplimientos más graves de convenios o sentencias relacionados con obligaciones familiares o el régimen de custodia de menores, que pueden dar lugar a responsabilidad por desobediencia (apartado XXXI del Preámbulo de la LO 1/2015). El legislador olvida mencionar las dificultades de encaje de dichas conductas leves en los delitos a los que hace alusión. Piénsese, por ejemplo, que el abandono de menores e incapaces y la denegación de asistencia a personas ancianas y discapacitadas solo se pueden subsumir en el delito de omisión del deber de socorro si la víctima se encuentra no solo desamparada, sino en peligro manifiesto y grave, siendo inminente la lesión, pero no en otro caso[70]. O que la falta de deslucimiento de bienes inmuebles se introdujo en 1995 con el objetivo de "evitar y sancionar la proliferación de los actos de deslucimiento por garabatos y manchas que se observan en las paredes de los edificios y que perjudican ostensiblemente el ornado público, sin que puedan calificarse como daños materiales propiamente dichos" (enmienda núm. 1194 del Grupo CIU), pues, en efecto, los delitos de daños no permiten abarcar los supuestos de mero deslucimiento[71]. Por su parte, la falta de infracción del régimen de custodia de menores exigía en su descripción típica que no se llegase a incurrir en delito contra las relaciones familiares o, en su caso, de desobediencia, es decir, abarcaba supuestos que no eran constitutivos de delito[72], y siguen sin serlo.

Algunas de estas faltas desaparecidas en la reforma de 2015 se incorporaban al Libro II del Código Penal en el Anteproyecto de 2012. Desaparecieron durante la tramitación legislativa tras recibir numerosas críticas, tanto doctrinales como de los órganos consultivos. Así ocurrió con la falta de vigilancia de animales peligrosos, prevista en el art. 385 *quáter* ACP 2012[73], y los

---

70 Ya lo apuntaba ARMENTEROS LEÓN, M., *Las faltas: derecho sustantivo y procesal*, Tirant lo Blanch, Valencia, 2007, pp. 80-81.

71 Sobre las dificultades de delimitación, vid. MARTÍNEZ PÉREZ, M. D., "La falta de deslucimiento de bienes", *RdPP* núm. 32, 2013, pp. 145-150, quien, no obstante, se manifiesta a favor de la supresión de la falta por considerar suficientes los instrumentos civiles y administrativos para la sanción de estas conductas.

72 Cfr. ARMENTEROS LEÓN, M., *Las faltas*, cit., p. 138.

73 Esta incorporación había suscitado críticas muy razonables. Como apuntaron FERNÁNDEZ HERNÁNDEZ, A./ OLLOQUIEGUI SUCUNZA, I., "Falta de suelta de animales feroces o dañinos", en ÁLVAREZ GARCÍA, F. J. (Dir.), *Estudio crítico sobre el Anteproyecto de Reforma Penal de 2012*, Tirant lo Blanch, Valencia, 2013, p. 130, "no se justifica que se eleve la tipificación de esta conducta a la categoría de delito leve, fundamentándose en la creación de un peligro abstracto para la vida y la integridad física o la salud de las personas, cuando se elimina la tipificación de la causación

atentados leves contra la flora amenazada, que se introducía en un nuevo segundo apartado del art. 332 ACP 2012[74]. En ambos casos señalaba el Dictamen 358/2013, de 27 de junio, del Consejo de Estado sobre el Anteproyecto, que "puede observarse que, en ocasiones, la pena impuesta desde el Código Penal es sensiblemente inferior a la establecida para el mismo tipo de infracción en las leyes administrativas correspondientes (a título ilustrativo, así se observará en los ámbitos de protección de la flora o de tenencia de animales peligrosos). De este modo, la sanción penal —con la preferencia que se le atribuye a este orden— puede llegar a operar, paradójicamente, a favor del infractor, produciéndose el efecto perverso de que la tipificación penal de una conducta implique, en determinados casos, una reducción de la sanción asociada a esa conducta" (consideración cuarta a). También el Consejo Fiscal, en su Informe al Anteproyecto, propugnó "la completa despenalización de estas conductas leves, que hallan un marco más eficaz de persecución en el orden administrativo sancionador" (comentarios centésimo quincuagésimo sexto y centésimo sexagésimo tercero).

En algunos de estos supuestos el legislador señala a mayores que las conductas de que se trata ya se sancionan de manera suficiente en la normativa extra-penal, como los casos menos relevantes de incumplimiento de obligaciones familiares e infracciones del régimen de custodia de menores, que tienen un régimen de ejecución forzosa basado en multas coercitivas[75], en parte sancionador, en este caso a través de la modificación del régimen de guarda y visitas, en el art. 776 de la Ley 1/2000, de 7 de

---

de muerte por imprudencia leve (delito de resultado). Si como consecuencia de tales hechos se produce el resultado, el Código Penal ya ofrece oportuna respuesta. Si no se causa daño alguno, el ámbito administrativo es suficiente para dar respuesta a estos casos". Por su parte, argumentaba HAVA GARCÍA, E., "Tenencia de animales peligrosos", en ÁLVAREZ GARCÍA, F. J. (Dir.), *op.* cit., pp. 893-894, que "el mantenimiento de la infracción penal resulta injustificada, pudiendo acudirse en estos supuestos a la sanción administrativa, o bien a otros delitos si con el comportamiento finalmente se causaran daños o lesiones".

74 Contra su previsión como delito habían apuntado FERNÁNDEZ HERNÁNDEZ, A./ OLLOQUIEGUI SUCUNZA, I., "Falta relativa a la protección de la flora", en ÁLVAREZ GARCÍA, F. J. (Dir.), *Estudio crítico sobre el Anteproyecto de reforma penal de 2012*, Tirant lo Blanch, Valencia, 2013, p. 126, que "la normativa administrativa en materia de medio ambiente es abundante y contiene sanciones imponibles. En consecuencia, aquellos supuestos que no son susceptibles de causar grave perjuicio para el medio ambiente (elemento en el que se fundamenta el plus de antijuridicidad que justifica la tipificación de la conducta) encuentra mejor acomodo en el ámbito administrativo".

75 La multa coercitiva no es una sanción, sino una modalidad de ejecución forzosa de los actos administrativos. Sobre las diferencias entre la multa coercitiva y la multa como sanción vid. SUAY RINCÓN, J., *Sanciones administrativas*, Publicaciones del Real Colegio de España, Bolonia, 1989, pp. 60 y ss.

enero, de Enjuiciamiento Civil (en adelante LEC)[76]; la falta de vigilancia de animales peligrosos, ésta a través de la sanción administrativa, pues se castiga como infracción grave en el art. 13.2 de la Ley 50/1999, de 23 de diciembre, sobre el Régimen Jurídico de la Tenencia de Animales Potencialmente Peligrosos[77], y es considerada infracción leve en el art. 37.16 de la LO 4/2015, de 30 de marzo, de Protección de la Seguridad Ciudadana (en adelante, LPSC)[78]; y los atentados leves contra la flora amenazada, tipificados en el art. 76 de la Ley 42/2007, de 13 de diciembre, del Patrimonio Natural y de la Biodiversidad[79]. Por su parte, el deslucimiento de

---

76 Art. 776 LEC: "Ejecución forzosa de los pronunciamientos sobre medidas. Los pronunciamientos sobre medidas se ejecutarán con arreglo a lo dispuesto en el Libro III de esta ley, con las especialidades siguientes:

1ª Al cónyuge o progenitor que incumpla de manera reiterada las obligaciones de pago de cantidad que le correspondan podrán imponérsele por el Secretario judicial multas coercitivas, con arreglo a lo dispuesto en el artículo 711 y sin perjuicio de hacer efectivas sobre su patrimonio las cantidades debidas y no satisfechas.

2ª En caso de incumplimiento de obligaciones no pecuniarias de carácter personalísimo, no procederá la sustitución automática por el equivalente pecuniario prevista en el apartado tercero del artículo 709 y podrán, si así lo juzga conveniente el Tribunal, mantenerse las multas coercitivas mensuales todo el tiempo que sea necesario más allá del plazo de un año establecido en dicho precepto.

3ª El incumplimiento reiterado de las obligaciones derivadas del régimen de visitas, tanto por parte del progenitor guardador como del no guardador, podrá dar lugar a la modificación por el Tribunal del régimen de guarda y visitas.

4ª Cuando deban ser objeto de ejecución forzosa gastos extraordinarios, no expresamente previstos en las medidas definitivas o provisionales, deberá solicitarse previamente al despacho de ejecución la declaración de que la cantidad reclamada tiene la consideración de gasto extraordinario. Del escrito solicitando la declaración de gasto extraordinario se dará vista a la contraria y, en caso de oposición dentro de los cinco días siguientes, el Tribunal convocará a las partes a una vista que se sustanciará con arreglo a lo dispuesto en los artículos 440 y siguientes y que resolverá mediante auto".

77 Art. 13 de la Ley 50/1999: "... 2. Tendrán la consideración de infracciones administrativas graves las siguientes:

a) Dejar suelto un animal potencialmente peligroso o no haber adoptado las medidas necesarias para evitar su escapada o extravío.

... d) Hallarse el perro potencialmente peligroso en lugares públicos sin bozal o no sujeto con cadena".

78 Art. 37 LPSC: "Son infracciones leves:

... 16. Dejar sueltos o en condiciones de causar daños animales feroces o dañinos...".

79 Art. 76 de la Ley 42/2007: "1. A los efectos de esta Ley, y sin perjuicio de lo que disponga al respecto la legislación autonómica, se considerarán infracciones administrativas:

... b) La destrucción, muerte, deterioro, recolección, comercio o intercambio, captura y oferta con fines de venta o intercambio o naturalización no autorizadas de especies de flora y fauna catalogadas "en peligro de extinción", así como la de sus propágulos o restos.

bienes muebles e inmuebles o la causación de daños de escasa entidad en bienes de valor cultural, cuando no sean reconducibles al delito de daños u otras figuras delictivas por no revestir suficiente cierta entidad, y no se trate de bienes de valor histórico, artístico, científico, cultural o monumental o en yacimientos arqueológicos, terrestres o subacuáticos (en cuyo caso se aplica el art. 323 CP), pueden castigarse por medio de la sanción administrativa si se trata de bienes de dominio público, pues son consideradas infracciones leves en el art. 37.13 LPSC[80], o dejarse al resarcimiento civil si son de titularidad privada[81]. Por otro lado, el legislador indica que la realización de actividades sin seguro obligatorio se deriva a la vía administrativa. En la práctica esta falta había quedado ya prácticamente vacía de contenido[82], al excluirse la conducción de vehículos a motor y ciclomotores en la reforma llevada a cabo por la LO 15/2003, de 25 de noviembre, por la que se modifica la Ley Orgánica 10/1995, de 23 de noviembre, del Código Penal[83].

... j) La destrucción, muerte, deterioro, recolección, posesión, comercio, o intercambio, captura y oferta con fines de venta o intercambio o naturalización no autorizada de especies de flora y fauna incluidas en catalogadas como "vulnerables", así como la de propágulos o restos.

k) La destrucción del hábitat de especies vulnerables, en particular del lugar de reproducción, invernada, reposo, campeo o alimentación y las zonas de especial protección para la flora y fauna silvestres.

... m) La destrucción, muerte, deterioro, recolección, posesión, comercio o intercambio, captura y oferta con fines de venta o intercambio o naturalización no autorizada de especies de flora y fauna incluidas en el Listado de especies en régimen de protección especial, que no estén catalogadas, así como la de propágulos o restos".

80 Art. 37 LPSC: "Son infracciones leves:

... 13. Los daños o el deslucimiento de bienes muebles o inmuebles de uso o servicio público, así como de bienes muebles o inmuebles privados en la vía pública, cuando no constituyan infracción penal".

81 En este último caso, evidentemente, se produciría la descriminalización, puesto que el resarcimiento civil no tiene naturaleza sancionadora.

82 Se llegó a decir que esta falta había "quedado derogada en la práctica, resultando absurdo su mantenimiento en el Código Penal debiendo haberse despenalizado en su totalidad la conducta infractora". AYO FERNÁNDEZ, M., *Las faltas en el Código Penal y el juicio de faltas*, 6ª ed. Tirant lo Blanch, Valencia, 2005, p. 129. No tenía mucho sentido que la carencia de seguro obligatorio fuera típica en unos casos y sancionable administrativamente en otros. En este sentido, ARMENTEROS LEÓN, M., *Las faltas*, cit., p. 280; DÍAZ-MAROTO Y VILLAREJO, J., *Las faltas*, cit., p. 226.

83 Duramente criticada por AYO FERNÁNDEZ, M., *Las faltas*, 6ª ed. cit., p. 129. Sin embargo, desde otra perspectiva se señaló que la razón de la descriminalización de este supuesto "no es otra que la contumacia del fenómeno del no aseguramiento de tantísimos vehículos a motor y ciclomotores en España, que amenazaba con desfigurar el carácter de Derecho subsidiario y el principio de intervención mínima del Derecho penal", hasta el punto de que el elevado número de infracciones "ha obligado al le-

No se trata tanto de que no haya actividades para las que legalmente se exija un seguro de responsabilidad civil, que las hay y muchas, sino que en la práctica ya se estaban aplicando las infracciones administrativas de similar contenido previstas en la legislación sectorial, sobre la base del mandato general entonces contenido en el art. 75 de la Ley 50/1980, de 8 de octubre, de Contrato de Seguro (precepto derogado por la Ley 20/2015, de 14 de julio, de ordenación, supervisión y solvencia de las entidades aseguradoras y reaseguradoras), de acuerdo con el cual "la falta de seguro, en los casos en que sea obligatorio, será sancionada administrativamente"[84]. Entre otros, en los arts. 86 a) 15 de la Ley 25/1964, de 28 de abril, de Energía Nuclear[85]; 37.2 f) de la Ley 26/2007, de 23 de octubre de Responsabilidad Medioambiental[86]; 48.2 h) de la Ley 1/1970, de 4 de abril, de Caza[87], etc. Y por supuesto en el art. 3.1 del Real Decreto Legislativo 8/2004, de 29 de octubre,

---

gislador a devolver la infracción al Derecho administrativo sancionador". VELASCO NÚÑEZ, E., "Las faltas contra los intereses generales y el orden público", *La Ley Penal* núm. 22, 2005, p. 80.

84 La disposición final sexta del Proyecto de Código Penal de 2013 se dedicaba a la modificación del art. 75 de la Ley 50/1980, de 8 de octubre, de Contrato de Seguro, que en la parte que aquí interesa quedaba redactado de la siguiente manera: "... 2. Sin perjuicio de lo dispuesto en la legislación sectorial aplicable, el ejercicio de actividades careciendo de un seguro obligatorio exigido a tal efecto en una norma, será constitutivo de infracción administrativa muy grave.
Será responsable de tal infracción la persona física o jurídica que viniera obligada a la suscripción del seguro pudiendo ser sancionado con multa de 10.000 a 300.000 euros.
La instrucción y resolución del procedimiento sancionador corresponderá a la administración pública competente por razón de la materia cuya regulación impone la suscripción del seguro obligatorio".
Sin embargo, esta disposición final desapareció en la versión definitiva.

85 Art. 86 de la Ley 25/1964: "Son infracciones administrativas las acciones u omisiones que supongan incumplimiento o inobservancia de lo dispuesto en la presente Ley, en la Ley 15/1980, de 22 de abril, de creación del Consejo de Seguridad Nuclear y en sus disposiciones de desarrollo, así como en tratados y convenios suscritos y ratificados por España.
Por su gravedad, las infracciones se clasifican en muy graves, graves y leves.
a) Son infracciones muy graves:
... 15. El ejercicio de cualquier actividad regulada por la presente Ley, o en la Ley 15/1980, de 22 de abril, de creación del Consejo de Seguridad Nuclear, y sus disposiciones de desarrollo, sin tener cubierta la responsabilidad civil por los daños que la misma pudiera causar, en los términos establecidos en la normativa específica de aplicación...".

86 Art. 37 de la Ley 26/2007: "... 2. Son muy graves las siguientes infracciones:
... f) El incumplimiento de la obligación de concertar en los términos previstos en esta ley las garantías financieras a que esté obligado el operador, así como el hecho de que no se mantengan en vigor el tiempo que subsista dicha obligación".

87 Art. 48 de la Ley 1/1970: "2. La relación de infracciones y sanciones comprenderá las enumeradas en el artículo 31 de la presente Ley y las que se refieren a:
.... h) Incumplimiento de la obligación de tener contratado y vigente el seguro obligatorio".

por el que se aprueba el texto refundido de la Ley sobre responsabilidad civil y seguro en la circulación de vehículos a motor[88].

El legislador no menciona las amenazas leves con armas u otros instrumentos peligrosos. El art. 36.10 LPSC considera infracción grave "portar, exhibir o usar armas prohibidas, así como portar, exhibir o usar armas de modo negligente, temerario o intimidatorio...". Parece, así, que la conducta se ha descriminalizado, pasando al Derecho Administrativo sancionador[89]. Tampoco hace referencia al abandono de jeringuillas y otros objetos peligrosos. Cuando se trata de útiles o instrumentos utilizados para el consumo de drogas ya está sancionado administrativamente en el art. 36.16 LPSC[90], que considera su abandono infracción grave.

---

88 Art. 3 del Real Decreto Legislativo 8/2004: "Incumplimiento de la obligación de asegurarse. 1. El incumplimiento de la obligación de asegurarse determinará:
a) La prohibición de circulación por territorio nacional de los vehículos no asegurados.
b) El depósito o precinto público o domiciliario del vehículo, con cargo a su propietario, mientras no sea concertado el seguro.
Se acordará cautelarmente el depósito o precinto público o domiciliario del vehículo por el tiempo de un mes, que en caso de reincidencia será de tres meses y en el supuesto de quebrantamiento del depósito o precinto será de un año, y deberá demostrarse, para levantar dicho depósito o precinto, que se dispone del seguro correspondiente. Los gastos que se originen como consecuencia del depósito o precinto del vehículo serán por cuenta del propietario, que deberá abonarlos o garantizar su pago como requisito previo a la devolución del vehículo.
c) Una sanción pecuniaria de 601 a 3.005 euros de multa, graduada según que el vehículo circulase o no, su categoría, el servicio que preste, la gravedad del perjuicio causado, en su caso, la duración de la falta de aseguramiento y la reiteración de la misma infracción...".

89 Como apunta FERNÁNDEZ HERNÁNDEZ, A., "Supresión de las faltas y creación de delitos leves", en GONZÁLEZ CUSSAC, J. L. (Dir.), *Comentarios a la reforma del Código Penal de 2015*, 2ª ed. Tirant lo Blanch, Valencia, 2015, p. 67, podría entenderse que la conducta queda subsumida en el art. 171.7 CP, como delito leve de amenazas. Así lo defiende un sector doctrinal. Vid. por todos LÓPEZ PEREGRÍN, M. C., "La (supuesta) supresión de las faltas en el proyecto de reforma del Código penal de 2013", *Revista Penal* núm. 34, 2014, p. 106. Pero lo cierto es que la conducta de amenazar con armas no ha sido trasladada como tal al Libro II del Código Penal, y sin embargo sí parece más claro su traslado a la Ley de Protección de la Seguridad Ciudadana. Aplaude su desaparición MANZANARES SAMANIEGO, J. L., "Novedades en los delitos de amenazas y coacciones según el Anteproyecto de reforma del Código Penal (Artículos 171.7, 172.3, 172 bis y 172 ter)", *La Ley* 2013-2, p. 1569, por entender que "su valoración puede quedar, como la de otras circunstancias, al criterio del juez caso por caso".

90 Art. 36 LPSC: "Son infracciones graves:
... 16. El consumo o la tenencia ilícitos de drogas tóxicas, estupefacientes o sustancias psicotrópicas, aunque no estuvieran destinadas al tráfico, en lugares, vías, estableci-

Además hay que puntualizar, aunque el legislador no lo haga con tanta claridad, que la eliminación de algunas faltas contra el orden público se ve sobradamente compensada no solo por la desmesurada ampliación que experimentan en la misma reforma los delitos de atentado, resistencia y desórdenes públicos[91], sino también por la aprobación de la nueva Ley de Protección de la Seguridad Ciudadana. En este texto es manifiesta la introducción de nuevas infracciones administrativas, que explícitamente se justifica por la desaparición de las faltas[92], y la elevación de la cuantía de las sanciones de las ya existentes. Esto es, un número considerable de las faltas que aparentemente se eliminan sigue sometido al *ius puniendi* estatal, pero a través de la rama administrativa. No sin consecuencias, como veremos más adelante. Es el caso, entre otras, de la perturbación leve del orden público, considerada infracción grave en el art. 36.1 LPSC, que tipifica "la perturbación de la seguridad ciudadana en actos públicos, espectáculos deportivos o culturales, solemnidades y oficios religiosos u otras reuniones a las que asistan numerosas personas, cuando no sean constitutivas de infracción penal"; o de la desobediencia leve a la autoridad o a sus agentes, esto es, "la desobediencia o resistencia a la autoridad o a sus agentes en el ejercicio de sus funciones, cuando no sean constitutivas de delito, así como la negativa a identificarse a requerimiento de la autoridad o de sus agentes o la alegación de datos falsos o inexactos en los procesos de identificación", considerada infracción grave en el art. 36.6 LPSC[93]. En ambos casos la sanción de multa se extiende de 601 a 30.000 euros.

---

mientos públicos o transportes colectivos, así como el abandono de los instrumentos u otros efectos empleados para ello en los citados lugares".

91 Cfr. CUGAT MAURI, M., "La discutible bondad", cit., pp. 166-167; DÍEZ RIPOLLÉS, J. L., "Sucintas observaciones", cit., p. 27; MACÍAS CARO, V. M., "Del orden público al terrorismo pasando por la seguridad ciudadana: análisis de las reformas de 2015", *Revista Penal* núm. 36, 2015, pp. 134 y ss.

92 De acuerdo con el Preámbulo de la LO 4/2015, "la reforma en tramitación del Código Penal exige una revisión de las infracciones penales de esta naturaleza que contenía el libro III del código punitivo para incorporar al ámbito administrativo algunas conductas que, de lo contrario, quedarían impunes, como son ciertas alteraciones del orden público, las faltas de respeto a la autoridad, el deslucimiento de determinados bienes en la vía pública o dejar sueltos animales peligrosos..." (apartado III).
A favor de trasladar las faltas contra los intereses generales y contra el orden público al Derecho Administrativo sancionador, vid. SANTOS MARTÍNEZ, M. A., "La "desjudicialización" de las faltas", *La Ley* 2011-4, p. 1390; solo parcialmente, DÍAZ-MAROTO Y VILLAREJO, J., *Las faltas*, cit., pássim.

93 Críticamente CUERDA ARNAU, M. L., "Atentados y resistencia (arts. 550 y ss.)", en GONZÁLEZ CUSSAC, J. L. (Dir.), *Comentarios a la reforma del Código Penal de 2015*, 2ª ed. Tirant lo Blanch, Valencia, 2015, p. 1293; VICENTE MARTÍNEZ, R. de, *La nueva regulación*, cit., pp. 174-177.

De esta manera, en fin, las únicas conductas que se despenalizan son algunos supuestos de abandono de menores o incapaces, incumplimiento de obligaciones familiares y denegación de asistencia a personas ancianas o incapacitadas, por un lado, el homicidio y las lesiones por imprudencia leve, por otro, y las injurias y vejaciones injustas de carácter leve, por último[94]. En el primer caso se reconducen a la vía civil los casos que no puedan entrar en el ámbito de aplicación de los delitos de omisión del deber de socorro o del correspondiente delito de resultado en comisión por omisión. Sin embargo, ya se ha apuntado al respecto que "los primeros solamente podrían encontrar el amparo legal mediante la puesta en conocimiento de la situación de abandono a la autoridad, desapareciendo el deber legal de presentación a la familia o a aquélla, y los segundos solamente podrían abrir paso a la adopción de medidas en interés de éstos en una difícil estructura jurídica de sistemas de asistencia social, dependencia o deber de prestación de alimentos que sin duda dificultaría la pronta y eficaz respuesta que ancianos e incapaces, o personas con discapacidad necesitada de especial protección, según la nueva definición terminológica, demandan"[95].

También el homicidio y las lesiones por imprudencia leve se reconducen a la vía civil, en su modalidad de responsabilidad extracontractual o aquiliana de los arts. 1902 y siguientes del Código Civil, porque "[n]o toda actuación culposa de la que se deriva un resultado dañoso debe dar lugar a responsabilidad penal, sino que el principio de intervención mínima y la consideración del sistema punitivo como última ratio, determinan que en la esfera penal deban incardinarse exclusivamente los supuestos más graves de imprudencia, reconduciendo otro tipo de conductas culposas a la vía civil" (apartado XXXI del Preámbulo de la LO 1/2015).

> La despenalización del homicidio y las lesiones por imprudencia leve contrasta con la reforma que proponía el Anteproyecto de Ley Orgánica por la que se modifica la Ley Orgánica 10/1995, de 23 de noviembre, del Código Penal, de 2006 en esta materia. Allí se modificaba el art. 142.1 para considerar delito toda imprudencia con resultado de muerte. El texto propuesto castigaba al "que por imprudencia causare la muerte de otro" con pena de prisión de seis meses a dos años, que llegaba a pena de dos a cuatro años si la imprudencia fuera grave. También se modificaba el art. 152

---

94 No se acogió la sugerencia del Consejo Fiscal de despenalizar también las amenazas leves, en atención, precisamente, a su "escasa trascendencia social, que no debiera ser objeto de persecución penal ni tan siquiera bajo el ropaje formal que suministra la nueva figura del delito leve". Cfr. Informe del Consejo Fiscal al Anteproyecto, p. 138 (comentario nonagésimo tercero).

95 RODRÍGUEZ LAINZ, J. L., "Los nuevos delitos leves", cit., p. 1397.

> en un sentido similar, y se eliminaban los apartados 1, 2 y 3 del art. 621 CP[96]. La propuesta se descartó durante la tramitación legislativa, pese a que encontraba apoyo doctrinal[97]. La LO 15/2007, de 30 de noviembre, por la que se modifica la Ley Orgánica 10/1995, de 23 de noviembre, del Código Penal en materia de seguridad vial, solo aprobó las modificaciones en los delitos contra la seguridad vial, dejando aparcado el tema del homicidio y las lesiones imprudentes. Obviamente, la reforma de 2015 ha supuesto "un giro copernicano" en este tema[98].

No parece razonable dejar en el ámbito civil la muerte o lesiones de una persona causadas por imprudencia, aunque sea leve: tanto el pago de costas como la ausencia del Ministerio Fiscal y las dificultades probatorias del procedimiento civil empeoran la posición de víctimas y perjudicados[99].

---

96 Sobre esta propuesta, vid. VICENTE REMESAL, J. de, "Dos propuestas legislativas antagónicas sobre el homicidio por imprudencia leve: especial referencia al ámbito de la seguridad vial", *RdPP* núm. 36, 2014, pp. 134-155.

97 Por ejemplo, afirmaba que considerar falta un homicidio imprudente suponía no respetar un bien jurídico tan valioso como la vida, VICENTE MARTÍNEZ, R. del, "Seguridad vial y derecho penal. En especial el homicidio imprudente cometido con vehículo a motor", *Abogacía* núm. 1, 2009, pp. 101-130. Se oponían a que el homicidio por imprudencia leve saliera del Código Penal, entre otros, GRACIA MARTÍN, L./ VIZUETA FERNÁNDEZ, J., *Los delitos de homicidio y de asesinato en el Código Penal español. Doctrina y jurisprudencia*, Tirant lo Blanch, Valencia, 2007, p. 119.

98 Como lo describe VICENTE REMESAL, J. de, "Dos propuestas legislativas antagónicas", cit., p. 156.

99 La crítica a esta previsión ha sido muy mayoritaria en la doctrina. Cfr. BOLDOVA PASAMAR, M. A., "La desaparición", cit., pp. 5-6, y 15-16; DÍEZ RIPOLLÉS, J. L., "Sucintas observaciones", cit., p. 27; DOVAL PAIS, A., "El nuevo régimen penal de las imprudencias menos graves y leves", en QUINTERO OLIVARES, G. (Dir.), *Comentarios a la reforma penal de 2015*, Thomson Reuters Aranzadi, Cizur Menor, 2015, p. 341; FERNÁNDEZ HERNÁNDEZ, A./ OLLOQUIEGUI SUCUNZA, I., "Notas críticas sobre la conversión de las faltas en delitos en el Anteproyecto de Reforma de 2012", en ÁLVAREZ GARCÍA, F. J. (Dir.), *Estudio crítico sobre el Anteproyecto de Reforma Penal de 2012*, Tirant lo Blanch, Valencia, 2013, p. 48; de los mismos autores, "Homicidio por imprudencia leve", en ÁLVAREZ GARCÍA, F. J. (Dir.), *op.* cit., p. 64; HERNÁNDEZ-CARRILLO FUENTES, J. M., "La reforma en curso del Código Penal, cierra el círculo que abre la Ley de Tasas", *La Ley* 2013-1, pp. 1225-1226; JIMÉNEZ SEGADO, C., "Eliminar las faltas", cit., p. 1235; MANZANARES SAMANIEGO, J. L., "La supresión de las faltas penales", *La Ley* 2013-4, p. 1507; del mismo autor, "Comentarios a la reforma de la parte general del Código Penal conforme al nuevo anteproyecto de Ley Orgánica (y IV)", *La Ley* 2013-1, p. 1280; SÁEZ RODRÍGUEZ, C./ SANTOS ITOIZ, E., "La derogación", cit., p. 34; YÁÑEZ DE ANDRÉS, A., "Sobre la pretendida supresión de las faltas de imprudencia y su remedio para las víctimas", *La Ley* 2012-5, pp. 988 y ss. Ya hace años, en relación con el proceso despenalizador de 1989, también CORTÉS CAMACHO, J., "La despenalización de las faltas y las imprudencias cometidas con vehículos de motor", *PJ* núm. especial XII, 1990, p. 265.

Ello es particularmente relevante cuando se tiene en cuenta que muchos homicidios por imprudencia leve se producen en el marco de accidentes de tráfico[100] o laborales, o en el ejercicio de actividades profesionales, como las relacionadas con la sanidad. Eso supone que nos encontramos ante procesos seguidos generalmente contra grandes empresas aseguradoras[101]. La desigualdad de las partes, ocupando la víctima la posición más débil, es evidente.

El objetivo perseguido con la despenalización del homicidio y las lesiones por imprudencia leve quedó claramente expresado en la enmienda núm. 819 del Grupo Parlamentario Popular en el Congreso de los Diputados. En ella se argumenta que las lesiones leves por imprudencia grave tienen una aplicación práctica muy limitada: "de una parte, porque si la imprudencia es grave (y conlleva un riesgo especialmente relevante), normalmente se produ-

---

Considera que "ha de valorarse como positiva la reconducción de las figuras de menor lesividad a la vía jurisdiccional civil, reservando la vía penal para aquellas imprudencias que presentan una cierta relevancia", SUÁREZ-MIRA RODRÍGUEZ, C., "Del homicidio y sus formas (arts. 138 y ss.)", en GONZÁLEZ CUSSAC, J. L. (Dir.), *Comentarios a la reforma del Código Penal de 2015*, 2ª ed. Tirant lo Blanch, Valencia, 2015, p. 486. Vid. también JAÉN VALLEJO, M./ PERRINO PÉREZ, A. L., *La reforma penal de 2015 (Análisis de las principales reformas introducidas en el Código Penal por las Leyes Orgánicas 1 y 2/2015, de 30 de marzo)*, Dykinson, Madrid, 2015, p. 210, señalando que "hasta ahora en esta materia, se ha recurrido a la vía penal quizá con demasiada frecuencia, en muchos casos con el propósito de obtener un informe médico forense de cara a cuantificar las lesiones que después son indemnizadas por las compañías de seguros". Ya hace años se mostraba a favor de despenalizar todas las conductas cometidas por imprudencia leve FEIJÓO SÁNCHEZ, B. J., "La imprudencia en el Código Penal de 1995 (cuestiones de lege data y de lege ferenda)", *CPC* núm. 62, 1997, pp. 360 y ss.; del mismo autor, "Los límites políticos-criminales de la responsabilidad por imprudencia: la imprudencia leve como hecho punible", *Revista del Poder Judicial* núm. 61, 2001, pp. 105-164.

100 Es interesante destacar que la despenalización de las faltas de homicidio y lesiones por imprudencia leve coincidió en el tiempo con la tramitación parlamentaria de un Proyecto de Ley de reforma del Sistema para la valoración de los daños y perjuicios causados a las personas en accidentes de circulación (121/000143), a fin de modificar el sistema de valoración de daños y perjuicios causados a las personas en accidentes de tráfico de acuerdo con el principio de reparación íntegra, para asegurar un justo resarcimiento de los perjuicios sufridos por las víctimas y sus familias como consecuencia de un siniestro de tráfico. Dicha tramitación culminó en la aprobación de la Ley 35/2015, de 22 de septiembre, que contiene innovaciones muy relevantes en la valoración del daño corporal con el fin de objetivar el importe de la indemnización, contribuyendo con ello a la solución extrajudicial de los conflictos, objetivo que sigue siendo prioritario en esta materia. Así se desprende claramente del apartado I del Preámbulo.

101 Advierten de ello BOLDOVA PASAMAR, M. A., "La desaparición", cit., pp. 2-3; DOVAL PAIS, A., "El nuevo régimen penal", cit., p. 342; LÓPEZ PEREGRÍN, M. C., "La (supuesta) supresión", cit., p. 116.

cen lesiones más graves; y, sobre todo, porque una imprudencia que causa lesiones leves tiende a valorarse como leve". Por su parte, la regulación de la falta de lesiones por imprudencia leve "produce los siguientes efectos en el ámbito de las lesiones producidas por accidentes de tráfico, que es el ámbito en el que se plantean los problemas:
- Se produce una degradación de las imprudencias, que de forma habitual se califican como falta. Lo habitual es que el atestado se archive hasta que la víctima presenta una denuncia. Si lo hace, se valoran pericialmente sus lesiones, y se convoca a las partes a un juicio de faltas. El efecto es que se sancionan como faltas (y con multas de entre 50 y 200 euros) conductas que han causado lesiones de extraordinaria gravedad, incluyéndose aquí habitualmente conductas de gravedad.
- Al tiempo, y en el sentido contrario, se canalizan a través del juicio de faltas conductas que carecen de verdadera relevancia penal: pero como el Juez toma conciencia de esa situación en un momento en el que ya tiene oportunidad de resolver sobre el importe de la indemnización que debe pagarse a la víctima, se opta habitualmente por calificar como falta cualquier ligera imprudencia que únicamente da lugar a una levísima pena de multa, y resolver sobre el fondo de la cuestión: la responsabilidad civil".
Se explica, además, que "la descriminalización [despenalización en la terminología aquí utilizada] de las imprudencias leves tenía los siguientes objetivos:
- Garantizar la correcta sanción de las imprudencias graves. Se trataba de evitar que una imprudencia de gravedad que causa lesiones gravísimas pueda (como sucede de hecho) ser sancionada con una multa de entre 50 y 200 euros; es decir, con una sanción inferior a la que se impone por aparcar en doble fila. La idea de la reforma es la siguiente: si no existen las "faltas", los jueces encauzarán todos los supuestos de gravedad hacia el procedimiento abreviado, en el que es posible imponer sanciones adecuadas a la gravedad de estos hechos; los supuestos carentes de gravedad (los accidentes) quedarán fuera del Derecho penal.
- Facilitar que los accidentes de menor gravedad (aquéllos en los que el causante del accidente, en realidad, solamente creó con su conducta un riesgo ligeramente superior al habitual y permitido: se despista al salir de una rotonda cerrando al motorista que circula a su lado; en la salida de un cruce, mientras comprueba que no circula ningún vehículo por la vía a la que quiere incorporarse, no advierte que el coche que circula delante ha frenado, y lo golpea, etc.) quedaran fuera del Derecho penal".
Por tanto, aparentemente lo que se pretendía era, por un lado, garantizar la correcta sanción de las imprudencias graves, y, por otro, dejar fuera del Derecho Penal los accidentes en los que el causante solo crea con su conducta un riesgo ligeramente superior al permitido, aunque causase resultados de muerte o lesiones de cierta gravedad[102]. En realidad, el objetivo fue "acabar

---

102 Así lo resumen CASTRO CORREIDORA, M./ GUINARTE CABADA, G., "La reforma de los delitos de lesiones (arts. 147, 152 y 156 CP)", en GONZÁLEZ CUSSAC, J. L. (Dir.), *Comentarios a la reforma del Código Penal de 2015*, 2ª ed. Tirant lo Blanch,

> con los juicios de faltas de tráfico que copaban prácticamente la parte fundamental del esfuerzo de tramitación y calendarios de señalamientos de los juzgados de instrucción; y que no buscaban otra finalidad social que la de acelerar el cobro de las posibles indemnizaciones o conseguir en condiciones más ventajosas el dictado de título ejecutivo"[103].

Las críticas surgidas durante la tramitación de la reforma fueron de tal calibre que el legislador consideró oportuno introducir una nueva categoría de imprudencia menos grave, aplicable únicamente en los delitos contra la vida y la salud, sobre la base de que "dará lugar a una mejor graduación de la responsabilidad penal en función de la conducta merecedora de reproche, pero al mismo tiempo permitirá reconocer supuestos de imprudencia leve que deben quedar fuera del Código Penal" (apartado XXXI del Preámbulo de la LO 1/2015). Por tanto, sin abandonar la idea original de que algunos supuestos de homicidio por imprudencia leve deben destipificarse, en realidad torpedea dicha despenalización al introducir una nueva categoría de homicidio y lesiones por imprudencia menos grave a la que previsiblemente se reconducirá una parte importante de los casos de imprudencia leve, como veremos más adelante.

Las injurias y vejaciones injustas de carácter leve también se despenalizan, salvo cuando se cometen contra alguna de las personas a que se refiere el art. 173.2 CP, "por tratarse de ofensas de carácter privado cuya reparación puede exigirse en la vía jurisdiccional civil o mediante los actos de conciliación. La intención, por tanto, es que sólo se deriven a la vía penal aquellas conductas que tengan verdadera entidad y relevancia, cuando además no existan medios alternativos para la solución del conflicto" (apartado XXXI del Preámbulo de la LO 1/2015). Parece haber cierto consenso acerca de la bondad de esta despenalización[104]. Sin embargo, los argumentos en contra también son de peso. Basta preguntarse si "¿es que va a meterle un vecino a otro una papeleta de conciliación o una demanda

---

Valencia, 2015, p. 499. Vid. también RODRÍGUEZ-PIÑERO Y BRAVO-FERRER, M., "La despenalización de las faltas de tráfico y la responsabilidad civil", *Diario La Ley* núm. 8544, 2015, pássim.

103 RODRÍGUEZ LAINZ, J. L., "Los nuevos delitos leves", cit., p. 1397. Consideran esta situación una "perversión del sistema" CONDE-PUMPIDO TOURÓN, C./ GARBERÍ LLOBREGAT, J., *Los juicios rápidos, el procedimiento abreviado y el juicio de faltas*, Bosch, Barcelona, 2003, p. 1186.

104 Cfr., entre otros, CERVELLÓ DONDERIS, V./ CHAVES PEDRÓN, C., "Violencia de género y violencia doméstica (arts. 153.1, 173.2 y 173.4)", en GONZÁLEZ CUSSAC, J. L. (Dir.), *Comentarios a la reforma del Código Penal de 2015*, 2ª ed. Tirant lo Blanch, Valencia, 2015, p. 514; FERNÁNDEZ HERNÁNDEZ, A., "Supresión", cit., p. 68.

contra el honor cuando le miente a sus difuntos, los invoque escatológicamente o sea comparado con algún cuadrúpedo — sin desmerecer al animal — en medio de la junta anual de propietarios? ¿Se contentará el demandante a que se avenga el demandado a reconocer que le llamó lo que le llamó? ¿Valdrá el insulto tanto como la tasa judicial en caso de que se interponga una demanda?". Parece que "con este tipo de tutelas, el insulto puede salir gratis"[105]. A ello se añade que "las injurias leves y las vejaciones injustas de carácter leve prácticamente quedarán al margen del Derecho y de una satisfacción jurídica, constituyendo semejante resultado un paso atrás en la defensa de la dignidad del ser humano, ya que puede verse expuesto a soportar ataques gratuitos contra su honor o contra su integridad moral, esporádicos o no, cuando el coste de cualquier reacción deviene más elevado en la mayor parte de los casos"[106]. O que "el precio de ahorro [de dinero público] se correspondería con el deterioro de la tutela judicial efectiva y de la igualdad también efectiva, ante la ley..."[107]. Sin que falte quien teme que la desaparición de la falta "va a generar preocupantes consecuencias a corto o medio plazo", al generarse "espacios de preocupante impunidad que podrían dar paso, ante la inexistencia de una respuesta jurídica, a preocupantes soluciones autocompositivas más drásticas"[108].

> Por otra parte, resulta curioso apuntar que en la LO 3/1989, de 21 de junio, de actualización del Código Penal, que llevó a cabo una importante reducción del número de faltas entonces incluidas en el Libro III, se optó por mantener las faltas de injurias y vejaciones injustas de carácter leve, con el siguiente argumento: "se mantienen las faltas de amenazas y coacciones o vejaciones injustas, pues siendo en importante medida unas figuras penales, las de amenaza y coacciones, dotadas de un cierto carácter valorativo, comprensible en atención a los diferentes elementos personales y circunstanciales que contribuyen a dificultar una concreción legal de la gravedad exacta, por ser imposible construir semejante idea con criterios apriorísticos, parece prudente mantener abierto un abanico de posibilidades que puede dar la adecuada respuesta a tantas situaciones imaginables. Razones análogas, aunque en relación con bienes jurídicos de otra naturaleza explican la subsistencia de las faltas de injurias leves y de denegación de auxilio" (Preámbulo).

En conclusión, en términos cuantitativos nos encontramos más ante un proceso de descriminalización que de despenalización, quedando al margen de cualquier consecuencia sancionadora solo un tercio del total

---

105 JIMÉNEZ SEGADO, C., "Eliminar las faltas", cit., p. 1235.

106 BOLDOVA PASAMAR, M. A., "La desaparición", cit., p. 17.

107 MANZANARES SAMANIEGO, J. L., "La supresión", cit., p. 1507.

108 RODRÍGUEZ LAINZ, J. L., "Los nuevos delitos leves", cit., p. 1394.

de faltas incluidas en el Libro III. Si a ello añadimos que esas faltas que realmente desaparecen del ámbito punitivo representan nada más que el 5% de las faltas conocidas[109], se confirma la conclusión de que no es posible caracterizar el proceso que se ha llevado a cabo como despenalizador.

En efecto, se mantienen en el Código Penal los tipos penales que representan como mínimo el 94,19% de las faltas conocidas en 2014 (que ascienden a 1.089.485, según datos del *Anuario Estadístico del Ministerio del Interior 2014*, p. 164): las faltas de lesiones (82.846), las faltas de amenazas y coacciones (66.650) y, sobre todo, las faltas contra el patrimonio (876.702).

---

109 Ya lo advertían COMPANY CATALÁ, "El nuevo régimen de las faltas: una reforma acertada pero acelerada", *Iuris: Actualidad y Práctica del Derecho* núm. 179, 2012, pp. 14-15; CUGAT MAURI, M., "Consecuencias penales de la supresión del Libro III", en QUINTERO OLIVARES, G. (Dir.) *Comentarios a la reforma penal de 2015*, Thomson Reuters Aranzadi, Cizur Menor, 2015, p. 227; de la misma autora, "La discutible bondad", cit., pp. 171-172; HERNÁNDEZ GARCÍA, J./ RAMÍREZ ORTIZ, J. L., "Las consecuencias procesales de la reforma", en QUINTERO OLIVARES, G. (Dir.), *Comentario a la reforma penal de 2015*, Thomson Reuters Aranzadi, Cizur Menor, 2015, p. 242; LÓPEZ PEREGRÍN, M. C., "La (supuesta) supresión", cit., p. 118; SÁEZ RODRÍGUEZ, C./ SANTOS ITOIZ, E., "La derogación", cit., pp. 14-15; VICENTE MARTÍNEZ, R. de, *La nueva regulación*, cit., pp. 22-23.

3. RAZONES DE LA INTRODUCCIÓN DE LAS FALTAS EN LA LEGISLACIÓN PENAL HISTÓRICA

Una valoración razonada de la desaparición del Libro III exige conocer las razones por las que en su día aparecieron las faltas en nuestro Ordenamiento jurídico, pues es de suponer que dichas razones habrían desaparecido en la actualidad, lo que justificaría su eliminación.

Pues bien, el primer Código Penal español en regular las faltas fue el de 1848[110]. En él, como en el de 1995, la clasificación de las infracciones penales es en principio bipartita, delitos y faltas, si bien se prevé dentro de los delitos una ulterior clasificación en delitos graves y menos graves, como ahora sobre la base de las penas (entonces clasificadas en aflictivas, correccionales y leves). A su vez, también las faltas se dividen en graves y menos graves. No se contempló una categoría adicional a los delitos y faltas, más grave, como sería la de los crímenes. Pacheco[111], miembro de la Comisión redactora del Código Penal de 1848[112], explica que la clasificación tripartita adoptada por entonces por el Código Penal francés respondía a su vez a una organización procesal que contemplaba tres géneros

---

110 El Código Penal de 1822 hace referencia a las faltas o infracciones administrativas en el art. 135, según el cual "[s]on culpas o delitos públicos… Tercero. Todas las contravenciones a los reglamentos generales de policía y sanidad, siempre que sucedan en perjuicio del público". Por su parte, el art. 182 hace alusión a las infracciones administrativas, al disponer que "[l]as culpas y delitos no comprendidos en este Código que se cometan contra los reglamentos u ordenanzas particulares que rijan en algunas materias o ramos de la Administración pública, serán juzgados y castigados, respectivamente, con arreglo a las mismas ordenanzas o reglamentos".
El art. 275 de la Constitución de 1812 atribuía a los alcaldes, entonces situados en el escalón más bajo del poder judicial, el conocimiento de los negocios criminales sobre injurias y faltas livianas y la instrucción de sumarios en el territorio de la demarcación municipal, así como la detención de delincuentes con inmediata remisión al juez del partido.

111 PACHECO, J. F., *El Código penal. Concordado y comentado. Tomo I*, 2ª ed. Imprenta de la viuda de Perinat y compañía, Madrid, 1856, pp. 71-72 y 114-115.

112 Se suele indicar que Pacheco fue el principal autor del Código Penal de 1848. Sin embargo, aunque formó parte de la Comisión redactora apenas asistió a las reuniones, y cuando lo hizo intervino poco. Sí fueron muy influyentes sus *Estudios de Derecho Penal*, publicados en 1842. Cfr. ANTÓN ONECA, J., "El Código penal de 1848 y D. Joaquín Francisco Pacheco", *ADPCP* Tomo XVIII, 1965, pp. 491 y ss.; CANDIL JIMÉNEZ, F., "Observaciones sobre la intervención de don Joaquín Francisco Pacheco en la elaboración del Código penal de 1848", *ADPCP* Tomo XXVIIII, 1975, pp. 405-442.

de tribunales distintos: los verdaderamente criminales, a los que concurre el jurado, los correccionales, es decir, los que han de conocer de acciones menos horrendas, pero graves siempre, compuestos de varios jueces de derecho, y por último los de policía, que se ocupan de cosas leves, formados por una sola persona, un juez de paz. Dado que en España era imposible una organización de los tribunales a la francesa, al haberse rechazado el jurado, se consideró suficiente la división bipartita en delitos y faltas, dejando a la futura Ley de Enjuiciamiento Criminal la tarea de diferenciar dos órdenes de tribunales.

En principio parece, pues, que para el legislador el único criterio distintivo entre delito y falta era (y sigue siendo[113]) el de la gravedad de la sanción prevista para el respectivo hecho[114]. Sin desear abordar en modo alguno el espinoso tema de si la diferencia entre faltas y delitos es cualitativa o cuantitativa[115], es interesante observar que la doctrina no tardó en

---

113 El Preámbulo de la LO 1/2015 apunta que "[e]n nuestro Derecho no existe una diferencia cualitativa entre delitos y faltas. Las diferencias son puramente formales, por el carácter que la Ley otorga a una u otra infracción, o cuantitativas en atención al tipo de pena que se les impone. La tipificación de determinadas conductas como faltas penales obedece a simples razones de política criminal, que en el momento actual carecen de suficiente justificación. Y se aprecia una cierta distorsión en la comparativa con el Derecho administrativo sancionador, que en muchos casos ofrece una respuesta sancionadora más contundente que la prevista en el Código Penal para conductas teóricamente más graves. De ahí que la reforma lleve a cabo una supresión definitiva del catálogo de faltas regulado en el Libro III del Código Penal, tipificando como delito leve aquellas infracciones que se estima necesario mantener" (apartado XXXI).

114 El origen histórico de esta distinción según la gravedad de la sanción se encuentra en la Instrucción de 3 de febrero de 1823 para el gobierno económico-político de las provincias, que establece a favor de los alcaldes y jefes políticos la potestad de corregir gubernativamente a quienes "los desobedezcan o falten al respeto y a los que turben el orden o el sosiego público", añadiendo en el art. 80 que los ayuntamientos no deben conocer de asuntos constitutivos de delito o falta, por tener una pena señalada terminantemente en el Código Penal, y en el art. 207 que los alcaldes solo podían imponer sanciones de hasta 500 reales. La ley provincial de 3 de junio de 1823 fijó los topes de la potestad administrativa sancionadora en 100 reales para los jefes políticos (que después se convirtieron en gobernadores civiles) y 500 para los alcaldes. Las conductas que merecían sanción más grave debían remitirse a los órganos judiciales. Cfr. GARCÍA ALBERO, R., "La relación entre ilícito penal e ilícito administrativo: texto y contexto de las teorías sobre la distinción de ilícitos", en QUINTERO OLIVARES, G./ MORALES PRATS, F. (Coords.), *El nuevo Derecho Penal Español. Estudios Penales en Memoria del Profesor José Manuel Valle Muñiz*, Aranzadi, Cizur Menor, 2001, p. 307; RANDO CASERMEIRO, P., "La evolución de la relación entre el Derecho penal y el Derecho administrativo sancionador en la España del siglo XIX y principios del siglo XX", *RDPC* núm. 12, 2003, p. 146.

115 Sobre la incorrección de este proceder clasificatorio, véase RANDO CASERMEIRO, P., *La distinción entre el Derecho penal y el Derecho administrativo sancionador. Un*

dotar de contenido a esa distinción, y lo hizo fundamentalmente a través de los dos criterios que ya habían sido apuntados por Pacheco. Por un lado, las faltas son infracciones leves que carecen del significado moral de los delitos, lo que se refleja en las penas empleadas para sancionarlas; por otro, en consonancia con ello, el procedimiento empleado para su enjuiciamiento debe/ puede ser más simple y rápido que en el caso de los delitos. Analicemos ambas cuestiones.

En lo que respecta al primer criterio, Pacheco explica que en las faltas nos encontramos ante "preceptos muchas veces de verdadera policía, más bien que de verdadera moralidad"[116], en los que "la pena leve avisa y amonesta, para que no se le abandone, para que no se complete el extravío", pero ni castiga ni reforma, como hacen, por su parte, las penas aflictivas y correccionales[117]. El autor apunta aquí a la *vexata quaestio* de la distinción entre infracciones *mala in se* y *mala quia prohibita*. Las faltas aparecen en el momento histórico en que se está produciendo la diferenciación entre el Derecho Penal y el naciente Derecho Administrativo sancionador o Derecho de Policía. Desde principios del siglo XIX proliferan en los códigos penales y leyes especiales infracciones castigadas con sanciones leves como la multa, la reprensión, privaciones de derechos o privación de libertad de muy corta duración, cuya naturaleza penal o administrativa no estaba clara. De hecho, la distinción actual fue el fruto de una evolución que llegó a diferentes resultados según las distintas tradiciones nacionales. No es el caso de exponerla aquí con detalle[118]. Sí interesa destacar, sin embargo, que la levedad que se percibe en las sanciones previstas para las

---

análisis de política jurídica, Tirant lo Blanch, Valencia, 2010, pp. 52 y ss., con abundante bibliografía. Sobre las distintas teorías al respecto, además, GARCÍA ALBERO, R., "La relación", cit., pp. 326 y ss.; y GÓMEZ TOMILLO, M., *Derecho Administrativo Sancionador. Parte General. Teoría General y Práctica del Derecho Penal Administrativo*, Thomson-Aranzadi, Cizur Menor, 2008, pp. 55 y ss.

116 PACHECO, J. F., *El Código penal, I*, 2ª ed. cit., p. 111.

117 PACHECO, J. F., *El Código penal, I*, 2ª ed. cit., p. 116. Esta observación fue acogida por otros comentaristas. Véase también DORADO, P., "Algunas indicaciones sobre el concepto de las faltas y sobre el tratamiento penal de quienes las ejecutan", *RGLJ* Tomo 92, 1898, pp. 332 y ss., donde acaba considerando a las faltas, que en su opinión no deben ser reprimidas sino prevenidas, "*medidas de policía*, preventivas, medios que impidan la repetición en lo futuro de hechos análogos, combatiendo al efecto las causas que han producido la contravención presente" (cursivas en el original), esto es, una suerte de medidas de seguridad; GROIZARD Y GÓMEZ DE LA SERNA, A., *El Código penal de 1870. Tomo I*, 2ª ed., Establecimiento Tipográfico de los Hijos de J. A. García, Madrid, 1902, p. 151.

118 Al respecto es fundamental la obra de RANDO CASERMEIRO, P., *La distinción*, cit., pássim.

faltas justifica la simplificación y aceleración del procedimiento empleado para llegar a su imposición, con lo que llegamos a la segunda razón que justifica la introducción de las faltas. En los comentaristas decimonónicos se ve con claridad que uno de los objetivos principales perseguidos fue la simplicidad y consiguiente rapidez de su enjuiciamiento[119]. Y podemos decir que el éxito ha sido rotundo. En la actualidad, por un lado, esa rapidez contrasta con la lentitud de la tramitación procesal de las causas por delitos graves y menos graves, pero también con los tiempos de otras jurisdicciones.

> De acuerdo con la *Panorámica de la Justicia para el año 2014*, la duración media de los asuntos penales terminados en 2014 en los Juzgados de Instrucción y Primera Instancia e Instrucción ha sido de 1,6 meses, frente a los 10,9 meses que se precisan en los Juzgados de lo Penal y los 2,6 meses de las Audiencias Provinciales. De media la primera instancia penal dura 2 meses. Esta cifra contrasta con los 6,6 meses de media que dura un procedimiento civil en primera instancia (6,2 meses en los Juzgados de 1ª Instancia, 4,5 en los Juzgados de Familia y 7,6 en los Juzgados de 1ª Instancia e Instrucción), los 10,6 meses del procedimiento laboral en primera instancia y los 14,9 meses del procedimiento contencioso-administrativo en primera instancia.

Por otra parte, esa rapidez aproxima el enjuiciamiento de las faltas a la tramitación de las infracciones administrativas, con las que compartió naturaleza en su origen.

> No hay datos respecto de la duración media de los expedientes administrativos sancionadores. Como indica Rando Casermeiro[120], se puede utilizar el plazo de caducidad del expediente administrativo como forma indirecta de medir la duración máxima, ya que el establecimiento de tal plazo se anuda, sin duda, al mandato constitucional de actuación eficaz de la Administración, recogido en el art. 103.1 CE[121]. Pues bien, el art. 25.1 b) de la Ley 39/2015, de 1 de octubre, del procedimiento administrativo común de las administraciones públicas (en adelante LPACAP), establece que "en los pro-

---

119 Véase por ejemplo, GÓMEZ DE LA SERNA, P./ MONTALBÁN, J. M., *Elementos de Derecho Civil y Penal de España. Tomo III*, 5ª ed. Imprenta de D. F. Sánchez, Madrid, 1855, p. 444; o GROIZARD Y GÓMEZ DE LA SERNA, A., *El Código penal de 1870, I*, 2ª ed. cit., p. 151, quien defiende la "utilidad y conveniencia práctica" de las faltas sobre la base de que "[l]a naturaleza y la economía y la duración del procedimiento debe estar en relación con la intensidad é importancia de los hechos justiciables [...] ¿Cómo han de necesitar, ni los particulares, ni la sociedad, iguales precauciones y garantías para la averiguación y el castigo de los grandes crímenes que para el de los pequeños?".

120 RANDO CASERMEIRO, P., *La distinción*, cit., pp. 401 y ss.

121 Así lo indica MESEGUER YEBRA, J., "A vueltas con la caducidad en los procedimientos sancionadores (Comentario de urgencia a la Sentencia del Tribunal Supremo de 12 de junio de 2003)", *Revista Jurídica de Castilla y León* núm. 1, 2003, p. 219.

cedimientos en que la Administración ejercite potestades sancionadoras... se producirá la caducidad". Por su parte, el art. 21.2 de la misma ley dispone que "el plazo máximo en el que debe notificarse la resolución expresa será el fijado por la norma reguladora del correspondiente procedimiento", añadiendo que "este plazo no podrá exceder de seis meses salvo que una norma con rango de Ley establezca uno mayor o así venga previsto en el Derecho de la Unión Europea". El art. 21.3 puntualiza que "cuando las normas reguladoras de los procedimientos no fijen el plazo máximo, éste será de tres meses". En estos plazos se tienen en cuenta las posibles interrupciones de su cómputo por causas imputables a los interesados o por la suspensión del procedimiento a que haya lugar, por ejemplo, ante la pendencia de otro procedimiento sancionador por los mismos hechos ante los órganos comunitarios europeos, o bien por la suspensión propiciada por la existencia de una vinculación con el orden jurisdiccional penal, sin olvidar los supuestos de subsanación de deficiencias, intervención de otros órganos, realización de pruebas dirimentes y negociaciones (art. 20.6 del Real Decreto 1398/1993, de 4 de agosto, por el que se aprueba el Reglamento del procedimiento para el ejercicio de la potestad sancionadora, en adelante RP).

Tanto en un caso como en el otro se trata de permitir una actuación rápida, breve y libre de excesivas trabas procesales al órgano sancionador. En el caso de las faltas, la forma de hacerlo es una reducción sustancial de las formalidades propias del procedimiento penal, dejándolo reducido a la mínima expresión que es el juicio de faltas. Al fin y al cabo, como regla general no está en juego la libertad del imputado[122].

Por lo demás, la introducción de las faltas en el Código Penal de 1848 también respondió a otro objetivo, no siempre explicitado pero no menos importante: la intención de poner orden en lo que respecta a la potestad sancionadora de la Administración. Se intentó materializar esta labor de ordenación a través de dos vías: por un lado, tipificando como faltas numerosas infracciones de normas administrativas, incluso siguiendo la técnica de la ley penal en blanco, y, por otro, limitando la cuantía o duración de las sanciones administrativas[123].

Así, el castigo de las infracciones de normas administrativas como faltas supuso someter al principio de legalidad numerosas acciones y omisiones que anteriormente daban ocasión al ejercicio de la potestad sancionadora de la Administración, y que desde su tipificación como faltas no solo precisan una norma de rango legal que las tipifique, sino que además son impuestas por un órgano judicial tras el correspondiente proceso. De esta

---

122 De acuerdo con el *Anuario Estadístico del Ministerio del Interior 2014*, p. 489, ese año solo 117 personas estaban ingresadas en prisión por la comisión de faltas.

123 Cfr. DELGADO MARTÍN, J., *El juicio de faltas*, Bosch, Barcelona, 2000, pp. 30-31.

forma, el Libro III del Código Penal contenía el embrión de lo que luego se convirtió en el extenso contenido de la potestad sancionadora de la Administración[124], como se aprecia claramente en la descripción de faltas que abarcan materias como el orden público, el abastecimiento de poblaciones, la higiene pública, el apagado del alumbrado público, espectáculos, etc., y que suelen exigir la infracción de las reglas de policía. Este esfuerzo por llevar a la jurisdicción penal la multitud de contravenciones a los reglamentos, bandos y ordenanzas generales y municipales existentes se saludó en su momento como un gran avance, pues se trataba de "evitar la anarquía que reinaba en esa parte de la legislación"[125]. No obstante, siempre se fue consciente del carácter predominantemente "administrativo" de esas faltas[126], lo que justificó su reforma y, en muchos casos, desaparición del ámbito penal en 1989[127].

Por su parte, la limitación de la cuantía, en caso de multas, o de la duración, en caso de privación de libertad, de las sanciones administrativas se efectuó sobre la base de que no podían ser superiores a las penales. El art. 493 CP 1848 disponía que "[e]n las ordenanzas municipales y demas reglamentos generales de la administracion que se publicaren en lo sucesi-

---

124 Cfr. MARTÍN-RETORTILLO BAQUER, L., "Voz Multa administrativa", en PELLISÉ PRATS, B. (Dir.), *Nueva Enciclopedia Jurídica. Tomo XVI*, Seix, Barcelona, 1978, p. 688.

125 VIZMANOS, T. M. de/ ÁLVAREZ MARTÍNEZ, C., *Comentarios al Código Penal. Tomo II*, Establecimiento Tipográfico de J. González y A. Vicente, Madrid, 1848, p. 552.

126 Cfr. SALETA Y JIMÉNEZ, M., *Las faltas. Ensayo sobre los hechos que son objeto del libro III del Código Penal de España*, Imprenta de M. Tello, Madrid, 1868, p. 9, que hace una división de las faltas según la cual "las unas tenian íntima relacion con alguno de los delitos, y otras suponian infraccion de disposiciones administrativas ó de policía"; o LÓPEZ-REY Y ARROJO, M./ ÁLVAREZ VALDÉS, F., *El nuevo Código Penal*, Edersa, Madrid, 1933, p. 557, quienes, comentando el Libro III del Código Penal de 1932, en esa parte prácticamente idéntico al de 1848, clasifican las faltas en contravenciones propiamente dichas e infracciones municipales o gubernativas. Años después hacía lo mismo SÁNCHEZ-TEJERINA, I., *Derecho Penal Español. Tomo II. Parte Especial*, 5ª ed. Madrid, 1950, p. 494, explicando gráficamente que "un hurto que excede de doscientas cincuenta pesetas es delito, si no excede de dicha cantidad, es falta... Es evidente que en esta distinción se sigue un criterio cuantitativo, no existe una diferencia sustancial entre delito y falta. Por el contrario, se establecen como faltas en nuestro Código hechos que se diferencian sustancial y cualitativamente de los delitos; tales: apedrear o manchar estatuas o pinturas, producir pequeños daños en parques o jardines, o de cualquier modo infringir las disposiciones sobre ornato de las poblaciones. Si las faltas del primer grupo son delitos veniales, las señaladas en el segundo son meras contravenciones de policía. En muchas de estas contravenciones ni siquiera existe daño pequeño, solamente se da un peligro de causarlo".

127 Véase al respecto MARTÍNEZ PÉREZ, C., "La despenalización", cit., pássim.

vo, no se impondrán á los contraventores mayores penas que las señaladas en este libro [el III, dedicado a las faltas], á no ser que así se determine por leyes especiales". Con todo lo positivo que tenía este precepto[128], al establecer un orden de menor a mayor gravedad entre las sanciones administrativas y penales que responde plenamente a la lógica del principio de subsidiariedad del Derecho Penal, al mismo tiempo reconocía la potestad sancionadora de la Administración[129], contraviniendo lo dispuesto en la Constitución de 1845, que había declarado el monopolio punitivo del poder judicial[130], y le permitía imponer sanciones privativas de libertad, si bien de breve duración (hasta quince días de arresto)[131].

Pronto la realidad desbordó este débil intento de limitar la potestad sancionadora de la Administración[132]. Con independencia de ello, conviene retener la idea de que entonces no había más distinción entre las faltas penales y las infracciones administrativas que el órgano legislativo

---

128 Véase, aplaudiéndolo, VIZMANOS, T. M. de/ ÁLVAREZ MARTÍNEZ, C., *Comentarios*, II, cit., p. 545. MARTÍN-RETORTILLO BAQUER, L., "Voz Multa administrativa", cit., pp. 686 y ss., ofrece un extenso análisis de los problemas interpretativos que planteaba a mediados del siglo XX.

129 Claramente PACHECO, J. F., *El Código penal. Concordado y comentado. Tomo III*, Imprenta de la Viuda de Perinat y Compañía, Madrid, 1849, p. 470, cuando indica que "las ordenanzas municipales y los reglamentos de la Administración pueden crear y definir faltas que no lo estén expresamente en el código, pero ni las unas ni los otros han de castigar esas faltas subsidiarias o locales con más severidad que la que emplea para las análogas y mayores el Código mismo".

130 Art. 66 CE 1845: "A los Tribunales y Juzgados pertenece exclusivamente la potestad de aplicar las leyes en los juicios civiles y criminales; sin que puedan ejercer otras funciones que las de juzgar y hacer que se ejecute lo juzgado".
Se seguía así el modelo de la Constitución de 1812, cuyo art. 17 proclamaba que "la potestad de aplicar las leyes en las causas civiles y criminales reside en los tribunales establecidos por la ley", lo que se reiteraba en su art. 242, que declaraba del mismo modo la exclusividad de los tribunales en la aplicación y ejecución de las leyes, llegando al punto de prohibir al Rey "privar a ningún individuo de su libertad, ni imponerle por sí pena alguna. El secretario de despacho que firme la orden, y el juez que la ejecute, serán responsables a la Nación, y castigados como reos de atentado contra la libertad individual", que solo admitía excepciones temporales por el bien y la seguridad del Estado (art. 172, apartado 11, CE 1812).

131 Cfr. RANDO CASERMEIRO, P., "La evolución", cit., pp. 151 y ss.

132 Véase el detallado relato de las normas e interpretaciones que desnaturalizaron lo inicialmente pretendido en GARCÍA GOYENA, F./ AGUIRRE, J., *Febrero ó librería de Jueces, Abogados y Escribanos, comprensiva de los Códigos civil, criminal y administrativo, tanto en la parte teórica como en la práctica, con arreglo en un todo a la legislación hoy vigente. Tomo V*, 4ª ed. Imprenta y librería de Gaspar y Roig, Madrid, 1852, pp. 398 y ss.; y PARADA VÁZQUEZ, J. R., "El poder sancionador de la Administración y la crisis del sistema judicial penal", *Revista de Administración Pública* núm. 67, enero-abril 1972, pp. 71 y ss.

o gubernativo que respectivamente las aprobaba y esa limitación de la severidad del castigo[133]. Piénsese que el procedimiento para el enjuiciamiento tanto de las infracciones gubernativas como de las faltas era judicial, aunque quien lo conociera en primera instancia fueran los alcaldes y sus tenientes[134].

> La legislación de 1845 mantuvo la naturaleza mixta de la función del alcalde, que era a la vez parte de la jerarquía administrativa y el primer escalón del orden judicial, invistiéndosele por ello de una doble facultad sancionadora: "como juez, el alcalde instruye las primeras diligencias en los asuntos criminales y celebra los juicios de faltas con arreglo al libro tercero del Código penal, y como autoridad administrativa, "aplica las penas señaladas en las leyes y reglamentos de policía y en las ordenanzas municipales e impone y exige las multas..." (art. 75 de la Ley de 8 de enero de 1845)"[135]. El Real Decreto-sentencia del Consejo Real de 31 de octubre de 1849, al resolver una cuestión de competencia entre un gobernador civil y un juez de primera instancia en la que se discutía si los alcaldes podían imponer sanciones con independencia y al margen de sus poderes judiciales para el enjuiciamiento de las faltas, reconoce paladinamente a los alcaldes y otras autoridades administrativas "la facultad de imponer multas gubernativamente como atribución necesaria para el desempeño de sus funciones".

La imposibilidad de llevar a cabo una clara separación entre faltas e infracciones administrativas desde una perspectiva sustancial o material se manifestó a diversos niveles. Por un lado, la doctrina elaboró las teorías más peregrinas para evitar la doble sanción, penal y administrativa, por hechos tipificados al mismo tiempo como falta por el Código Penal y como infracción administrativa por bandos o circulares gubernativos[136]. Por otro, tanto a nivel legislativo como entre los operadores jurídicos se sentía la necesidad de separar las faltas penales de aquellas cuya represión

---

133 Se ve muy claramente en SALETA Y JIMÉNEZ, M., *Las faltas*, cit., pp. 24-25.

134 Así se dice expresamente en la regla 3ª de la Ley provisional prescribiendo reglas para la aplicación de las disposiciones del Código penal, que acompaña al texto de 1848. De la apelación conocía el juez de primera instancia. Esta atribución judicial de los alcaldes venía de lejos. Vid. TAPIA, E. de, *Febrero Novísimo o Librería de Jueces, Abogados y Escribanos, refundida, ordenada bajo nuevo método y adicionada con un tratado del juicio criminal. Volumen 8*, Imprenta de Ildefonso Mompie, Valencia, 1830, pp. 86-87. Más recientemente, GARCÍA ALBERO, R., "La relación", cit., pp. 305 y ss.

135 PARADA VÁZQUEZ, J. R., "El poder sancionador", cit., p. 71; RANDO CASERMEIRO, P., "La evolución", cit., p. 143.

136 Véase, por ejemplo, SARABIA PARDO, J., "Doble penalidad en las faltas", *RGLJ* Tomo 74, 1889, pp. 318-322, quien proponía limitar la competencia judicial a las faltas consumadas y la gubernativa a las frustradas o intentadas.

debería ser competencia de las autoridades administrativas[137]. Se hizo reconociendo la autonomía de la potestad sancionadora de la Administración.

Baste apuntar que el art. 505 CP 1850, tras reiterar la prohibición de establecer penas mayores en las ordenanzas municipales y demás reglamentos generales o particulares de la Administración, y en los bandos de policía y buen gobierno que dictaren las autoridades, que las previstas en el Libro III del Código Penal, añadió que, "conforme á este principio, las disposiciones de este libro no excluyen ni limitan las atribuciones que por las Leyes de 8 de enero y 2 de abril de 1845 y cualesquiera otras especiales competan á los agentes de la Administración para dictar bandos de policía y buen gobierno y para corregir gubernativamente las faltas en los casos en que su represión les esté encomendada por las mismas leyes". Por su parte, el Real Decreto de 18 de mayo de 1853 reconoció la necesidad de armonizar las disposiciones legales que mandaban castigar las faltas con ciertas penas y previo juicio con las leyes administrativas y ordenanzas y reglamentos municipales que permitían corregir las mismas faltas gubernativamente y con penas distintas. Aun reconociendo dicho texto que sería deseable que toda corrección, por leve que fuese, se impusiera en virtud de juicio, admitió que ello no sería posible "sin embarazar en muchos casos el curso de la Administración y sin exponer el orden y los intereses públicos a graves peligros", de modo que acabó distribuyendo competencias sobre la base de la gravedad de la sanción y con independencia de la cobertura legal de la infracción, en el Código Penal o en las ordenanzas y reglamentos. Por tanto, la pena de arresto debía ser impuesta en juicio verbal, mientras que la multa podía ser impuesta

---

137 Por ejemplo, UGARTE, F. J., "De las faltas: algunas observaciones sobre el libro 3° del CP vigente", *RGLJ* Tomo 47, 1875, p. 356, se preguntaba "¿Son competentes los Alcaldes o los jueces? ¿Quién excluye a quién? No es lícito juzgar por duplicado un miso hecho; someter al culpable a dos legislaciones e imponerles dos penas; en consecuencia y bajo esta base de discurso, preguntamos nosotros ampliando ideas: puesto que las leyes municipales (bandos, ordenanzas, o reglamentos), han previsto siempre las faltas a que aludimos, ¿por qué el Código las comprendió en su articulado? Sin duda porque no fueron consideradas como especiales al efecto de causar excepción en la legislación común. Otra cosa no se concibe: a haberlas estimado de tal índole que debieran seguir sujetas a aquellas leyes, los autores del Código no las hubieran incluido en él. Como no incluyeron, por esta razón, los delitos militares, los de contrabando y otros que expresamente exceptuaron..."; VICENTE Y CARAVANTES, J., "Disposiciones legales que deben aplicarse por las Autoridades administrativas o judiciales para la corrección de las faltas, y forma en que éstas deben corregirse", *RGLJ* Tomo 48, 1876, pp. 241-255, ya proponía sacar del Código Penal las faltas cuyo contenido coincidiera con el de infracciones administrativas. Entendía que "la delimitación entre las faltas judiciales y las puramente administrativas no está en la naturaleza de las cosas, sino que es arbitraria", DORADO, P., "Las faltas en el Derecho legislado español", *RGLJ* Tomo 95, 1899, p. 7.

gubernativamente "a juicio de la autoridad administrativa a quien estuviera encomendada su represión"[138].

En conclusión, la necesidad de reprimir las infracciones leves con un procedimiento ágil y sin excesivas formalidades justificó la creación de la categoría de las faltas en el Código Penal de 1848. La búsqueda de un criterio de distinción entre las que debían ser sancionadas por jueces y tribunales y las que podían serlo por los órganos gubernativos dotados de funciones judiciales acabó contribuyendo a la consolidación de la potestad sancionadora de la Administración a lo largo del siglo XIX. El inusitado protagonismo que alcanzó el Derecho Administrativo sancionador en la represión de las infracciones leves, en detrimento del Derecho Penal, es una característica peculiar del sistema español. Otros países, enfrentados al mismo problema, optaron por dejar en manos del juez penal el monopolio exclusivo sobre ellas[139].

---

138 Vid. la interpretación que se hizo de este precepto por los contemporáneos en SALETA Y JIMÉNEZ, M., *Las faltas*, cit., pp. 11 y ss.

139 Por ejemplo, Francia, Italia o Alemania. Vid. los detalles de la evolución histórica de estos tres ordenamientos en SUAY RINCÓN, J., *Sanciones administrativas*, cit., pp. 112 y ss.

4. OBJETIVOS QUE SE ESPERA ALCANZAR CON LA DESAPARICIÓN DE LAS FALTAS

1. *Determinaciones previas*

La argumentación empleada en el Preámbulo de la LO 1/2015 para justificar la despenalización de las faltas y la conversión de un número importante de ellas en infracciones administrativas es de naturaleza utilitaria y pragmática. Así, se dice que "[e]n la actualidad debe primarse la racionalización del uso del servicio público de Justicia, para reducir la elevada litigiosidad que recae sobre Juzgados y Tribunales, con medidas dirigidas a favorecer una respuesta judicial eficaz y ágil a los conflictos que puedan plantearse. Al tiempo, el Derecho Penal debe ser reservado para la solución de los conflictos de especial gravedad... " (apartado XXXI).

La mayor rapidez del procedimiento administrativo frente a la lentitud del proceso penal justificaría la traslación de un número importante de conductas al ámbito administrativo sancionador, lo que a su vez supondría descongestionar el sobrecargado aparato judicial. Se parte, pues, de una premisa bastante extendida tanto en la doctrina como en la jurisprudencia[140], según la cual la actuación administrativa sancionadora es más eficaz que la penal. ¿Hay datos que la apoyen?

2. *La agilización de la sanción de infracciones leves a través del procedimiento administrativo sancionador*

Hemos visto ya que, frente a lo que a veces se piensa, la diferencia en la rapidez a la hora de resolver un asunto penal por falta y un expediente administrativo sancionador no es tan grande. Si a ello sumamos que la sanción administrativa puede ser recurrida ante la jurisdicción contencioso-administrativa, con una duración media del procedimiento en primera instancia de 14,9 meses, que baja a 14,8 meses en el caso de la actividad administrativa sancionadora, se puede comprobar que desaparece cualquier eventual ventaja de la vía administrativa frente a la penal en términos de rapidez, pues en ésta la duración de la primera instancia

[140] Véase por ejemplo la STC 77/1983, de 3 de octubre, FJ 2°. En la doctrina, entre otros, SANTOS MARTÍNEZ, M. A., "La "desjudicialización"", cit., pp. 1388-1389. No obstante, también hay voces que insisten en la ineficacia del poder sancionador de la Administración. En este sentido, SUAY RINCÓN, J., *Sanciones administrativas*, cit., pp. 28-29.

es de 2 meses. Esta percepción inicial se refuerza cuando sumamos la duración de la segunda instancia, de nuevo muy superior en la jurisdicción contencioso-administrativa que en la penal: 14,3 frente a 2,2 meses, respectivamente[141].

3. *La descongestión del sistema judicial*

Con respecto a esta cuestión, lo primero que conviene apuntar es que el objetivo de reducción de la carga de trabajo de jueces y tribunales no se obtiene por la mera derivación de la carga penal a otros sectores del Ordenamiento jurídico, pues también en ellos habrán de actuar jueces y tribunales, aunque sean de otras ramas, fundamentalmente la civil y la contencioso-administrativa[142]. Para conseguir el objetivo propuesto sería necesaria una valoración de conjunto que no se ha hecho[143]. En particular, no se han tenido en cuenta las tasas de congestión de las distintas jurisdicciones, que revelan que la penal está en bastante mejor situación que la civil, la social y, sobre todo, la contencioso-administrativa, pese a recibir un número de asuntos considerablemente más elevado que cualquiera de ellas.

> En efecto, piénsese que la tasa de congestión en todas las jurisdicciones, cociente entre la suma de los pendientes de resolver al comienzo del periodo y los ingresados en el mismo y los asuntos resueltos en el periodo, ha bajado ligeramente en 2014, quedando en conjunto en 1,29. Analizando por juris-

---

141 Datos contenidos en el informe del Consejo General del Poder Judicial titulado *Panorámica de la Justicia durante 2014*, pp. 48 y 57.

142 Cfr., entre otros, BOLDOVA PASAMAR, M. A., "La desaparición", cit., p. 4; SANTOS MARTÍNEZ, M. A., "La "desjudicialización"", cit., p. 1389.

143 Como apunta el Dictamen 358/2013, de 27 de junio, del Consejo de Estado sobre el Anteproyecto de 2013, consideración cuarta a), donde señala que "la despenalización de conductas ha de encontrar su fundamento en el principio de intervención mínima del Derecho Penal, más que venir impulsada por un objetivo de agilizar el funcionamiento de la Administración de Justicia. Y ello, no solo por la necesidad de que el Estado dé adecuada respuesta a las conductas que tengan un reproche social digno de sanción penal —en última instancia, como alternativa a la autotutela privada—, sino porque la despenalización de las conductas mediante su remisión a la vía civil o administrativa no supone necesariamente un ahorro de medios, sino un traslado de la carga de un ámbito a otros. Desde esta perspectiva, la visión del legislador —y de los textos que se sometan a su consideración— ha de ser global y no limitada a un determinado sector de la organización del Estado".
También lo pone de relieve el Informe 12/2014, del Consejo General de la Abogacía Española, sobre la nueva Ley Orgánica de Protección de la Seguridad ciudadana, p. 16, donde afirma que "la descarga de la jurisdicción penal produciría, en principio, una sobrecarga en la jurisdicción contencioso-administrativa".

dicciones resulta que la penal, con una tasa de 1,15, no es la que se encuentra en peor situación, al contrario. La tasa de congestión de la jurisdicción civil es en el mismo año de 1,55, la de la jurisdicción social es de 1,91 y la de la jurisdicción contencioso-administrativa llega a 1,97[144].

Para no sobrecargar efectivamente a otros órdenes jurisdiccionales es posible que se pretenda jugar con otros factores que disuaden de utilizar la vía judicial. La necesidad de nombrar abogado y procurador, junto con las dificultades probatorias del proceso civil[145], a las que se suman las costas procesales que hay que pagar en dicho proceso, pueden producir un efecto disuasivo nada desdeñable[146]. En lo que respecta a la jurisdicción contencioso-administrativa, además de la necesidad de abogado y procu-

---

144 Son datos contenidos en la *Panorámica de la Justicia durante 2014*.

145 En el proceso civil las pruebas deben ser aportadas por las partes. Por el contrario, en el proceso penal la apertura de unas diligencias previas conlleva que el juez instructor, mediante el uso de cuantas diligencias de investigación estime oportunas, averigüe qué ha ocurrido. Para el caso de que como consecuencia de dicha instrucción se llegara a la conclusión de inexistencia de responsabilidad penal, la parte podrá hacer uso de la información obtenida en la causa penal en la vía civil. Ello le permite no solo fundamentar con mayor precisión su demanda civil, sino también ahorrarse el coste, por ejemplo, de los informes periciales que haya podido solicitar el instructor de la causa penal.

146 Cfr. FERNÁNDEZ HERNÁNDEZ, A./ OLLOQUIEGUI SUCUNZA, I., "Notas críticas", cit., p. 48; MANZANARES SAMANIEGO, J. L., "Comentarios", cit., p. 1280. Sobre la polémica suscitada por la aprobación de las Leyes 37/2011, de 10 de octubre, de Medidas de Agilización Procesal, y 10/2012, de 20 de noviembre, por la que se regulan determinadas tasas en el ámbito de la Administración de Justicia y del Instituto Nacional de Toxicología y Ciencias Forenses, que han recibido una enorme oposición por parte de los operadores jurídicos, véase, entre otros CARPIO FIESTAS, V. del, "Justicia para el que pueda pagarla. Un alegato contra las tasas con ejemplos de procesos civiles de consumo", *Revista CESCO de Derecho de Consumo* núm. 4, 2012, pp. 87-98; GIMENO SENDRA, V., "Acerca de la constitucionalidad de la Ley de tasas judiciales", *Revista General de Derecho Procesal* núm. 29, 2013; del mismo autor, "La Ley de tasas judiciales en el orden procesal civil", *Diario La Ley* núm. 8037, 2013; HERNÁNDEZ-CARRILLO FUENTES, J. M., "La reforma en curso", cit., pp. 1225-1226; MARTÍNEZ SÁNCHEZ, C., "Una aproximación crítica a las tasas judiciales desde el derecho financiero y tributario", *Revista jurídica Universidad Autónoma de Madrid* núm. 27, 2013, pp. 205-221; RODRÍGUEZ CARBAJO, J. R., "Las tasas judiciales: retorno a 1959", *Actualidad Administrativa* núm. 19-20, 2012; RUIZ GONZÁLEZ, M. A., "La inconstitucionalidad de las tasas judiciales introducidas por la Ley 10/2012, de 20 de noviembre", *La Ley* 2013-1, pp. 1535-1537. El legislador ha tenido que dar marcha atrás, y lo ha hecho a través del Real Decreto-ley 1/2015, de 27 de febrero, de mecanismo de segunda oportunidad, reducción de carga financiera y otras medidas de orden social, que modifica el art. 4 de la Ley 10/2012, de 20 de noviembre, por la que se regulan determinadas tasas en el ámbito de la Administración de Justicia y del Instituto Nacional de Toxicología y Ciencias Forenses, para eximir del pago de las tasas judiciales a las personas físicas.

rador y del pago de costas, dos elementos que desincentivan la impugnación de la resolución administrativa[147], seguramente se pretende jugar con una presumiblemente menor tendencia a recurrir una sanción administrativa que una condena penal, debido a distintos factores. Por un lado, cabría apuntar los diferentes efectos simbólicos y prácticos de la condena penal frente a los que produce la sanción administrativa.

Piénsese tanto en la estigmatización propia del proceso penal, que no se daría en el procedimiento administrativo[148], como en la falta de efectos similares a los que causan los antecedentes penales en el caso de antecedentes administrativos. Su efecto principal es agravar una segunda infracción, operando a este respecto de manera similar a la reincidencia penal. Sin embargo, estos antecedentes administrativos carecen de los otros efectos de los penales. Por ejemplo, no impiden el acceso a la función pública ni se utilizan para valorar la procedencia de decretar la prisión provisional o la prestación de fianza bastante para asegurar las responsabilidades pecuniarias que puedan declararse procedentes mientras se sustancia el proceso. En cualquier caso, cabe destacar que están proliferando los registros administrativos dedicados a recoger los antecedentes por sanciones administrativas[149].

---

147 Cfr. MAROTO CALATAYUD, M., "Ciudades de excepción: seguridad ciudadana y civismo como instrumentos de burorrepresión de la protesta", en OLIVER OLMO, P. (Coord.), *Burorrepresión. Sanción administrativa y control social*, Bomarzo, Albacete, 2013, p. 59.

148 No pretendo dar a entender que la sanción administrativa carezca de efectos simbólicos o estigmatizantes. Sin duda alguna los tiene, pero abarcan un registro distinto de los que aparecen en el ámbito penal. Como apunta MAROTO CALATAYUD, M., "Ciudades de excepción", cit., pp. 61-62, "la burorrepresión cumple claramente la función simbólica ilegítima de *desincentivar* el ejercicio de derechos fundamentales, a la vez que políticamente se satisfacen las pretensiones autoritarias de ciertos sectores de la población, que incluyen a grupos acomodados que temen por sus privilegios y personas que han asumido los estereotipos estigmatizantes difundidos por los medios". Véase también RANDO CASERMEIRO, P., "El modelo penal de la seguridad ciudadana en el derecho administrativo sancionador", *InDret. Revista para el Análisis del Derecho* núm. 1, 2010, pp. 16 y ss.

149 Ya advertían de ello GARCÍA ALBERO, R., "La relación", cit., p. 358; y RANDO CASERMEIRO, P., "El modelo penal", cit., pp. 16-17. Véase, por ejemplo, el Registro de Conductores e Infractores a que alude el Real Decreto Legislativo 6/2015, de 30 de octubre, por el que se aprueba el texto refundido de la Ley sobre Tráfico, Circulación de Vehículos a Motor y Seguridad Vial; o el Registro Central de Infracciones contra la Seguridad Ciudadana, creado por el art. 43 LPSC. Proliferan en la legislación autonómica. Por ejemplo, en materia de medio ambiente (incluyendo caza y protección de animales). Baste citar a estos efectos el Reglamento de Organización y funcionamiento del registro de sanciones medioambientales de 31 de mayo de 2006, del Ayuntamiento de Madrid; el art. 67 de la Ley 13/2004, de 27 de diciembre, de Caza de la Comunidad Valenciana; los arts. 97 y ss. de la Ley 13/2013, de 23 de diciembre, de caza de Galicia, etc.

Por otro, también influye en la posibilidad de recurso la falta de calidad en la motivación de las infracciones administrativas, que dificulta oponerse a ellas.

Aquí se ha producido recientemente algún avance, puesto que la nueva Ley de Procedimiento Administrativo Común de las Administraciones Públicas recoge con bastante detalle la obligación de motivación de la Administración. Conforme al art. 89.3 LPACAP, "en la propuesta de resolución se fijarán de forma motivada los hechos que se consideren probados y su exacta calificación jurídica, se determinará la infracción que, en su caso, aquéllos constituyan, la persona o personas responsables y la sanción que se proponga, la valoración de las pruebas practicadas, en especial aquellas que constituyan los fundamentos básicos de la decisión, así como las medidas provisionales que, en su caso, se hubieran adoptado...", añadiendo el art. 90.1 que "en el caso de procedimientos de carácter sancionador, además del contenido previsto en los dos artículos anteriores, la resolución incluirá la valoración de las pruebas practicadas, en especial aquellas que constituyan los fundamentos básicos de la decisión, fijarán los hechos y, en su caso, la persona o personas responsables, la infracción o infracciones cometidas y la sanción o sanciones que se imponen, o bien la declaración de no existencia de infracción o responsabilidad". De esta forma, cabe afirmar que incumbe a la Administración sancionadora tanto un deber de motivación como una exigencia de congruencia. Si en el ámbito jurisdiccional se reconoce un derecho subjetivo, público y fundamental a la motivación, que el Tribunal Constitucional considera parte del contenido esencial del art. 24.1 CE[150], esta motivación resulta mucho más necesaria cuando lo que se ejercitan son potestades de índole sancionadora[151]. Lamentablemente, la Administración nos tiene acostumbrados a motivaciones genéricas, estándar, en las que no se hace un mínimo esfuerzo de adaptación a las circunstancias del caso concreto.

El deber de motivación se relaciona tanto con el control de la arbitrariedad administrativa como con el ejercicio adecuado de los medios de oposición y control jurisdiccional de la actividad administrativa, pues resulta imposible formalizar correctamente un recurso si el interesado en ejercitar la impugnación desconoce los motivos que han llevado a la Administración a decantar su decisión en un sentido o en otro. De la misma manera, la ausencia de motivación también hace imposible la fiscalización de la resolución sancionadora, pues los órganos de control carecerán en

---

150 SSTC 100/1987, de 12 de junio; 185/1988, de 14 de octubre; 46/1996, de 25 de marzo; 74/2007, de 16 de abril, entre otras.

151 SSTC 7/1998, de 13 de enero; 196/2007, de 11 de septiembre; 258/2007, de 18 de diciembre; 21/2008, de 31 de enero; 82/2009, de 23 de marzo.

estos casos de los elementos de juicio suficientes para declarar su conformidad o no a Derecho en vía de recurso[152].

Pese a estos obstáculos, los datos estadísticos revelan un mayor porcentaje de recursos frente a las sanciones administrativas que contra las penales leves, lo que lleva a plantearse de nuevo si la derivación al ámbito administrativo no producirá una mayor congestión del sistema judicial en su conjunto[153].

> Podemos tomar como muestra de la actividad administrativa el número de expedientes sancionadores resueltos en la Secretaría General del Ministerio de Hacienda y Administraciones Públicas en 2014, 204.323, de los cuales el 80,8% versa sobre drogas. Contra ellos se interpusieron 12.156 recursos de revisión, reposición o alzada, y se resolvieron 13.491, lo que supone un porcentaje del 6,6% de recursos resueltos respecto de expedientes resueltos. Por su parte, en los juzgados de 1° instancia e instrucción se recurre solo el 6,2% de las sentencias dictadas, y en los juzgados de violencia contra la mujer el 4,6%, porcentajes que contrastan con el de los juzgados de lo penal, en los que se eleva al 20,1%. A la jurisdicción contencioso-administrativa llega un porcentaje de recursos contra la actividad administrativa sancionadora todavía más reducido, pues es preciso haber interpuesto en vía administrativa el recurso de alzada. Aun así, del total de asuntos ingresados en 2014 en los juzgados contencioso-administrativos corresponde a la actividad administrativa sancionadora el 10,1%, cifra que baja al 3,2% de los asuntos en las salas de lo contencioso-administrativo de los tribunales superiores de justicia. Del total de sentencias dictadas por los juzgados de lo contencioso-administrativo se recurre el 16%[154].

En conclusión, no parece que la vía elegida sea adecuada para descongestionar el sistema judicial en su conjunto.

---

152 Lo señala GARBERÍ LLOBREGAT, J., *Derecho Administrativo sancionador práctico. Volumen I. Práctica del procedimiento administrativo sancionador común*, Bosch, Barcelona, 2012, p. 345.

153 Cfr. SANTOS MARTÍNEZ, M. A., "La "desjudicialización"", cit., pp. 1390-1391, que sin embargo propone dejar las faltas contra el orden público dentro de la potestad sancionadora de la Administración.

154 Cfr. la *Panorámica de la Justicia durante 2014* y el *Informe sobre el funcionamiento de los servicios de la Administración Periférica del Estado en 2014*.

5. CONSECUENCIAS INMEDIATAS DE LA CONVERSIÓN DE LAS FALTAS EN DELITOS LEVES

1. *Determinaciones previas*

Como hemos visto, el legislador apoya la decisión de suprimir las faltas en el principio de intervención mínima. Sin embargo, curiosamente, el citado principio parece haberle llevado, en numerosas ocasiones, no a seleccionar las infracciones más graves entre las hasta ahora consideradas como faltas, despenalizando las modalidades más leves, como habría sido lo lógico, sino, simplemente, a elevar la pena de la misma infracción ya existente como falta, que se traslada al Libro II como delito leve o menos grave. "Es decir, no se reconfiguran como delitos los casos más graves de las infracciones que hasta ahora constituían falta, sino que se incrementa la pena de las mismas infracciones ya existentes, que se mantienen en sus términos. Aunque se trata de una opción de política legislativa, que se desenvuelve dentro del amplio margen de actuación de que dispone el legislador, el fundamento de esas modificaciones no debe buscarse en el principio de intervención mínima que la exposición de motivos invoca: el solo hecho de que se eleven las penas no incrementa, per se, la gravedad de una infracción que mantiene inalterados sus perfiles"[155]. Como veremos, los ejemplos son numerosos.

2. *La agravación de las penas*

El Preámbulo de la LO 1/2015 afirma que "esta modificación [la conversión de las faltas en delitos leves y menos graves] no supone necesariamente una agravación de las conductas ni de las penas actualmente aplicables a las faltas", y que "en general se recurre a la imposición de penas de multa, que se estiman más adecuadas para sancionar infracciones de escasa entidad, y además con un amplio margen de apreciación para que el Juez o Tribunal pueda valorar la gravedad de la conducta. No obstante, se recurre a la imposición de penas de trabajos en beneficio de la comunidad y de la localización permanente cuando se trata de delitos de violencia de género y doméstica, con el fin de evitar los efectos negativos

155 Dictamen 358/2013, de 27 de junio, del Consejo de Estado sobre el Anteproyecto, consideración cuarta a).

que para la propia víctima puede conllevar la imposición de una pena de multa" (apartado XXXI). ¿Se quedan ahí los cambios? Ni mucho menos, como veremos, sobre todo, pero no solo, en lo que se refiere a las faltas que se convierten en delitos menos graves. Vayamos por partes.

En la conversión de la mayoría de las faltas a delitos leves se producen cambios sustanciales tanto en la naturaleza como en la duración de las penas. Como regla general se elimina la pena alternativa a la multa (localización permanente o trabajos en beneficio de la comunidad, según los casos) y se eleva sustancialmente la duración de la pena pecuniaria. Es lo que sucede en el caso de las faltas de lesiones leves (art. 617.1 CP, que se recoge en el art. 147.2 CP, pasando de tener una pena de localización permanente de seis a doce días o multa de uno a dos meses a una pena de multa de uno a tres meses), amenazas y coacciones leves (art. 620.1° y 2° CP, que pasan respectivamente a los arts. 171.7 y 172.3 CP, habiéndose elevado la pena de multa de diez a veinte días a otra también de multa pero de uno a tres meses), hurto (art. 623.1 CP, que se integra en el art. 234.2 CP, pasando de tener una pena de localización permanente de cuatro a doce días o multa de uno a dos meses a una pena única de multa de uno a tres meses), sustracción de cosa propia (art. 623.2 CP, que se lleva a un nuevo tipo atenuado introducido en el art. 236.2 CP, pasando de tener una pena de localización permanente de cuatro a doce días o multa de uno a dos meses a una pena de multa de uno a tres meses), estafa, apropiación indebida y defraudaciones de electricidad, gas, agua u otro elemento, energía o fluido, o en equipos terminales de telecomunicación (art. 623.4, castigado con localización permanente de cuatro a doce días o multa de uno a dos meses, reapareciendo las conductas, respectivamente, en los tipos atenuados de los arts. 249, 253.2 y 254.2, 255.2 y 256.2 CP, todos castigados con pena de multa de uno a tres meses), alteración de términos o lindes (art. 624.1 CP, castigado con multa de 10 a 30 días, que se convierte en un nuevo tipo atenuado del art. 246.2 CP, castigado con pena de multa de uno a tres meses), distracción de aguas (art. 624.2 CP, castigada con multa de diez días a dos meses, que se convierte en un nuevo tipo atenuado del art. 247.2 CP, castigado con pena de multa de uno a tres meses), daños (art. 625.1 CP, castigado con pena de localización permanente de dos a doce días o multa de diez a veinte días, que reaparece en el art. 263.1 CP, castigado con pena de multa de uno a tres meses), abandono de animales domésticos en condiciones de peligro para su vida o integridad (art. 631.2 CP, que pasa al nuevo art. 337 *bis* CP, elevándose la pena de multa de quince días a dos meses a uno a seis meses, pudiendo además imponer el juez la pena de inhabilitación especial de tres meses a un año para el ejercicio de profesión, oficio o comercio que tenga relación con los animales y para la tenencia de animales), maltrato de animales en espectáculos no autorizados (art. 632.2 CP, que se traslada al art. 337.4 CP, pasando de tener una pena de multa de 20 a 60 días o trabajos en beneficio de la comunidad de 20 a 30 días a una pena única de multa de uno a seis meses, pudiendo imponerse la misma pena de inhabilitación especial de tres meses a un año para el ejercicio de profesión, oficio o comercio que tenga relación con los animales y para la tenencia de animales); expendición o distribución de moneda falsa recibida de buena fe (parte del art. 629 CP, castigado con pena de localización permanente de dos a ocho días o multa de 20 a 60 días, que se lleva al último inciso del párrafo tercero del art. 386 CP, castigado con pena de multa de uno a tres meses); distribución o utilización de sellos de correos o efectos timbrados falsos recibidos de buena fe (parte del art. 629 CP, castigado con pena de localización permanente de dos a ocho días o multa de 20 a 60 días, que se lleva al último inciso del segundo párrafo del art. 389 CP, castigado con pena de multa de uno a tres meses); y uso público e indebido de uniforme, traje o insignia que atribuyan carácter oficial (parte del art. 637 CP, que se convierte en el nuevo art. 402 *bis* CP, pasando de tener una pena de localización permanente de dos a diez días o multa de diez a treinta días a una pena única de multa de uno a tres meses). La única excepción es la falta de malos tratos de obra sin causar lesión (art. 617.2 CP, que pasa al art. 147.3 CP), en la que se mantiene la misma pena de multa de uno a dos meses, eliminándose la pena alternativa de localización permanente de seis a doce días, que, eso sí, se agrava en el caso de víctimas vulnerables en el art. 153 CP.

Un segundo grupo dentro de las faltas que se convierten en delitos menos graves experimenta también un aumento de la duración de la multa que se combina con una pena alternativa de prisión o de trabajos en beneficio de la comunidad. Se trata de las faltas de sustracción o utilización ilegítima de vehículo a motor o ciclomotor (art. 623.3 CP, que pasa al art. 244.1 CP, en la que se ha convertido la pena de localización permanente de cuatro a doce días o multa de uno a dos meses en pena de trabajos en beneficio de la comunidad de 31 a 90 días o multa de dos a doce meses), contra la propiedad intelectual y parcialmente también contra la propiedad industrial (parte del art. 623.5 CP, castigado con localización permanente de cuatro a doce días o multa de uno a dos meses, reconducido a los arts. 270.2 y 274.3 CP, ambos castigados con pena de multa de uno a seis meses o trabajos en beneficio de la comunidad de 31 a 60 días) y daños en lugares o bienes de valor histórico, artístico, etc. (art. 625.2 CP, castigado con pena de localización permanente de siete a doce días o multa de 15 a 20 días, que se integra en el art. 323.1 CP, castigado con pena de prisión de seis meses a tres años o multa de doce a veinticuatro meses).

En algún caso desaparecen tanto la localización permanente como la multa, sustituidas por una pena única de prisión. Así sucede en las faltas contra la propiedad industrial (parte del art. 623.5 CP, que se integra en los delitos contra la propiedad industrial como tipo atenuado, pasando de tener una pena de localización permanente de cuatro a doce días o multa de uno a dos meses a una pena de seis meses a tres años de prisión).

La valoración que merecen estos cambios es necesariamente distinta. Así, en lo que respecta a los delitos leves, la eliminación de la localización permanente, una pena privativa de libertad, supone, al menos en teoría, una rebaja de la carga punitiva aunque aumente simultáneamente la duración de la multa[156]. Piénsese que desaparece la posibilidad de privar de libertad al penado, mientras que el aumento de la duración de la multa no significa necesariamente que aumente su cuantía efectiva, pues ésta depende de la cuota diaria, que a su vez se fija, dentro de los límites legales, de acuerdo con la capacidad económica del reo[157].

> Ahora bien, a la hora de valorar esa "rebaja" de la carga punitiva debida a la desaparición de la localización permanente hay que tener en cuenta que en numerosos casos los propios condenados, ofrecida la opción de escoger entre la pena de localización permanente y la multa, elegían la pena privativa de libertad y rechazaban la pecuniaria[158]. Probablemente en esa decisión

---

156 En esta línea, la STC 155/2009, de 25 de junio, declaró que la pena de localización permanente debe considerarse en principio como de mayor gravedad que la de multa, en atención al bien jurídico afectado.

157 No comparto, por tanto, los temores de un sector doctrinal que alega que aumentará la carga punitiva porque la insolvencia del condenado determina la conversión de la multa en pena privativa de libertad. Cfr., por ejemplo, FERNÁNDEZ HERNÁNDEZ, A./ OLLOQUIEGUI SUCUNZA, I., "Notas críticas", cit., p. 51; MARÍN DE ESPINOSA CEBALLOS, E. B./ GONZÁLEZ TASCÓN, M. M., "Penas leves: Art. 33 CP", en ÁLVAREZ GARCÍA, F. J. (Dir.), *Estudio crítico sobre el Anteproyecto de Reforma Penal de 2012*, Tirant lo Blanch, Valencia, 2013, pp. 61-62. A mi juicio, no tienen por qué producirse más impagos, puesto que en caso de un infractor con escasos medios económicos el aumento de la duración de la multa puede ser compensado por el juez o tribunal rebajando al mínimo la cantidad diaria que debe pagar y concediendo plazos para hacerlo.

158 Lo resalta GIMÉNEZ ORTIZ DE ZÁRATE, U., "Reforma del Código Penal: de las faltas penales", *Boletín de la Comisión penal de Jueces para la Democracia* núm. 3, 2013, p. 17.

pesaba el que se admitiera la posibilidad de suspender la ejecución de la pena de localización permanente[159].

Sin embargo, la sustitución de la localización permanente por prisión o trabajos en beneficio de la comunidad de duración superior a treinta días en los nuevos delitos menos graves, de nuevo acompañada alternativamente por el aumento de la duración de la multa, da lugar claramente a una sustancial agravación de las penas, al igual que la conversión de multas en prisión. Al fin y al cabo, según la propia clasificación de las penas del art. 33 CP, la localización permanente es siempre pena leve, mientras que los trabajos en beneficio de la comunidad solo son leves si su duración es de hasta un mes, y se consideran penas menos graves si su duración es de treinta y un días a un año.

A mayores, cabe apuntar que no se ofrece explicación alguna en relación con el aumento generalizado de la duración de la pena de multa, que en muchos casos pasa de diez a veinte días a otra de uno a tres meses, es decir, el nuevo límite inferior es más alto que el anterior límite superior. Un sector doctrinal entiende que la agravación de las penas podría explicarse sobre la base de que la gravedad de un delito, aunque sea leve, se presupone mayor que la de una falta[160]. Sin embargo, hay que tener en cuenta que el aumento de las penas no responde, en la gran mayoría de los casos, a la introducción en los tipos penales de nuevos elementos que supongan una mayor gravedad de las conductas[161]. Es decir, no se han seleccionado los comportamientos más graves dentro de cada falta, sino que se ha hecho mera traslación de su contenido.

---

159 A favor, ABEL SOUTO, M., *La pena de localización permanente*, Comares, Granada, 2008, pp. 84-85; COLMENERO MENÉNDEZ DE LUARCA, M., "La suspensión de la ejecución de las penas privativas de libertad tras la reforma operada por la Ley orgánica 15/2003", en VIERA MORANTE, F. J. (Dir.), *Las penas y sus alternativas*, CGPJ, Madrid, 2005, p. 186; MANZANARES SAMANIEGO, J. L., "La pena de localización permanente", *La Ley Penal* núm. 25, 2006, p. 65.

160 Lo apunta CUGAT MAURI, M., "La discutible bondad", cit., p. 172.

161 Lo señalan tanto el Dictamen 358/2013, de 27 de junio, del Consejo de Estado, p. 51, como el Informe del Consejo General del Poder Judicial al Anteproyecto p. 184. Vid. también BOLDOVA PASAMAR, M. A., "La desaparición", cit., pp. 7 y 20; BRAGE CENDÁN, S. B., "Coacciones leves (art. 172.3º CP)", en GONZÁLEZ CUSSAC, J. L. (Dir.), *Comentarios a la reforma del Código Penal de 2015*, 2ª ed. Tirant lo Blanch, Valencia, 2015, pp. 557-559; LÓPEZ PEREGRÍN, M. C., "La (supuesta) supresión", cit., p. 120; MANZANARES SAMANIEGO, J. L., "Novedades", cit., p. 1569; PÉREZ RIVAS, N., "Delito leve de amenazas", cit., p. 554; VICENTE MARTÍNEZ, R. de, *La nueva regulación*, cit., pp. 19-20.

Por ejemplo, en la tipificación de la conducta de amenazas leves no se ha introducido ningún elemento que permita afirmar que las amenazas de carácter leve recogidas en el art. 171.7 CP son distintas de las amenazas de carácter leve que hasta 2015 recogía el art. 620 CP, pero como falta y con una pena de multa muy inferior. Nótese que el límite inferior de la pena ahora prevista es más elevado incluso que el límite superior que hasta 2015 se preveía para la misma infracción. Esta observación es aplicable, *mutatis mutandis*, a la regulación de las coacciones leves, ahora previstas en el art. 172.3 CP, que se sancionan con multa de uno a tres meses, cuando su antecedente, la falta de coacciones leves, contemplada en el derogado art. 620 CP, se castigaba con una pena de multa de 10 a 20 días. Y lo mismo cabe decir de muchas otras infracciones.

Si a todo ello sumamos otros efectos indirectos de la conversión de las faltas en delitos que suponen una agravación de las penas que cabe imponer al reo no queda sino concluir que la realidad desmiente al legislador. Por ejemplo, en lo que respecta a las penas accesorias, el art. 48.2 CP dispone que "también podrán imponerse las prohibiciones establecidas en el artículo 48 [privación del derecho a residir en determinados lugares o acudir a ellos, prohibición de aproximarse a la víctima, sus familiares u otras personas y prohibición de comunicarse con la víctima, sus familiares u otras personas], por un período de tiempo que no excederá de seis meses, por la comisión de los delitos mencionados en el primer párrafo del apartado 1 que tengan la consideración de delitos leves". La imposición de penas accesorias estaba hasta 2015 reservada a las condenas por faltas contra las personas de los arts. 617 (lesiones no definidas como delito y maltrato de obra sin causar lesión) y 620 CP (amenazas, coacciones, injurias o vejaciones injustas de carácter leve). Ahora se extienden a todos los delitos leves y menos graves fruto de la reconversión de faltas que se integren en los delitos de homicidio, aborto, lesiones, contra la libertad, de torturas y contra la integridad moral, trata de seres humanos, contra la libertad e indemnidad sexuales, la intimidad, el derecho a la propia imagen y la inviolabilidad del domicilio, el honor, el patrimonio y el orden socioeconómico, nada menos[162]. Además, las faltas que se convierten en delitos

---

[162] Parece que esta extensión fue sugerida en el Informe del Consejo Fiscal al Anteproyecto, p. 20, donde se indica que "estando previsto para determinados delitos que se imponga, junto a la pena de prisión, alguna de las prohibiciones establecidas en el art. 48, y el cumplimiento simultáneo de ambas penas en los delitos graves y menos graves, carece de sentido que no se establezca idéntica norma cuando se trata de delitos leves. En estos delitos sería aconsejable la imposición de dichas prohibiciones por un tiempo superior entre uno y dos años al de la pena privativa de libertad" (apartado vigésimo cuarto).

menos graves permiten la imposición de una o varias de las prohibiciones del art. 48 CP con una duración de hasta cinco años (primer párrafo del art. 57.1 CP), que en caso de que el condenado lo sea a pena de prisión se extiende a una duración de entre uno y cinco años más que la duración de la pena de prisión impuesta en la sentencia (segundo párrafo del art. 57.1 CP). Y en los supuestos de los delitos mencionados en el primer párrafo del art. 57.1 CP, "cometidos contra quien sea o haya sido el cónyuge, o sobre persona que esté o haya estado ligada al condenado por una análoga relación de afectividad aun sin convivencia, o sobre los descendientes, ascendientes o hermanos por naturaleza, adopción o afinidad, propios o del cónyuge o conviviente, o sobre los menores o personas con discapacidad necesitadas de especial protección que con él convivan o que se hallen sujetos a la potestad, tutela, curatela, acogimiento o guarda de hecho del cónyuge o conviviente, o sobre persona amparada en cualquier otra relación por la que se encuentre integrada en el núcleo de su convivencia familiar, así como sobre las personas que por su especial vulnerabilidad se encuentren sometidas a su custodia o guarda en centros públicos o privados", es obligatoria la aplicación de la prohibición de aproximación por un tiempo no superior a cinco años, sin perjuicio de lo dispuesto en el párrafo segundo del art. 57.1 CP (art. 57.2 CP).

Por otra parte, no hay que olvidar que algunos aspectos de la ejecución de la pena han experimentado cambios en la reforma de 2015, no siempre favorables al reo. Baste señalar algunos:

- En primer lugar, se introduce como requisito para la suspensión[163], además del pago de la responsabilidad civil, que ya existía, que se haya hecho efectivo el decomiso, especificándose que "este requisito se entenderá cumplido cuando el penado asuma el compromiso de satisfacer las responsabilidades civiles de acuerdo a su capacidad económica y de facilitar el decomiso acordado, y sea razonable esperar que el mismo será cum-

---

Critica el carácter punitivista de la reforma en esta materia, que considera incuestionable, FERNÁNDEZ HERNÁNDEZ, A., "Supresión", cit., p. 62. Vid. también CUGAT MAURI, M., "Consecuencias penales", cit., pp. 235-236; de la misma autora, "La discutible bondad", cit., p. 191; VICENTE MARTÍNEZ, R. de, *La nueva regulación*, cit., pp. 49-50.

163 La suspensión de la ejecución de las penas privativas de libertad está pensada, sin duda, para la pena de prisión. Ahora bien, es posible suspender la ejecución de cualquier pena privativa de libertad y, por tanto, también de la localización permanente, que es la única pena de esta naturaleza aplicable a los delitos leves (art. 33.4 CP). Cfr. ARMENTEROS LEÓN, M., *Las faltas*, cit., p. 28; DÍAZ-MAROTO Y VILLAREJO, J., *Las faltas*, cit., p. 29. Por otra parte, hay delitos menos graves procedentes de la reconversión de faltas sancionados con penas de prisión.

plido en el plazo prudencial que el juez o tribunal determine" (art. 80.2 CP). Si bien la mención de la responsabilidad civil es comprensible, pues su pago voluntario puede relacionarse con una voluntad de reparación a las víctimas del delito, nada tiene que ver el decomiso con el pronóstico de peligrosidad, que debería ser el dato más relevante a la hora de conceder la suspensión. El afán estatal por hacer caja es evidente en esta regulación. Téngase en cuenta, además, que el art. 86.1 CP determina que "el juez o tribunal revocará la suspensión y ordenará la ejecución de la pena cuando el penado: ...4. Facilite información inexacta o insuficiente sobre el paradero de bienes u objetos cuyo decomiso hubiera sido acordado; no dé cumplimiento al compromiso de pago de las responsabilidades civiles a que hubiera sido condenado, salvo que careciera de capacidad económica para ello; o facilite información inexacta o insuficiente sobre su patrimonio, incumpliendo la obligación impuesta en el artículo 589 de la Ley de Enjuiciamiento Civil".

- Es posible que el juez o tribunal decida condicionar la suspensión no solo al cumplimiento de alguna de las prohibiciones o deberes contenidos en el art. 83 CP, sino también al cumplimiento de las prestaciones o medidas que recoge el art. 84 CP (cumplimiento del acuerdo alcanzado por las partes en virtud de mediación, el pago de una multa o la realización de trabajos en beneficio de la comunidad).

- Hasta ahora en caso de rescisión de la libertad condicional el tiempo transcurrido mientras se disfrutaba se computaba como de cumplimiento de la condena. Sin embargo, la reforma deja claro que en caso de rescisión el estado de cumplimiento de la condena se ha de llevar al momento en el que se comenzó a disfrutar del beneficio, como si éste no hubiera existido (art. 90.6 CP). Es decir, se equiparan las consecuencias de la revocación de la suspensión ordinaria y de la libertad condicional, lo que supone un endurecimiento notable de la respuesta al empeoramiento del pronóstico de peligrosidad del condenado (por comisión de un nuevo delito, incumplimiento de las reglas de conducta, no acreditación de la deshabituación o continuación del tratamiento en caso de delincuentes toxicómanos y entrega de información falsa o insuficiente sobre los bienes objeto de decomiso).

- Además, también en relación con la libertad condicional hay que tener presente que, al combinarse con la suspensión, una vez que se concede se prolonga como mínimo hasta la fecha de licenciamiento del condenado (que era lo máximo a que se extendía con la regulación vigente hasta la reforma), con la posibilidad de que el plazo de suspensión, de dos a cinco años, se alargue más allá de dicha fecha. Ello permite extender el control judicial del condenado más allá del cumplimiento de la pena de prisión, sin necesidad siquiera de que se haya previsto e impuesto una medida de seguridad de libertad vigilada.

En fin, con esta enumeración, que no pretende ser exhaustiva, queda claro que los efectos de la conversión de buen número de faltas en delitos leves y menos graves van bastante más allá de un mero cambio de etiquetas, suponiendo en general un endurecimiento injustificado de las penas y un empeoramiento de la posición de la persona infractora respecto de la situación anterior[164].

3. *El aumento de la potestad sancionadora de la Administración*

Ya se ha indicado que la despenalización de un conjunto importante de faltas contra el orden público y su transformación en infracciones administrativas castigadas con multas que contemplan cuantías máximas muy elevadas no supone una reducción de la carga punitiva que pesa sobre los ciudadanos, antes al contrario. Diversos factores a los que se hará alusión a continuación llevan a pensar que se pretende aumentar la represión burocrática, administrativa, de ciertas formas de protesta social[165], aprovechando algunas características peculiares del Derecho Administrativo sancionador que lo hacen particularmente apto para ello. Al fin y al cabo nació como Derecho de Policía.

Como veremos, la traslación de infracciones de la esfera penal a la administrativa no significa que esas infracciones dejen de estar sancionadas, sino que pasan a castigarse mediante multas no adaptadas a la capacidad econó-

164 Cfr. BOLDOVA PASAMAR, M. A., "La desaparición", cit., pp. 19 y ss.; GIMÉNEZ ORTIZ DE ZÁRATE, U., "Reforma del Código Penal", cit., p. 16.

165 La crisis económica y social que está viviendo España ha producido un aumento considerable de la protesta ciudadana en las calles. En 2013 se abrieron 49.302 expedientes sobre reuniones y manifestaciones (incluyendo reuniones y manifestaciones comunicadas, no comunicadas, prohibidas, con cambios de itinerario u horario y desconvocadas), dato superior al de 2012. Por su parte, en 2012 se abrieron 44.815 expedientes, más del doble que en todo 2011, cuando se contabilizaron 18.422. En 2014 se aprecia un cambio de tendencia, pues las cifras empiezan a bajar ligeramente: 45.161 expedientes abiertos. Son datos contenidos en el *Informe de Evaluación 2012 del Ministerio de Hacienda y Administraciones Públicas*, en el *Informe de evaluación sobre el funcionamiento de los servicios de la Administración Periférica del Estado en 2013*, y en el *Informe sobre el funcionamiento de los servicios de la Administración Periférica del Estado en 2014*.

mica del reo, impuestas a través de un procedimiento con menores garantías para el administrado que el penal[166].

En primer lugar, el importe de la multa administrativa no está limitado por la situación económica del infractor. El sistema que se sigue es el de multa a fijar entre un mínimo y un máximo, y no el de días-multa. El que esto sea así se debe a la peculiar relación que históricamente se estableció entre la multa penal y la privación de libertad de corta duración por medio de la responsabilidad personal subsidiaria. La multa administrativa, como veremos, evolucionó de manera distinta, en parte debido al hecho de que los destinatarios del Derecho Administrativo son las clases medias, mientras que los del Derecho Penal son los pobres. En segundo lugar, el procedimiento administrativo sancionador, en el que en teoría deben aplicarse los principios y las garantías fundamentales del Derecho Penal (legalidad[167], culpabilidad[168], proporcionalidad[169], presunción de inocencia[170], etc.), funciona de hecho de forma que se aparta de ellos, aunque

---

166 Ya lo destacaba hace años CASABÓ RUIZ, J. R., "La capacidad sancionadora de la Administración en el Proyecto de Código Penal", en AA.VV., *La reforma penal y penitenciaria*, Universidad de Santiago de Compostela, Santiago de Compostela, 1980, p. 294.

167 Sobre la devaluación del principio de legalidad en el Derecho Administrativo sancionador, donde se permite la tipificación de infracciones y sanciones mediante decretos-leyes y ordenanzas locales, véase, entre otros, HUERGO LORA, A. J., *Las sanciones administrativas*, iustel, Madrid, 2007, pp. 364-371; LOZANO CUTANDA, B., "La tensión entre eficacia y garantías en la represión administrativa: aplicación de los principios constitucionales del orden penal en el derecho administrativo sancionador con especial referencia al principio de legalidad", en PICÓ LORENZO, C. (Dir.), *Las fronteras del Código penal y el derecho administrativo sancionador*, CGPJ, Madrid, 1997, pp. 41-78; MESTRE DELGADO, J. F., "La configuración constitucional de la potestad sancionadora de la Administración", en MARTÍN-RETORTILLO BAQUER, S. (Coord.), *Estudios sobre la Constitución española. Homenaje a Eduardo García de Enterría. Volumen III*, Civitas, Madrid, 1991, p. 2505; REBOLLO PUIG, M., *et al.*, "Panorama del derecho administrativo sancionador en España", *Revista Estudios Socio-Jurídicos* núm. 7, 2005, pp. 33-35.

168 Vid. HUERGO LORA, A. J., *Las sanciones administrativas*, cit., pp. 384 y ss. Por ejemplo, el principio de culpabilidad en el Derecho Administrativo sancionador no impide que terceros inocentes respondan subsidiaria o solidariamente con el infractor del pago de la sanción.

169 Vid. ARROYO JIMÉNEZ, L., "Ponderación, proporcionalidad y Derecho administrativo", *InDret. Revista para el Análisis del Derecho* núm. 2, 2009, pássim; GUARIGLIA, C. E., "Proporcionalidad y discrecionalidad en el derecho administrativo", *Estudios de derecho administrativo* núm. 1, 2010, pp. 261 y ss.

170 Cfr. CUADRADO ZULOAGA, D., "Presunción de inocencia en el derecho administrativo sancionador", *Actualidad Administrativa* núm. 19, 2006, pp. 2389-2401, o RODRÍGUEZ-VIÑALS CAUSIÑO, F./ GARCÍA-GALÁN GONZÁLEZ, A., "Principio

formalmente no los contradiga. En su aplicación a la gestión del orden público y la convivencia, esta combinación de elevadas sanciones pecuniarias con un procedimiento rápido y dotado con un amplio margen de discrecionalidad que funciona de manera poco favorable al administrado ha dado lugar al fenómeno que se denomina "burorrepresión". Ambos aspectos serán objeto de análisis a continuación.

Por la misma época en que la multa penal se adaptaba a la capacidad económica del reo, esto es, a finales del siglo XIX y principios del siglo XX, la sanción pecuniaria se empleaba también para sancionar la miríada de nuevas infracciones de carácter leve que se extendían por todos los sistemas europeos, en sustitución de las penas cortas de prisión cuya abolición se proponía. La multa fue el billete de entrada de muchas de estas nuevas infracciones de policía en el ámbito punitivo[171]: la intervención sancionadora de la Administración en determinados sectores de actividad, sobre todo los relacionados con la economía y los negocios, solo se consideró aceptable porque no implicaba prisión para las personas afectadas. Como ha señalado O'Malley[172], "en otras palabras, la multa, con la implicación de su reducido estigma, y el hecho de que no pone las manos encima de los cuerpos de la clase media, hizo que esta regulación fuera políticamente aceptable". Así, por ejemplo, se empezó a utilizar la multa en infracciones específicamente ligadas a los procesos productivos de la industria, en particular cuando implicaban omisiones o acciones de tipo imprudente, "que tienen su origen en la imprevisión egoísta, en el descuido criminal de ciertos industriales y capitalistas", pues "para ahorrar, por sórdida avaricia descuidan las cautelas, las medidas a las que estarían obligados: cuando cometen este descuido, y cometiéndolo se convierten en criminales, golpeémoslos inexorablemente, fuertemente en ese patrimonio que intentan agrandar incluso con la sangre del prójimo"[173]. Pero también en el caso de las infracciones de carácter doloso la previsión ini-

---

de presunción de inocencia en el ámbito administrativo", en MARTÍNEZ-SIMANCAS SÁNCHEZ, J./ ARAGÓN REYES, M. (Coords.), *La Constitución y la práctica del derecho. Volumen 3*, Sopec, Madrid, 1998, pp. 2939 y ss.

171 Cfr. BERTOLA, E., "Della pena pecuniaria", *Rivista Penale* I, 1893, p. 80; FRANK, R. von, "Die Überspannung der staatlichen Strafgewalt", *ZStW* 1898, pp. 735-736.

172 O'MALLEY, P., *The Currency of Justice. Fines and damages in consumer societies*, Roudledge-Cavendish, New York, 2009, p. 65.

173 ANGIOLINI, "Nota a Ciccarelli, Per l'abolizione della pena pecuniaria", *La Scuola Positiva*, 1897, pp. 668-669. Véase MITTELSTÄDT, O., *Gegen die Freiheitsstrafe. Ein Beitrag zur Kritik des heutigen Strafensystems*, Hirzel, Leipzig, 1879, p. 86; RAUH, M. F., *Die Vermögensstrafen des Reichsstrafrechts und ihre Reform*, Schlatter, Breslau, 1912, p. 58.

cial de la sanción privativa de libertad pronto se reveló como escasamente eficaz. La resistencia judicial a la aplicación de la pena de prisión, y las reacciones de asombro ultrajado que se produjeron en los escasos supuestos en que efectivamente se aplicó la pena de prisión a hombres de negocios, junto con el convencimiento general y ya antiguo de que la multa es la pena perfecta en infracciones causadas por la codicia[174], llevaron a su empleo masivo en el nuevo Derecho Administrativo y en el Derecho Penal económico en lo que se podría considerar la reaparición del *statu quo* anterior a la Ilustración, la posición históricamente dominante de la multa dentro de la panoplia de los castigos propios del Antiguo Régimen[175]. Ahora bien, se pueden observar al menos dos diferencias importantes respecto de la situación pre-ilustrada: por un lado, las multas de pequeña cuantía ya no se usan para lidiar con el problema de la insolvencia de los condenados —puesto que la multa penal se podía adaptar a las condiciones económicas del reo, y además se otorgaban plazos para el pago—, sino únicamente para castigar infracciones leves que poco a poco se van definiendo como de naturaleza no penal[176]; por otro lado, nadie sugirió

174 Cfr. PUCCIONI, G., *Il Codice penale toscano illustrato sulla scorta delle fonti, del diritto e della giurisprudenza. Tomo I*, Tipografia Cino, Pistoia, 1855, p. 204; MAFFEI, N., "Intorno al progetto 24 febbraio 1874 di un nuovo codice penale italiano", *Rivista Penale*, 1875, p. 406; MITTELSTÄDT, O., *Gegen die Freiheitsstrafe*, cit., p. 86; RAUH, M. F., *Die Vermögensstrafen*, cit., p. 58; SALDAÑA, Q., *Nueva penología (penas y medidas de seguridad)*, Hernando, Madrid, 1931, p. 206; y el 7º Congreso Internacional Penal y Penitenciario celebrado en Budapest en 1905.

175 Sobre la posición dominante de la multa entre las penas del Antiguo Régimen, véase en el Reino Unido BRIGGS, J./ HARRISON, C./ McINNES, A./ VINCENT, D., *Crime and Punishment in England. An Introductory History*, St. Martin's Press, New York, 1996, y SHARPE, *Judicial Punishment in England*, 1990, pp. 20-25; en Alemania NEUMAIER, R., *Die geschichtliche Entwicklung der Geldstrafe vom 15. Jahrhundert bis zum StGB*, Univ. Diss., Tübingen, 1947; en España ROLDÁN BARBERO, H., *El dinero, objeto fundamental de la sanción penal*, Akal, Madrid, 1983; del mismo autor, *Historia de la prisión en España*, PPU, Barcelona, 1988, p. 176; en Italia, CECCHINI, B. M., "Il reato e la condanna nel sistema della Leopoldina. Mutamenti e variazioni nella struttura della pena (1781-1790)", en BERLINGUER, L./ COLAO, F. (Eds.), *Criminalità e società in età moderna*, Giuffrè, Milano, 1991, pp. 282 y ss. Vid. también O'MALLEY, P., *The Currency of Justice*, cit., p. 70.

176 Por ejemplo, es paradigmático el Real Decreto de 18 de mayo de 1853, estableciendo que "las faltas que, según el Código penal ó las ordenanzas y reglamentos administrativos, merezcan pena de arresto, deberán ser castigadas siempre en juicio verbal", pero "las faltas cuyas penas sean multa, ó reprensión y multa, podrán ser castigadas gubernativamente á juicio de la Autoridad administrativa á quien esté encomendada su represión", del que da cuenta DORADO, P., "Las faltas", cit., p. 21, como uno de los intentos de solucionar las dudas y conflictos que se producían entre los tribunales de la jurisdicción ordinaria y las autoridades administrativas, "por no saberse

que la multa administrativa se adaptara a las condiciones económicas del reo. Autores de renombre defendieron la necesidad de establecer esta clara diferencia entre la multa penal y la administrativa[177], y la misma posición se ha defendido en la doctrina más moderna[178]. El motivo inicial es que se consideraba absurdo castigar una infracción leve con una multa muy elevada solo porque quien la cometa goce de una gran fortuna, lo que revela claramente que los principales destinatarios de estas nuevas multas administrativas no eran los pobres, como en el caso del Derecho Penal, sino precisamente los ricos. No faltaron las réplicas, en el sentido de que no cabe establecer excepciones a la necesidad de atender a la capacidad económica del reo porque la excepción equivaldría a afirmar implícitamente que la infracción para la cual se prevé la pena pecuniaria no pertenece realmente al Derecho Penal[179]. Y, en efecto, el argumento principal que acaba imponiéndose es, precisamente, que no es Derecho Penal[180], como

---

con claridad cuándo procede castigar las faltas con ciertas penas y sujetándose á las formalidades del juicio, y cuándo se deben corregir gubernativamente y sin formas judiciales".

177 Como ROSENFELD, E., "Die Regelung der Geldstrafe", *Mittelungen der Internationalen Kriminalistischen Vereinigung. Dritter Band*, Guttentag-Muquardt, Berlin-Brüssel, 1892, p. 189; SCHMÖLDER, R., *Die Geldstrafe. Vortrag, gehalten auf der 74. Jahrensversammlung der Rheinisch-westfälischen Gefängnissgesellschaft in Düsseldorf am 15. Oktober 1902*, Griebsch, Hamm, 1902, p. 17; GOLDSCHMIDT, J., "Die Geldstrafe", *Vergleichende Darstellung des deutschen und ausländischen Strafrechts. Band IV*, 1908, pp. 401-402.

178 Cfr., entre otros MITTELBACH, "Ersatzfreiheitsstrafe (§ 29 StGB)", *NJW* 1957, p. 1139.

179 Por ejemplo, THYRÉN, J., *Prinzipien einer Strafgesetzreform. Band 1. Die soziale Aufgabe der Strafe*, Lund, Berlin, 1910, p. 76; HEÜMAN, M., "Schweden", *ZStW* Vol. 57, 1938, p. 548.

180 En este sentido, entre otros, BEROLZHEIMER, F., *System der Rechts- und Wirtschaftsphilosophie. 5. Strafrechtsphilosophie und Strafrechtsreform*, C. H. Beck, München, 1907, pp. 253-254. Véase también, muy claramente, MANZINI, V., *Tratatto di diritto penale italiano secondo il Codice del 1930. Volume III*, UTET, Torino, 1934, pp. 110-111, donde explica que en Italia varias leyes no penales, como la Ley de 13 de julio de 1862 sobre sal y tabaco o el Real Decreto de 21 de noviembre de 1880 sobre la lotería, declaraban la posibilidad de conversión de la multa impagada en prisión subsidiaria, indicando que en tales casos se trataba de sanciones penales. También hay huellas de esta evolución en el Ordenamiento jurídico español. Un Real Decreto de 18 de mayo de 1853 disponía que "las faltas que según el Código penal o las Ordenanzas y reglamentos administrativos merezcan pena de arresto, deberán ser castigadas, siempre en juicio verbal, con arreglo a lo dispuesto en la ley para la ejecución de dicho código", mientras que "las faltas cuyas penas sean multas, o reprensión y multa, podrán ser castigadas gubernativamente a juicio de la autoridad administrativa a quien esté encomendada su represión". En el Derecho Administrativo sancionador quedan las infracciones solo castigadas con una sanción pecuniaria o con otra no privativa

demuestra el que no se aplique la prisión subsidiaria en caso de impago de la multa. Hoy en día, en España es imposible aplicar prisión en caso de impago de la multa administrativa, incluso aunque el infractor rehúse el pago pese a tener medios para hacerlo[181]. El pago es instado a través de técnicas como la reducción del importe en caso de pago en un determinado plazo, generalmente breve, la posibilidad de que la sanción pagada a tiempo no compute como antecedente en el registro administrativo correspondiente o la imposición de una tasa por gastos administrativos si el infractor no paga voluntariamente, y se puede ejecutar forzosamente con un procedimiento rápido y contundente. Y para los insolventes se prevén mecanismos alternativos. Por ejemplo, está aumentando el número de ordenanzas municipales publicadas en los últimos años que se llaman a sí mismas ordenanzas de resocialización[182], "predominante, aunque no exclusivamente, centradas en infractores de entre 14 y 30 años, que ofrecen una alternativa en forma de trabajos en beneficio de la comunidad a la sanción pecuniaria en muy diversas materias"[183].

Ante la ausencia de una sanción subsidiaria contundente en el ámbito administrativo sancionador se plantea el problema de cómo sancionar a los insolventes, pues "[e]n la práctica, ello supone que las Administraciones públicas se pueden ver impotentes para sancionar infracciones cometidas por personas que aparecen como insolventes y sin bienes embargables. Ello puede generar una sensación de impunidad —y aun una impunidad real— que no debe pasar inadvertida como efecto derivado de aquella despenalización"[184]. Las ordenanzas municipales antes mencionadas pretenden ofrecer al infractor una alternativa al pago de la multa.

---

de libertad, mientras que el Derecho Penal se reserva la imposición de la sanción privativa de libertad. No obstante, inicialmente se permite a la Administración imponer privación de libertad en caso de impago de la multa. Vid. RANDO CASERMEIRO, P., "La evolución", cit., p. 164.

181 No existe ningún caso de responsabilidad personal subsidiaria por el impago de multas administrativas, lo que resulta coherente con lo dispuesto en el art. 25.3 CE.

182 Por citar algún ejemplo, véanse la Ordenanza municipal de educación y resocialización del Ayuntamiento de Sanlúcar de Barrameda, aprobada por acuerdo del Pleno de 26 de septiembre de 2007 (publicada en el BOP núm. 6, de 10-1-2008), o la del mismo nombre del Ayuntamiento de Jerez (BOP núm. 135, de 13-6-2001).

183 RANDO CASERMEIRO, P., "El modelo penal", cit., pp. 20-21.

184 Dictamen 358/2013, de 27 de junio, del Consejo de Estado sobre el Anteproyecto de 2013, consideración cuarta a). En el mismo sentido, BOLDOVA PASAMAR, M. A., "La desaparición", cit., p. 6; MANZANARES SAMANIEGO, J. L., "La supresión", cit., p. 1507; del mismo autor, "Comentarios (y IV)", cit., p. 1280, quien propone introducir una regulación similar a la alemana, en la que la Administración puede recurrir a los tribunales para que éstos acuerden la sustitución de la multa administrativa impagada por un arresto sustitutorio de hasta tres meses de duración; VICENTE MARTÍNEZ, R. de, *La nueva regulación*, cit., p. 152.

A ello se suma que también se conservan en la multa administrativa algunos rasgos arcaicos que en su día formaron parte de la multa penal, pero que hoy han sido eliminados, como la posibilidad de que se lucre con parte del montante de la multa quien, sin ser funcionario, haya contribuido a la sanción con actuaciones de denuncia, por ejemplo[185].

Por otra parte, como se avanzó, el procedimiento administrativo se configura de forma que no se aplican o se invierten principios tradicionales del Derecho Penal, estableciendo, por ejemplo, presunciones de veracidad que si no inviertan la carga de la prueba sí que la desplazan hacia el procesado[186].

---

185 Véase el art. 463 del Decreto 485/1962, de 22 de febrero, por el que se aprueba el Reglamento de Montes, todavía vigente, según el cual "[d]e todas las multas que se hagan efectivas corresponde la tercera parte a los denunciantes". Una previsión similar estaba generalizada durante el Antiguo Régimen, cuando lo normal era que el importe de la multa se repartiera por tercios: uno para el juez, otro para la cámara real y otro para el denunciante. Cfr. TOMÁS Y VALIENTE, F., *El Derecho penal de la monarquía absoluta*, Tecnos, Madrid, 1969, pp. 163-164.

186 En este sentido, GARCÍA GÓMEZ DE MERCADO, F., *Sanciones administrativas. Garantías, derechos y recursos del presunto responsable*, Comares, Granada, 2007, p. 136. El Tribunal Constitucional lo ha admitido, sobre la base de que ciertos actos de la Administración que constatan hechos son prueba, y no una mera denuncia (STC 76/1990, de 26 de abril), siempre que la presunción de veracidad no se constituya como una presunción iuris et de iure (STC 341/1993, de 18 de noviembre). Sobre su fundamentación, vid. ampliamente AGUADO I CUDOLÁ, V., *La presunción de certeza en el Derecho administrativo sancionador*, Civitas, Madrid, 1994, p. 187; CANO CAMPOS, F., *Las sanciones de tráfico*, Aranzadi Thomson Reuters, Cizur Menor, 2011, pp. 427 y ss.; del mismo autor, *Presunciones y valoración legal de la prueba en el Derecho administrativo sancionador*, Civitas, Madrid, 2008, passim.

Por ejemplo, véase el art. 52 LPSC, según el cual, "en los procedimientos sancionadores que se instruyan en las materias objeto de esta Ley, las denuncias, atestados o actas formulados por los agentes de la autoridad en ejercicio de sus funciones que hubiesen presenciado los hechos, previa ratificación en el caso de haber sido negados por los denunciados, constituirán base suficiente para adoptar la resolución que proceda, salvo prueba en contrario y sin perjuicio de que aquéllos deban aportar al expediente todos los elementos probatorios disponibles".

O el art. 77.5 LPACAP, según el cual "los documentos formalizados por los funcionarios a los que se reconoce la condición de autoridad y en los que, observándose los requisitos legales correspondientes se recojan los hechos constatados por aquéllos harán prueba de éstos salvo que se acredite lo contrario". Es similar el art. 17.5 RP.

También se recoge en el art. 88 del Real Decreto Legislativo 6/2015, de 30 de octubre, por el que se aprueba el texto refundido de la Ley sobre Tráfico, Circulación de Vehículos a Motor y Seguridad Vial (en adelante, LTSV): "las denuncias formuladas por los agentes de la autoridad encargados de la vigilancia del tráfico en el ejercicio de las funciones que tienen encomendadas tendrán valor probatorio, salvo prueba en contrario, de los hechos denunciados, de la identidad de quienes los hubieran cometido y, en su caso, de la notificación de la denuncia, sin perjuicio del deber de aquéllos de aportar todos los elementos probatorios que sean posible el hecho denunciado".

Como O'Malley[187] explica, "es difícil dejar de observar que porque la multa administrativa cortocircuita la posibilidad de privación de libertad en caso de impago, se libera de las tradicionales reglas probatorias procesales dirigidas a proteger al acusado en la por otro lado desigual contienda con el Estado… donde se aplica la multa administrativa, el carácter moral y la libertad del delincuente no están en cuestión". O se ponen obstáculos la interposición de recurso contra la imposición de la sanción, lo que se puede hacer a través de múltiples vías: ofreciendo incentivos para que no se recurra, como la posibilidad de una importante reducción de la cuantía de la sanción si el infractor paga inmediatamente y no recurre[188]; obligando a pagar la sanción

---

187 O'MALLEY, P., *The Currency of Justice*, cit., pp. 82-83.

188 El art. 8 RP dispone lo siguiente: "1. Iniciado un procedimiento sancionador, si el infractor reconoce su responsabilidad, se podrá resolver el procedimiento, con la imposición de la sanción que proceda.
2. Cuando la sanción tenga carácter pecuniario, el pago voluntario por el imputado, en cualquier momento anterior a la resolución, podrá implicar igualmente la terminación del procedimiento, sin perjuicio de la posibilidad de interponer los recursos procedentes.
En los términos o períodos expresamente establecidos por las correspondientes disposiciones legales, se podrán aplicar reducciones sobre el importe de la sanción propuesta, que deberán estar determinadas en la notificación de la iniciación del procedimiento".
Por ejemplo, véase el art. 94 LTSV, que si bien prohíbe el recurso administrativo sí que admite el contencioso-administrativo: "Una vez realizado el pago voluntario de la multa, ya sea en el acto de entrega de la denuncia o dentro del plazo de veinte días naturales contados desde el día siguiente al de su notificación, concluirá el procedimiento sancionador con las siguientes consecuencias:
a) La reducción del 50 por ciento del importe de la sanción.
b) La renuncia a formular alegaciones. En el caso de que fuesen formuladas se tendrán por no presentadas.
c) La terminación del procedimiento, sin necesidad de dictar resolución expresa, el día en que se realice el pago.
d) El agotamiento de la vía administrativa, siendo recurrible únicamente ante el orden jurisdiccional contencioso-administrativo.
e) El plazo para interponer el recurso contencioso-administrativo se iniciará el día siguiente a aquel en que tenga lugar el pago.
f) La firmeza de la sanción en la vía administrativa desde el momento del pago, produciendo plenos efectos desde el día siguiente.
g) La sanción no computará como antecedente en el Registro de Conductores e Infractores del organismo autónomo Jefatura Central de Tráfico, siempre que se trate de infracciones graves que no lleven aparejada pérdida de puntos".
Parecida es la regulación contenida en el art. 54.3 LPSC: "Una vez realizado el pago voluntario de la multa dentro del plazo de quince días contados desde el día siguiente al de su notificación, se tendrá por concluido el procedimiento sancionador con las siguientes consecuencias:
a) La reducción del 50 por ciento del importe de la sanción de multa.

como requisito para poder recurrirla, lo que responde al principio *solve et repete*[189]; permitiendo la condena en costas[190]; o, por último, imponiendo un recargo de la sanción cuando en la interposición del recurso se apreciare te-

---

b) La renuncia a formular alegaciones. En el caso de que fuesen formuladas se tendrán por no presentadas.
c) La terminación del procedimiento, sin necesidad de dictar resolución expresa, el día en que se realice el pago, siendo recurrible la sanción únicamente ante el orden jurisdiccional contencioso-administrativo".
Muy crítico, MANZANARES SAMANIEGO, J. L., "La supresión", cit., pp. 1502 y ss. Véase un estudio detenido de este precepto desde el punto de vista administrativo en RODRÍGUEZ DE SANTIAGO, J. M., "El pago voluntario de las multas en cuantía reducida: legalidad, eficacia, seguridad jurídica y tutela judicial efectiva", *Documentación Administrativa* núm. 284-285, 2009, pp. 153-180. Como destaca HUERGO LORA, A. J., *Los contratos sobre los actos y las potestades administrativas*, Civitas, Madrid, 1998, con este tipo de medidas se pretende "neutralizar el ejercicio por el particular de sus derechos de defensa". En el mismo sentido, señala GARCÍA GÓMEZ DE MERCADO, F., *Sanciones administrativas*, cit., p. 121, que "esta "rebaja de la multa" si el supuesto infractor se aquieta y paga ha sido discutida porque moneta al supuesto infractor conformista y castiga al que no lo es". Véase también RODRÍGUEZ-PIÑERO Y BRAVO-FERRER, M., "La despenalización", cit., pássim. Sin embargo, el Tribunal Constitucional, tras admitir que "se trata de una técnica cuyo designio es lograr una simplificación y celeridad de los procedimientos...", indica que "no obliga al contribuyente a prestar su conformidad, ni impide tampoco que, una vez prestada esta, se puedan ejercitar las acciones de impugnación" (STC 76/190, de 26 de abril), por lo que la ha admitido. Vid. también la STC 75/1987, de 25 de mayo. Y es que la posible reacción del denunciado en contra de la sanción pecuniaria impuesta no le priva del beneficio de la reducción.

189 Art. 457.1 del Reglamento de Montes, todavía vigente: "Cuando se trate de resoluciones que impongan sanciones, no se tramitará recurso de alzada si no se acompaña el justificante que acredite el previo depósito de la multa en la Caja General de Depósitos, a disposición de la autoridad que la hubiese impuesto".

190 La Ley 37/2011, de 10 de octubre, de medidas de agilización procesal dio una nueva redacción al apartado 1 del art. 139 LJCA, de forma que se sustituye el criterio subjetivo de la temeridad o mala fe por el objetivo del vencimiento. Es decir, a partir de la entrada en vigor de dicha Ley, si un recurso contencioso-administrativo no se estima totalmente, el recurrente será condenado al pago de las costas procesales. Y al revés, de estimarse plenamente la parte demandada será la obligada al pago. Como excepción se establece, al igual que en el orden civil, que el órgano jurisdiccional puede apreciar, razonándolo adecuadamente, que el caso presenta serias dudas de hecho o de derecho, y no imponer costas. Tampoco se aplica el criterio del vencimiento en los supuestos de estimación o desestimación parcial de las pretensiones, en cuyo caso, cada parte abonará las costas causadas a su instancia y las comunes por mitad.
Se trata de una medida claramente orientada a disuadir al ciudadano de acudir a la jurisdicción contencioso-administrativa con la amenaza de la imposición de costas procesales de cuantía incierta, pues en el momento de interponer la demanda desconoce cuántas partes demandadas, además de la Administración, va a encontrarse. Vid. al respecto LÓPEZ-MEDEL BASCONES, J., "Las costas judiciales en el proceso contencioso-administrativo", *La Ley* 2012-1, pp. 1552-1556; DOMINGO ZABALLOS,

meridad[191]. Sin olvidar la vigencia del principio de oportunidad en el ejercicio de la potestad administrativa sancionadora, que combinado con la arbitrariedad en su utilización hacen absolutamente imprevisible la imposición de la sanción[192]. A ello se suma el desequilibrio en las posiciones de las partes en el procedimiento contencioso-administrativo[193], pues "el ciudadano "recurre" en lo contencioso ocupando habitualmente la posición de actor, con todas las cargas que conlleva, peleando contra un acto de la Administración que, normalmente, habrá sido ya ejecutado, debiendo personarse con los requisitos de postulación exigidos por la Ley de la Jurisdicción Contencioso-Administrativa (LJCA), es decir, al menos, con abogado (art. 23 y ss. LJCA)..., frente a una Administración que cuenta con su propio Servicio Jurídico... Con todo, lo más arriesgado y generador de incertidumbre lo constituye el régimen establecido para la atribución de las costas que, a partir de la reforma de la LJCA introducida por la Ley 37/2011, de 10 de octubre de medidas de agilización procesal, y con la indisimulada intención (como después ocurrió con la citada Ley de Tasas) de disminuir los altísimos niveles de litigiosidad en el orden contencioso administrativo, estableció el principio del vencimiento, lo que en una jurisdicción en que los procedimientos que prosperan frente a la Administración no supera el 5%, describe la magnitud global de la injusta

---

M. J., "La condena en costas en el orden contencioso-administrativo (1)", *Diario La Ley* núm. 8452, 2015, pássim.

191 Art. 457.2 del Reglamento de Montes: "Cuando interpuesto recurso de alzada contra una resolución, fuese ésta confirmada en todas sus partes, las sanciones pecuniarias se incrementarán en un 20 por 100 si se apreciara temeridad manifiesta en la interposición, declarándose así en la resolución del mismo".

192 Cfr. MAROTO CALATAYUD, M., "Ciudades de excepción", cit., pp. 47 y ss. Vid. también ARANA BERASATEGUI, X./ GERMÁN MANCEBO, I., "Análisis de la aplicación de la Ley Orgánica 1/1992, de 21 de febrero, sobre protección de la seguridad ciudadana en relación con el fenómeno social de las drogas", *Eguzkilore. Revista del Instituto Vasco de Criminología* núm. 22, 2008, pp. 32 y ss.; CASINO RUBIO, M., "Las nuevas y discutibles ordenanzas municipales de convivencia", *Istituzioni del Federalismo* núm. 4, 2011, p. 749.

193 Como señala el Dictamen 358/2013, de 27 de junio, del Consejo de Estado sobre el Anteproyecto, "en relación con las faltas que se reorientan hacia la sanción en la vía administrativa, han de ponderarse los efectos que ello puede tener desde la perspectiva de la tutela judicial efectiva. La intervención directa de un juez imparcial se sustituye, así, por la potestad sancionadora de la Administración, cuya actuación está regida por el principio de autotutela, con todas las consecuencias que ello tiene para el particular afectado, que habrá de asumir las cargas inherentes a todo procedimiento administrativo y, en su caso, del ulterior proceso contencioso-administrativo" (consideración cuarta a). Vid. también LÓPEZ PEREGRÍN, M. C., "La (supuesta) supresión", cit., p. 120.

y discriminatoria posición en que se sitúa al ciudadano sancionado por la vía administrativa"[194].

En cuanto al contenido material de las nuevas infracciones administrativas introducidas en la Ley de Protección de la Seguridad Ciudadana y en otras leyes a raíz de la desaparición del Libro III del Código Penal, conviene advertir que, pese a indicarse en el Preámbulo de la LO 1/2015 que "se aprecia una cierta distorsión en la comparativa con el Derecho administrativo sancionador, que en muchos casos ofrece una respuesta sancionadora más contundente que la prevista en el Código Penal para conductas teóricamente más graves", no se aborda en modo alguno el problema, considerándose solución suficiente que "la reforma lleve a cabo una supresión definitiva del catálogo de faltas regulado en el Libro III del Código Penal, tipificando como delito leve aquellas infracciones que se estima necesario mantener" (apartado XXI). Tampoco se aprovecha la ocasión para evitar la doble tipificación, penal y administrativa, de conductas similares, cuando no idénticas.

Por ejemplo, la falta de mantenimiento contra la voluntad del titular, fuera de las horas de apertura, en el domicilio de una persona jurídica pública o privada, despacho profesional u oficina o establecimiento mercantil o local abierto al público, castigada con pena de localización permanente de dos a diez días o multa de uno a dos meses (art. 635 CP), se convierte en delito castigado con pena de multa de uno a tres meses (art. 203.2 CP), pero también se tipifica como infracción administrativa leve en la Ley de Protección de la Seguridad Ciudadana, donde se castiga "la ocupación de cualquier inmueble, vivienda o edificio ajenos, o la permanencia en ellos, en ambos casos contra la voluntad de su propietario, arrendatario o titular de otro derecho sobre el mismo, cuando no sean constitutivo de infracción penal", con multa de 100 a 600 euros (art. 37.7 LPSC).

Sucede algo parecido con la falta de abandono de animales domésticos en condiciones en que pueda peligrar su vida y su integridad, que se castigaba con pena de multa de quince días a dos meses (art. 631.2 CP), y que se convierte en delito castigado con una pena de multa de uno a seis meses, con la posibilidad de que el juez imponga una pena de inhabilitación especial de tres meses a un año para el ejercicio de profesión, oficio o comercio que tenga relación con los animales y para la tenencia de animales (art. 337 *bis* CP), pero también se tipifica como infracción administrativa leve en la Ley de

---

194 SÁEZ RODRÍGUEZ, C./ SANTOS ITOIZ, E., "La derogación", cit., pp. 33-34. Recordemos que tras la entrada en vigor del Real Decreto-ley 1/2015, de 27 de febrero, de mecanismo de segunda oportunidad, reducción de carga financiera y otras medidas de orden social, las personas físicas están exentas del pago de tasas judiciales (art. 4.2 a) de la Ley 10/2012, de 20 de noviembre, por la que se regulan determinadas tasas en el ámbito de la Administración de Justicia y del Instituto Nacional de Toxicología y Ciencias Forenses).

Protección de la Seguridad Ciudadana, si bien aquí solo si peligra la vida del animal, siendo impune el caso de que peligre únicamente su integridad (art. 37.16 LPSC). Como señala Rodríguez Lainz[195], "la inclusión en este caso de la infracción administrativa residual carece de sentido. Distinguir la frontera entre la infracción penal y una infracción administrativa que excluye incluso el supuesto de peligro de la integridad física del animal en cuestión se muestra, simplemente, como un imposible jurídico".

Algo similar sucede con la falta de respeto y consideración debida a la autoridad y sus agentes, que se castigaba con pena de multa de diez a sesenta días (art. 634 CP), y que pasa a convertirse en delito castigado con pena de multa de uno a tres meses (art. 556.2 CP, que castiga a "los que faltaren al respeto y consideración debida a la autoridad, en el ejercicio de sus funciones"), pero también se tipifica como infracción administrativa leve en la Ley de Protección de la Seguridad Ciudadana (at. 37.4 LPSC, que castiga "las faltas de respeto y consideración cuyo destinatario sea un miembro de las Fuerzas y Cuerpos de Seguridad en el ejercicio de sus funciones de protección de la seguridad, cuando estas conductas no sean constitutivas de infracción penal", con multa de 100 a 600 euros).

Todavía más llamativo es el caso de la falta de uso público e indebido de uniforme, traje, insignia y condecoraciones (art. 637.1 CP), que se convierte en delito leve castigado con pena de multa de uno a tres meses en el art. 402 *bis* CP, con un tenor muy similar, pues se castiga a "el que sin estar autorizado usare pública e indebidamente uniforme, traje o insignia que le atribuyan carácter oficial", pese a que había voces que clamaban por su desaparición del ámbito penal[196]. Al mismo tiempo, se prevé como infracción administrativa grave en la Ley de Protección de la Seguridad Ciudadana "el uso público e indebido de uniformes, insignias o condecoraciones oficiales, o réplicas de los mismos, así como otros elementos del equipamiento de los cuerpos policiales o de los servicios de emergencia que puedan generar engaño acerca de la condición de quien los use, cuando no sea constitutivo de infracción penal" (art. 36.14 LPSC), sancionable con multa de 601 a 30.000 euros. Es decir, la infracción administrativa exige una idoneidad para engañar a la que ni siquiera alude la normativa penal de similar contenido. Como señala López Peregrín[197], si realmente se trataba "de respetar el principio de inter-

---

195 RODRÍGUEZ LAINZ, J. L., "Los nuevos delitos leves", cit., pp. 1399-1400. Vid. también GARCÍA ÁLVAREZ, P./ LÓPEZ PEREGRÍN, M. C., "Los delitos contra la flora, la fauna y los animales domésticos. Análisis doctrinal y jurisprudencial, con referencia a la reforma introducida por la LO 5/2010, de 22 de junio", *RECPC* núm. 15, 2013, pp. 47-48; LÓPEZ PEREGRÍN, M. C., "La (supuesta) supresión", cit., p. 111; VICENTE MARTÍNEZ, R. de, *La nueva regulación*, cit., p. 135.

196 Cfr., entre otros, COBO DEL ROSAL/ QUINTANAR DÍEZ en COBO DEL ROSAL, M. (Coord.), *Parte Especial*, 2ª ed. cit., p. 1219; DÍAZ-MAROTO Y VILLAREJO, J., *Las faltas*, cit., p. 245.

197 LÓPEZ PEREGRÍN, M. C., "La (supuesta) supresión", cit., p. 112. Proponían su supresión FERNÁNDEZ HERNÁNDEZ, A./ OLLOQUIEGUI SUCUNZA, I., "Falta de uso indebido de distintivos", en ÁLVAREZ GARCÍA, F. J. (Dir.), *Estudio crítico*

vención mínima, no se justifica fácilmente el mantenimiento de esta conducta en el ámbito penal ni el aumento de pena".

Lo más lógico habría sido, como señala Manzanares Samaniego[198], "no permitir que la Administración, con menos garantías que los tribunales, sancione dichas conductas".

A su vez, el Preámbulo de la LO 4/2015 justifica la introducción de algunas de las nuevas infracciones administrativas por la desaparición de las faltas. Así, explica que "la reforma en tramitación del Código Penal exige una revisión de las infracciones penales de esta naturaleza que contenía el libro III del código punitivo para incorporar al ámbito administrativo algunas conductas que, de lo contrario, quedarían impunes, como son ciertas alteraciones del orden público, las faltas de respeto a la autoridad, el deslucimiento de determinados bienes en la vía pública o dejar sueltos animales peligrosos. También se recogen las infracciones previstas en la Ley Orgánica 1/1992, de 21 de febrero, relacionadas con el consumo de drogas tóxicas, estupefacientes o sustancias psicotrópicas, a las que se agregan otras dirigidas a favorecerlo. Se ha considerado oportuno sancionar comportamientos atentatorios a la libertad sexual de las personas, especialmente de los menores, o que perturban la convivencia ciudadana o el pacífico disfrute de las vías y espacios públicos, todos ellos bienes jurídicos cuya protección forma parte de los fines de esta Ley por su colindancia con la seguridad ciudadana" (apartado III).

La falta de deslucimiento de bienes muebles o inmuebles de dominio público o privado, castigada con pena de localización permanente de dos a seis días o tres a nueve días de trabajos en beneficio de la comunidad (antes tipificada en el art. 626 CP), pasa a considerarse infracción administrativa leve castigada con multa de 100 a 600 euros (art. 37.13 LPSC), aplicable cuando la conducta no sea reconducible al delito de daños o a otras figuras delictivas por no revestir suficiente cierta entidad, y no se trate de bienes de valor histórico, artístico, científico, cultural o monumental o en yacimientos arqueológicos, terrestres o subacuáticos (en cuyo caso se aplica el art. 323 CP). La falta de dejar sueltos o en condiciones de causar mal a animales peligrosos (contenida en el art. 631.1 CP) se convierte en infracción administrativa leve (art. 37.16 LPSC), sancionada con multa de 100 a 600 euros. La falta de desobediencia leve a la autoridad o sus agentes cuando ejerzan sus funciones (parte del derogado art. 634 CP) se convierte, como hemos visto, en infracción administrativa grave (art. 36.6 LPSC), pasando de castigarse

---

sobre el Anteproyecto de Reforma Penal de 2012, Tirant lo Blanch, Valencia, 2013, pp. 135-136.

198 MANZANARES SAMANIEGO, J. L., "Comentarios (y IV)", cit., p. 1280.

con pena de multa de diez a sesenta días a multa administrativa de 601 a 30.000 euros, nada menos.

Todo ello se combina, como anunciaba antes, en el fenómeno de la "burorrepresión"[199], entendiendo por tal "la utilización, por parte de distintas instituciones de control y de orden público, del arsenal de sanciones administrativas que están disponibles en el entramado de leyes, normas y ordenanzas de las distintas administraciones del Estado, con el fin de criminalizar, reprimir, penalizar y, en definitiva, desactivar la protesta de los movimientos sociales, políticos y ciudadanos"[200].

Es evidente esta utilización de la sanción administrativa para reprimir la protesta social en el listado de infracciones de la Ley de Protección de la Seguridad Ciudadana. Basta citar algunas infracciones graves que tienen una evidente correspondencia con hechos realizados al hilo de las protestas protagonizadas por diversos movimientos ciudadanos en los últimos años, y que los jueces y tribunales no siempre han sancionado con la contundencia deseada por el legislador[201]: "la perturbación de la seguridad ciudadana en actos públicos, espectáculos deportivos o culturales, solemnidades y oficios religiosos u otras reuniones a las que asistan numerosas personas, cuando no sean constitutivas de infracción penal" (art. 36.1 LPSC); "la perturbación grave de la seguridad ciudadana que se produzca con ocasión de reuniones o manifestaciones frente a las sedes del Congreso de los Diputados, el Senado y las asambleas legislativas de las comunidades autónomas, aunque no estuvieran reunidas, cuando no constituya infracción penal" (art. 36.2 LPSC); "causar desórdenes en las vías, espacios o establecimientos públicos, u obstaculizar la vía pública con mobiliario urbano, vehículos, contenedores, neumáticos u otros objetos, cuando en ambos casos se ocasione una alteración grave de la seguridad ciudadana" (art. 36.3 LPSC); "los actos de obstrucción que pretendan impedir a cualquier autoridad, empleado público o corporación oficial el ejercicio legítimo de sus funciones, el cumplimiento o la ejecución de acuerdos o resoluciones administrativas o judiciales, siempre que se produzcan al margen de los procedimientos legalmente establecidos y no sean constitutivos de delito" (art. 36.4 LPSC); "la desobediencia o la resistencia a la autoridad o a sus agentes en el ejercicio de sus funciones, cuando no sean constitutivas de delito, así como la negativa a identificarse a requerimiento de la autoridad o de sus agentes o la alegación de datos

---

199 Vid. OLIVER OLMO, P., "¿Qué es la burorrepresión?", en OLIVER OLMO, P. (Coord.), *Burorrepresión. Sanción administrativa y control social*, Bomarzo, Albacete, 2013, pássim; RANDO CASERMEIRO, P., "El modelo penal", cit., pássim.

200 OLIVER OLMO, P., "¿Qué es la burorrepresión?", cit., p. 27. Vid. también MACÍAS CARO, V. M., "Del orden público", cit., p. 144.

201 Cfr. ALONSO RIMO, A., "Escraches, derecho de reunión y criminalización de la protesta social", *Teoría y Derecho. Revista de pensamiento jurídico* núm. 14, 2013, pp. 145-146 y 153-156; LÓPEZ PEREGRÍN, M. C., "La (supuesta) supresión", cit., pp. 117-118; MACÍAS CARO, V. M., "Del orden público", cit., p. 144.

falsos o inexactos en los procesos de identificación" (art. 36.6 LPSC); "la perturbación del desarrollo de una reunión o manifestación lícita, cuando no constituya infracción penal" (art. 36.8 LPSC), etc., etc.

En este contexto, la multa administrativa responde mucho mejor que la penal al objetivo de ocultación de la actuación represora de la Administración, puesto que en las democracias modernas se ha ido consolidando un discurso que tiende a reducir el concepto de represión al ámbito de los subsistemas de control penal y penitenciario. Sin embargo, la proliferación de ordenanzas municipales[202] de civismo y convivencia en los últimos años[203], que prevén largas listas de conductas prohibidas que se sancionan fundamentalmente con multas de cuantía elevada, combinada con la retirada del Código Penal de ciertos ámbitos del orden público relacionados con la protesta social, apunta a una deriva silenciosa y discreta hacia prácticas más propias de un Estado policial que de uno que se dice social y democrático de Derecho: se opta por la solución más fácil, la represión, en lugar de emprender la más ardua, pero también más fructífera a largo plazo del diálogo, la educación y el convencimiento. Sin olvidar que la multa, sea como pena o como sanción administrativa, supone en principio un ingreso estatal neto, consideración que no puede ser ajena a un legislador consciente de la escasez de los recursos estatales[204].

---

202 La potestad normativa del municipio se basa en el art. 139 de la Ley 7/1985, de 7 de abril, Reguladora de las Bases del Régimen Local, según el cual, "para la adecuada ordenación de las relaciones de convivencia de interés local y del uso de sus servicios, equipamientos, infraestructuras, instalaciones y espacios públicos, los entes locales podrán, en defecto de normativa sectorial específica, establecer los tipos de infracciones e imponer sanciones por el incumplimiento de deberes, prohibiciones o limitaciones contenidos en las correspondientes ordenanzas".

203 La discusión en torno a estas ordenanzas ha sido intensa. Véase entre otros, desde una perspectiva crítica, CASINO RUBIO, M., "Las nuevas y discutibles ordenanzas municipales de convivencia", cit., pp. 743 y ss.; LARRAURI PIJOÁN, E., "Ayuntamientos de izquierdas y control del delito", *InDret. Revista para el Análisis del Derecho* núm. 3, 2007, pp. 1 y ss.; MAROTO CALATAYUD, M., "Ciudades de excepción", cit., pp. 49 y ss.; SILVEIRA GORSKI, H., "Barcelona y el "fomento de la convivencia" a través de la represión del espacio público", en BERGALLI, R. (Dir.), *Emergencias urbanas*, Anthropos, Barcelona, 2006, pp. 239-262. Mucho más favorables, MERINO ESTRADA, V., "Las nuevas Ordenanzas municipales reguladoras de la convivencia ciudadana", *Revista de estudios de la administración local y autonómica* núm. 300-301, 2006, pp. 485-510; PEMÁN GAVÍN, J. M., "Las Ordenanzas municipales y convivencia ciudadana", *Revista de estudios de la administración local y autonómica* núm. 305, 2007, pp. 9-55.

204 Lo apuntan FERNÁNDEZ HERNÁNDEZ, A./ OLLOQUIEGUI SUCUNZA, I., "Notas críticas", cit., pp. 45-46.

De esta forma, el recurso a la potestad sancionadora de la Administración pretende resolver un problema de efectividad: la Administración, precisamente por la celeridad y rapidez del procedimiento, estaría en condiciones de reaccionar en un mayor número de ocasiones a la infracción de las normas. Sin embargo, una vez más los datos estadísticos desmienten esa pretendida eficacia de la Administración. La tasa de resolución (entendiendo por tal el cociente entre los asuntos pendientes al final del período y los resueltos en el mismo) de los juzgados de instrucción, de 1ª instancia e instrucción y de lo penal es superior a la de la Administración.

> En efecto, la tasa de resolución media de la jurisdicción penal en 2014 es 1,02[205]. Por su parte, en la Secretaría General del Ministerio de Hacienda y Administraciones Públicas en 2014 fue de 0,97, claramente inferior[206].

Si a ello sumamos el aumento de la represión burocrática de las infracciones del orden público y la convivencia (véase la Ley de Protección de la Seguridad Ciudadana), el resultado es una mayor carga punitiva sobre la ciudadanía.

---

205 Según los datos de la *Panorámica de la Justicia para el año 2014*, p. 48.

206 Según los datos del *Informe sobre el funcionamiento de los servicios de la Administración Periférica del Estado en 2014*, p. 53.

6. NOVEDADES EN LA REGULACIÓN DE LOS DELITOS LEVES EN LA PARTE GENERAL

1. *Determinaciones previas*

Las novedades en la regulación de los delitos leves en la parte general van desde el nuevo criterio de distinción entre infracciones leves y menos graves al aumento del plazo de prescripción de los delitos leves, pasando por la punición de la tentativa, el registro de los antecedentes por delitos leves o la creación de una nueva clase de imprudencia punible.

Quedaron en el tintero otras novedades en la regulación de los delitos leves que aparecían en los anteproyectos pero desaparecieron en la versión final. Afortunadamente.

> Por ejemplo, en el Proyecto de 2013 era posible imponer una medida de libertad vigilada a quienes cometiesen uno o más delitos de lesiones, hurto o estafa[207]. Cierto que el art. 104.1 b) ACP requería para la imposición de esta medida una condena a pena de prisión superior a un año, lo que no podía tener lugar en los delitos leves. Pero dada la redacción del último inciso del art. 13.4 CP, y siendo la pena de prisión de hasta cinco años pena menos grave, "un ámbito para la libertad vigilada en los delitos leves quedaría como una opción abierta para el futuro"[208]. Vista la argumentación utilizada en su día para crear esta medida de seguridad post-penitenciaria, resultaba como poco sorprendente esta posibilidad de aplicación a delitos leves como los señalados[209].

---

207 El apartado centésimo quinto del artículo 1 del Proyecto introducía un nuevo art. 156 *ter* con la siguiente redacción: "A los condenados por la comisión de uno o más delitos comprendidos en este Título [dedicado a las lesiones] se les podrá imponer además una medida de libertad vigilada".

Por su parte, el apartado centésimo trigésimo noveno introducía un nuevo art. 236 *bis*, con la siguiente redacción: "A los condenados por la comisión de uno o más delitos comprendidos en este Capítulo [dedicado a los hurtos] se les podrá imponer además una medida de libertad vigilada".

Por último, el apartado centésimo quincuagésimo primero numeraba el art. 251 *bis* entonces vigente como art. 251 *ter* e introducía un nuevo art. 252 *bis*, con la siguiente redacción: "A los condenados por la comisión de uno o más delitos comprendidos en esta Sección [dedicada a las estafas] se les podrá imponer además una medida de libertad vigilada".

208 BOLDOVA PASAMAR, M. A., "La desaparición", cit., p. 14.

209 O quizá no tanto. Vid. REBOLLO VARGAS, R., "Reflexiones y propuestas sobre el tratamiento penal y procesal de la pequeña delincuencia patrimonial", *EPC* Vol. XXXI, 2011, p. 561.

2. *La nueva división tripartita de las infracciones criminales y sus consecuencias*

En una primera aproximación podría pensarse que el cambio de las faltas a los delitos leves no es muy relevante. Al fin y al cabo, se mantiene la clasificación tripartita de las infracciones penales, si bien distinguiéndose ahora entre delitos leves, menos graves y graves (art. 13 CP). La clasificación sigue basándose en la división de las penas en leves, menos graves y graves (art. 33 CP). También se mantienen las consecuencias procedimentales de esta clasificación, dado que no desaparece el juicio de faltas. Éste se sigue aplicando a los delitos leves, a los que se añaden los delitos menos graves que tengan una pena que se pueda clasificar como leve o menos grave, dado que se establece que "cuando la pena, por su extensión, pueda considerarse como leve y como menos grave, el delito se considerará, en todo caso, como leve" (art. 13.4 CP)[210].

> La norma se refiere a la pena nominalmente asignada al delito, la pena en abstracto determinada por la ley, que es antecedente y presupuesto de la pena judicialmente determinada tras la práctica de las operaciones jurídicas de individualización reguladas en el Capítulo II del Título III del Libro I del Código Penal, en función del grado de ejecución, grado de participación, concurrencia de circunstancias modificativas de la responsabilidad criminal, etc. Lo relevante a la hora de determinar si la infracción es leve o menos grave es el límite inferior de la pena que dicha infracción tiene asignada, no su límite superior. De esta manera, si el límite inferior se sitúa en la cuantía o tiempo previstos en el art. 33.4 CP, el delito es leve aunque el límite superior de la pena asignada se prolongue hasta el tramo reservado en el art. 33.3 CP a su modalidad menos grave. Cabe destacar a estos efectos que el tramo penal leve alcanza hasta un año en las penas de privación del derecho a conducir vehículos de motor y ciclomotores y del derecho a la tenencia y porte de armas (según dispone el art. 33.4 a) y b) CP), tres meses si se trata de las penas de multa (art. 33.4 g) CP) y de localización permanente (art. 33.4 h) CP), y treinta días en la pena de trabajos en beneficio de la comunidad (art. 33.4 i) CP).

Este criterio, contrario al previsto para el caso de que la pena, por su extensión, pueda incluirse a la vez entre las penas graves y menos graves, supuesto en el cual "el delito se considerará, en todo caso, como grave" (primer inciso del art. 13.4 CP), ha suscitado abundantes críticas[211]. Los

---

210 Vid. al respecto FARALDO CABANA, P., "La desaparición", cit., pp. 7 y ss.

211 Lo considera un criterio "tan novedoso como censurable" MANZANARES SAMANIEGO, J. L., "La supresión", cit., p. 1505; indica que "la solución que se le da a esta cuestión en la reforma no nos parece acertada", ARMENTEROS LEÓN, M., "Aproximación a la regulación de los delitos leves en la próxima reforma del Código Penal",

argumentos son de diversa índole. Desde que el criterio "más lógico" es el "que atiende a la absorción de la pena más grave por la de menor gravedad", al de que la regulación prevista "puede conducir a que un delito leve sea castigado finalmente con una pena menos grave, siendo esta última además la que condiciona, de acuerdo con el artículo 133 del CP, la prescripción de la pena"[212], lo que lleva a que la definición de delito leve como aquella infracción castigada con pena leve resulte equívoca, pues "son delitos leves... no solo aquellos que por la propia determinación de la sanción correspondiente al tipo concreto o como consecuencia de la aplicación de las reglas de determinación de la pena inferior en grado se correspondan en sus límites inferiores con las franjas temporales propias de los delitos leves"[213], a lo que se suma que "no es aceptable que se pudiera llegar a imponer una pena menos grave con un procedimiento previsto para la imposición de penas leves"[214], pasando por el de que "la redacción dada al segundo inciso del artículo 13.4 no resuelve el problema de las penas alternativas, es decir, cuando para una infracción se prevé la imposición opcional de penas de distinta naturaleza"[215].

Delitos leves castigados con pena única leve son, entre otros, las lesiones leves dolosas (art. 147.2 CP, multa de uno a tres meses), maltrato de obra sin causar lesión fuera del ámbito doméstico (art. 147.3 CP, multa de uno a dos meses), amenazas leves fuera del ámbito doméstico (art. 171.7 CP, multa de

---

La Ley 2011 1, p. 1565, añade que no se alcanza "a reconocer el sentido y la ventaja de semejante contraposición ni las consecuencias negativas no deseadas que se dicen evitar en el caso de los delitos leves con extensiones de pena menos graves (a tenor de la E. de M)", BOLDOVA PASAMAR, M. A., "La desaparición", cit., p. 9. Por su parte, tanto el Informe del Consejo General del Poder Judicial sobre el Anteproyecto, p. 21, como el Dictamen 358/2013, de 27 de junio, del Consejo de Estado, consideración cuarta a), fueron particularmente críticos.

Sin embargo, afirma que "esto parece correcto" el Informe del Consejo Fiscal al Anteproyecto, pp. 12-13 (apartado décimo).

212 MARÍN DE ESPINOSA CEBALLOS, E. B./ GONZÁLEZ TASCÓN, M. M., "Delitos", cit., p. 54. Vid. también el Informe del Consejo General del Poder Judicial sobre el Anteproyecto, p. 21, que apunta que "la falta de adecuación del precepto a la sistemática general del Código Penal es evidente, habida cuenta que para la determinación del umbral de gravedad de una pena, el criterio de referencia se establece en función de su "techo" y no de su "suelo". Este aserto se ve refrendado por la pauta establecida en el vigente artículo 13.4 —que se mantiene en el Anteproyecto para el binomio delitos graves-delitos menos graves— y también por las directrices previstas para la prescripción de los delitos, dado que el vigente artículo 131 alude a la pena máxima señalada por la Ley de cara a fijar el plazo prescriptorio".

213 RODRÍGUEZ LAINZ, J. L., "Los nuevos delitos leves", cit., p. 1395.

214 LÓPEZ PEREGRÍN, M. C., "La (supuesta) supresión", cit., p. 113, nota 55.

215 Cfr. Informe del Consejo General del Poder Judicial sobre el Anteproyecto, pp. 21-22. Vid. también BOLDOVA PASAMAR, M. A., "La desaparición", cit., p. 9.

uno a tres meses), coacciones leves fuera del ámbito doméstico (art. 172.3 CP, multa de uno a tres meses) y el hurto por valor no superior a 400 euros (art. 234.2 CP, multa de uno a tres meses).

Ahora bien, algunos delitos tienen una pena compuesta, generalmente alternativa. En estos casos parece razonable tener en cuenta la pena más grave de las que concurren a la hora de determinar si el delito es leve o menos grave. Éste es el criterio acogido por la Circular 1/2015, de 19 de junio, de la Fiscalía General del Estado, sobre pautas para el ejercicio de la acción penal en relación con los delitos leves tras la reforma penal operada por la LO 1/2015[216], que lo justifica sobre la base de que "en caso de pluralidad de penas, la desvinculación del delito de su tope máximo debe tener un carácter subsidiario frente a la regla general del art. 13.2 CP, pues la calificación en sentido descendente de la gravedad de un delito en los términos de la reforma penal de 2015 es sólo factible cuando la extensión leve y menos grave concurren en una misma pena, no en penas diferentes. El art. 13.2 CP habrá de prevalecer si el presupuesto del art. 13.4, inciso segundo CP no se cumple en el seno de todas y cada una de las penas asignadas por la Ley al delito. En consecuencia, sólo podrá considerarse leve un delito cuando todas las penas que tenga asignadas incluyan o estén íntegramente comprendidas en los tramos leves definidos en el art. 33.4 CP; por el contrario, si alguna o algunas de ellas tienen prevista una extensión comprendida íntegramente en los tramos menos graves del art. 33.3 CP, prevalecerá el art. 13.2 CP y el delito habrá de ser considerado menos grave". También añade en favor de esta posición que "el criterio del tope penal es el que subyace en el art. 131.2 CP, que en sede de prescripción del delito establece que "cuando la pena señalada por la ley fuere compuesta, se estará, para la aplicación de las reglas comprendidas en este artículo, a la que exija mayor tiempo para la prescripción"".

---

[216] Siguiendo el precedente sentado en la Circular 1/2003, de 7 de abril, también de la Fiscalía General del Estado, sobre procedimiento para el enjuiciamiento rápido e inmediato de determinados delitos y faltas y de modificación del procedimiento abreviado, donde en relación con la competencia objetiva por razón de la materia para el enjuiciamiento de juicios rápidos, sostuvo que se ha de estar a la pena en abstracto, esto es, a la señalada por la Ley al delito de que se trate, con independencia de la que se solicite por la acusación, y que en los delitos castigados con varias penas, conjuntas o alternativas, basta con que una de ellas sobrepase los límites del procedimiento para que no sea posible su incoación (apartado 2 A).
En la doctrina acogen este criterio HERNÁNDEZ GARCÍA, J./ RAMÍREZ ORTIZ, J. L., "Las consecuencias procesales", cit., pp. 243-244; MUERZA ESPARZA, J. J., "Aspectos procesales de los nuevos delitos leves", *La Ley* 2014-1, p. 1560.

De esta manera, aplicando este criterio se deben considerar delitos menos graves, y no leves, los siguientes: la interceptación de transmisiones no públicas de datos informáticos (art. 197 *bis* 2 CP, que prevé penas alternativas de multa de tres a doce meses o prisión de tres meses a dos años); facilitación de medios para la comisión de delitos de revelación de secretos, acceso ilícito a sistemas de información, e interceptación de transmisiones no públicas de datos informáticos (art. 197 *ter* CP, que establece penas alternativas de multa de tres a dieciocho meses o prisión de seis meses a dos años); facilitación de medios para la comisión de un delito de daños informáticos (art. 264 *ter* CP, que castiga el hecho con penas alternativas de multa de tres a dieciocho meses o prisión de seis meses a dos años); delitos contra la propiedad intelectual e industrial, en su modalidad de distribución o comercialización ambulante o meramente ocasional (arts. 270.4 y 274.3 CP, que tienen asignada una pena de prisión de seis meses a dos años, si bien cuando el beneficio obtenido o esperado sea de escasa entidad y atendiendo a las características del culpable, admiten la aplicación de la pena de multa de uno a seis meses o de trabajos en beneficio de la comunidad de 31 a 60 días; auxilio a la inmigración ilegal y auxilio lucrativo a mantenerse ilegalmente en territorio español (sancionados en el art. 318 *bis* 1 y 2 CP con penas alternativas de multa de tres a doce meses o prisión de tres meses a un año); y la difusión de mensajes o consignas que inciten a alterar el orden público (art. 559 CP, que contempla penas alternativas de multa de tres a doce meses o prisión de tres meses a un año; y la provocación de falsas alarmas mediante falsedad o simulación de situación de peligro o siniestro (art. 561 CP, castigado con penas alternativas de multa de tres a dieciocho meses o prisión de tres meses y un día a un año).

Sin embargo, el Informe del Consejo General del Poder Judicial sobre el Anteproyecto, p. 22, optó por la solución contraria, al entender "que el criterio establecido en el segundo inciso del artículo 13.4 no rige solamente respecto de la extensión de una determinada pena, sino que también se extiende a los casos en que se establezca una penalidad alternativa, de manera que siempre que la pena mínima imponible a una infracción sea de carácter leve el delito ostentará esa naturaleza, sea cual sea la extensión de aquélla y la naturaleza de la pena que alternativamente quepa imponer" (apartado V a). Piénsese que el criterio seguido por el Consejo plantearía notables problemas en el enjuiciamiento de los delitos mencionados en el párrafo anterior, puesto que la mayoría de ellos requieren instrucción previa a su enjuiciamiento, lo que, de llevarse por el juicio de faltas, daría lugar inevitablemente a la abstención o recusación del juez de instrucción.

A estos argumentos se añade un efecto inesperado derivado del aumento del límite máximo de la multa considerada pena leve, que si antes era de hasta dos meses ahora pasa a ser de hasta tres meses (art. 33.4 g) CP)[217].

---

217 El aumento fue consecuencia de las sugerencias realizadas por varios órganos consultivos. Así se hizo en el Informe del Consejo Fiscal al Anteproyecto, p. 13, sobre la base

Este hecho, combinado con la indicación de que cuando la pena, por su extensión, pueda considerarse como leve y como menos grave, el delito se considerará siempre leve, supone que un considerable número de infracciones, algunas de las cuales se catalogaban antes de la reforma como delitos menos graves, pasan a considerarse delitos leves, como ha puesto de relieve, entre otros, González Rus[218].

> Se trata de los delitos que prevén como pena única una multa de tres meses en adelante[219]: homicidio por imprudencia menos grave (art. 142.2); lesiones de los arts. 149 y 150 por imprudencia menos grave (art. 152.2); detención ilegal de una persona para presentarla a la autoridad (art. 163.4); omisión del deber de socorro (art. 195.1); injurias graves sin publicidad (art. 209); hurto de la posesión (art. 236.1); ocupación no violenta de inmuebles (art. 245.2); alteración de términos o lindes (art. 246.1); distracción de aguas (art. 247.1); apropiación indebida (art. 254.1); defraudación de energía eléctrica y análogas (art. 255.1); utilización no autorizada de terminales de telecomunicación (art. 256); daños por imprudencia grave (art. 267); daños por imprudencia grave en archivos, registros, etc. (art. 324); libramiento de certificados falsos por facultativo (art. 397); falsificación de certificados por particular (art. 399.1); fabricación y tenencia de útiles o

---

de que "sería conveniente elevar el máximo de la pena leve de los dos meses que fija el Anteproyecto hasta tres meses. Y ello porque las únicas faltas convertidas en delitos leves que tienen prevista una pena de uno a dos meses de multa son la de maltrato del 147.3 y la de la apropiación indebida sin custodia previa del 254.2 CP. Las demás tienen, en general, una pena de uno a tres meses de multa. Por ello el artículo 13.3 del Anteproyecto debería adaptarse a esta realidad" (apartado décimo). También el Informe del Consejo General del Poder Judicial sobre el Anteproyecto, p. 22, incidió en esta cuestión, indicando que "al objeto de evitar la disparidad de las reglas contenidas en el artículo 13.4, se propone la elevación del techo de las penas leves a que se refiere el artículo 33.4 f) hasta el umbral de tres meses de multa, que es el techo penológico establecido para la gran mayoría de los delitos veniales", si bien al mismo tiempo proponía que se estableciera "como regla general, que cuando la pena asociada a un determinado delito pueda ser catalogada, por su extensión, como grave o menos grave o, en su caso, como menos grave o leve, la infracción sea considerada conforme a la pena máxima imponible". La acogida de la primera sugerencia, pero no de la segunda, dio lugar al problema que se analiza en el texto.

218 GONZÁLEZ RUS, J. J., "Secuelas "colaterales" no pretendidas de la LO 1/2015, de 30 de marzo, de reforma del Código Penal", *Diario La Ley* núm. 8553, 3 de junio de 2015. Véase también BOLDOVA PASAMAR, M. A., "La desaparición", cit., p. 9; HERNÁNDEZ GARCÍA, J./ RAMÍREZ ORTIZ, J. L., "Las consecuencias procesales", cit., p. 255; VICENTE MARTÍNEZ, R. de, *La nueva regulación*, cit., pp. 36 y ss. La Circular 1/2015, de 19 de junio, p. 7, de la Fiscalía General del Estado, se hace eco asimismo de esta cuestión.

219 Sobre las dudas que plantea la pena de multa en el límite de los tres meses, vid. HERNÁNDEZ GARCÍA, J./ RAMÍREZ ORTIZ, J. L., "Las consecuencias procesales", cit., p. 243, quienes entienden que una interpretación literal exige entender que las penas de multa de tres meses en adelante son penas leves.

medios idóneos para cometer dichas falsedades (art. 400); aceptación por el particular de propuesta, nombramiento o toma de posesión de un cargo público con conocimiento de su ilegalidad (art. 406); acusación y denuncia falsa de un delito leve (art. 456.1.3º); destrucción de documentos o actuaciones por particular (art. 465.2); y evasión del condenado realizada por pariente (art. 470.3 CP).
Dos de estos delitos están sometidos, además, a singularidades procesales: la omisión del deber de socorro está atribuida al conocimiento del Tribunal del Jurado, conforme a lo dispuesto en el art. 1.2 c) de la LO 5/1995, de 22 de mayo, del Tribunal del Jurado[220], y ha de sujetarse en consecuencia al correspondiente procedimiento especial, que no contempla la posibilidad de renunciar a la acción por motivos de oportunidad. El delito de injurias, por su parte, sigue siendo un delito privado perseguible a instancia de parte, previa querella del particular (art. 215.1 CP)[221], pero tras la reforma el procedimiento a seguir pasa a ser el previsto en el Libro VI de la Ley de Enjuiciamiento Criminal, por acceder en su nueva calidad de delito leve a la esfera competencial del juez de instrucción (art. 14.1 LECrim)[222], sin perjuicio de la aplicación de las especialidades del Título IV del Libro IV de la citada Ley de Enjuiciamiento Criminal[223].

No era ésta la intención del legislador. Como señala la Circular 1/2015, de 19 de junio, de la Fiscalía General del Estado, "nada se dice al respecto en el Preámbulo y las penas nominalmente asignadas a cada tipo no sufren mutación con el cambio legislativo, pero lo cierto es que una vez promulgada y publicada la Ley, ésta adquiere vida propia y es su voluntad inmanente (*voluntas legis*) y no la intencionalidad de su autor (*voluntas legislatoris*) la que conforma el nuevo ordenamiento jurídico y vincula con sus mandatos objetivos al intérprete y aplicador. La voluntad de la

---

220 Art. 1 de la LO 5/1995: "Competencia del Tribunal del Jurado... 2. Dentro del ámbito de enjuiciamiento previsto en el apartado anterior, el Tribunal del Jurado será competente para el conocimiento y fallo de las causas por los delitos tipificados en los siguientes preceptos del Código Penal:
... c) De la omisión del deber de socorro (artículos 195 y 196)".

221 Art. 215 CP: "1. Nadie será penado por calumnia o injuria sino en virtud de querella de la persona ofendida por el delito o de su representante legal. Se procederá de oficio cuando la ofensa se dirija contra funcionario público, autoridad o agente de la misma sobre hechos concernientes al ejercicio de sus cargos".

222 Art. 14 LECrim: "Fuera de los casos que expresa y limitadamente atribuyen la Constitución y las leyes a Jueces y Tribunales determinados, serán competentes:
1. Para el conocimiento y fallo de los juicios por delito leve, el Juez de Instrucción, salvo que la competencia corresponda al Juez de Violencia sobre la Mujer de conformidad con el número 5 de este artículo".

223 Sobre ellas, véase la Consulta 2/1994, de 28 de noviembre, de la Fiscalía General del Estado, sobre procedimiento idóneo para el enjuiciamiento de los delitos de injuria y calumnia.

Ley se extrae con claridad meridiana del sentido literal de las palabras empleadas por la norma y de una interpretación conjunta y sistemática de los arts. 13.4, inciso segundo, 33.3, j) y 4, g), en relación con cada uno de los tipos penales citados" (apartado 1).

De hecho, poco antes de la entrada en vigor de la LO 1/2015 se armó un cierto revuelo periodístico al darse cuenta el Ministerio de Justicia de este efecto inesperado, barajándose varias posibilidades para solucionar el desaguisado[224]. Al final se decidió esperar a ver si la circular que estaba preparando la Fiscalía General del Estado sobre los nuevos delitos leves aportaba alguna solución. Pero lo que ésta hace es simplemente indicar que "aquellas figuras penales que han experimentado una degradación automática por el cambio de las normas de la Parte General a las que se hace referencia en el apartado 3.2 de esta Circular y que se refieren a bienes jurídicos de especial significación, como la libertad personal (art. 163.4 CP), el patrimonio histórico (art. 324 CP), la fe pública inherente al giro de determinados documentos (art. 397, 399 y 400 CP), la Administración Pública (art. 406 CP) y la Administración de Justicia (arts. 456.1.3°, 465.2 y 470.3 CP) deben ser objeto de un tratamiento restrictivo en lo que se refiere a su posible archivo anticipado", sobre la base de que, "en la medida en que el interés público que se ve afectado por estas conductas es de especial relevancia, es razonable excluir el ejercicio del principio de oportunidad salvo que concurran circunstancias excepcionales que atenúen en el caso concreto la necesidad de respuesta penal" (apartado 6.2.2). Por tanto, en principio, aplicación restrictiva del criterio de oportunidad, pero sin excluirla, salvo circunstancias excepcionales.

Otro aspecto problemático derivado de la nueva clasificación tripartita de las infracciones penales aparece en los casos en que el Código Penal no establece directamente la pena, sino que señala que será una pena superior o inferior en grado a la del tipo básico. En estos supuestos, el criterio en su día asumido por la Fiscalía General del Estado en la Circular 1/1989, de 8 de marzo, sobre el procedimiento abreviado introducido por la Ley Orgánica 7/1988, de 28 de diciembre, sostenía que habría que distinguir según si la modificación de la pena del tipo básico, es decir, su elevación o degradación, venía impuesta de forma obligatoria en la ley o se trataba, por el contrario, de una facultad discrecional del juez o tribunal. En el primer caso, dado que la propia ley indica cuál es la pena que se debe imponer, es esa pena, con la correspondiente subida o rebaja en grado, la que fija la naturaleza del delito y, por tanto, el procedimiento a seguir. Por el contrario, en el segundo caso, la pena que determina el

---

224 Vid. la noticia de El País de 18 de junio de 2015, titulada "El nuevo Código Penal del PP incluye errores en las penas de 16 delitos", disponible en la página web http://politica.elpais.com/politica/2015/06/18/actualidad/1434619468_407334.html.

procedimiento debe ser la correspondiente al tipo básico, ya que la subida o la rebaja queda al arbitrio del juzgador, aunque sea reglado, y no se considera razonable que sea éste el que pueda determinar de esta forma el procedimiento que corresponde seguir. La misma solución hay que dar a los casos en que se crea un tipo atenuado, con una pena ya determinada, pero de aplicación potestativa para el juez o tribunal[225].

Por ejemplo, el art. 386.3 CP castiga al que habiendo recibido de buena fe moneda falsa la expenda o distribuya después de constarle su falsedad con la pena de prisión de tres a seis meses o multa de seis a veinticuatro meses. En el inciso segundo añade que "si el valor aparente de la moneda no excediera de 400 euros, se impondrá la pena de multa de uno a tres meses". En este caso el tipo atenuado es un delito leve, y en consecuencia se tramitará por el juicio de faltas. Por el contrario, el art. 270.4 CP, después de indicar que "en los supuestos a que se refiere el apartado 1, la distribución o comercialización ambulante o meramente ocasional se castigará con una pena de prisión de seis meses a dos años", añade que, "no obstante, atendidas las características del culpable y la reducida cuantía del beneficio económico obtenido o que se hubiera podido obtener, siempre que no concurra ninguna de las circunstancias del artículo 271, el juez podrá imponer la pena de multa de uno a seis meses o trabajos en beneficio de la comunidad de treinta y uno a sesenta días". En este caso, desde el punto de vista procesal, la conducta se dirimirá por el cauce del procedimiento abreviado, puesto que no puede quedar al arbitrio del juez o tribunal la determinación del procedimiento[226]. Lo mismo cabe decir de la modalidad atenuada de los delitos contra la propiedad industrial recogida en el art. 274.3 CP y de los delitos de malversación contenida en el art. 434 CP, entre otros.

Por otra parte, ha desaparecido el último inciso del art. 71.1 CP, que disponía que para la determinación de la pena inferior en grado los jueces y tribunales no quedaban constreñidos por cuantías señaladas en la Ley para cada clase de pena, de manera que aquéllos únicamente quedan sujetos a las reglas establecidas para la degradación, pudiendo perfectamente traspasar el umbral cuantitativo fijado por el legislador para cada categoría penológica fijada por razón de la gravedad (graves, menos graves o leves), sin que ello implicase la consideración del hecho como falta cuando con motivo de la degradación apuntada fuera de aplicación una pena de carácter leve. Al suprimirse dicho inciso, queda sin resolverse explícitamente si ahora la imposición de una pena leve, con motivo de la degra-

---

225 Opta por otra solución la STS 947/2012, de 28 de noviembre, que apunta que si la subida o rebaja en grado es potestativa, ha de considerarse a efectos competenciales la mayor pena imponible de las distintas posibles. Apoyan esta opción HERNÁNDEZ GARCÍA, J./ RAMÍREZ ORTIZ, J. L., "Las consecuencias procesales", cit., p. 244.

226 Cfr. MUERZA ESPARZA, J. J., "Aspectos procesales", cit., p. 1561.

dación penológica, confiere ese carácter a la infracción cometida o, por el contrario, ésta conserva la naturaleza que le corresponda en función a la pena asociada al tipo.

Como señaló el Consejo General del Poder Judicial en su Informe sobre el Anteproyecto, pp. 56-57, "tal cuestión no es baladí; piénsese, por ejemplo, en la aplicación de las medidas previstas en el artículo 48, de conformidad con lo establecido en el artículo 57.1, cuya duración depende de si el delito es considerado grave, menos grave o leve (diez, cinco y un año, respectivamente). Asimismo, desde la perspectiva de la prescripción de penas el aspecto tratado también reviste interés, habida cuenta el diferente criterio seguido por la denominada "jurisprudencia menor" en relación con la degradación de la pena correspondiente a un delito hasta el umbral propio de las faltas. El AAP de Madrid de fecha 17/2/2011 vino a considerar que el criterio rector se anuda a la pena realmente impuesta, con independencia de la gravedad abstracta de la infracción penal cometida, mientras que el AAP de Zaragoza, de fecha 25/6/2010, sostuvo la tesis contraria, al entender que lo relevante, a esos efectos, es la naturaleza de la infracción (delito o falta), con independencia de la entidad de la pena realmente impuesta. Por tanto, en atención a los argumentos consignados en este informe, sería procedente esclarecer el aspecto antes apuntado, para así disipar cualquier duda interpretativa que pueda suscitar la supresión del inciso al que se ha hecho mención".

En mi opinión, la imposición de una pena leve con motivo de la bajada en grado de una pena menos grave solo supone que la infracción es leve si dicha rebaja es obligatoria para el juez o tribunal, mientras que si es potestativa no. Piénsese que en otro caso quedaría al arbitrio del órgano judicial la determinación de la naturaleza del delito y, consecuentemente, también la elección del procedimiento.

Por último, se mantiene la mayoría de los efectos de la clasificación como falta, como eran la posibilidad de cumplir la responsabilidad personal subsidiaria por impago de multa mediante localización permanente (art. 53.1 CP), la existencia de un régimen de determinación de la pena distinto del aplicable a los delitos graves y menos graves (art. 66.2 CP), o la carencia de repercusión de las condenas anteriores por una de estas infracciones a los efectos de la suspensión de la ejecución de las penas privativas de libertad (art. 80.2.1ª CP).

Algunas de estas características las compartían antes las faltas, y ahora los delitos leves, con los delitos imprudentes.

Ahora bien, estas cuestiones merecen un comentario específico, pues aunque supongan en cierta medida el mantenimiento de la situación anterior, esto es, un régimen distinto para infracciones graves y menos graves, por un lado, y las leves, por otro, han cambiado algunos aspectos de su regulación. Las analizaremos en los siguientes apartados, junto con otras peculiaridades y modificaciones del régimen de las infracciones leves en la parte general.

3. *El cumplimiento de la responsabilidad personal subsidiaria por impago de multa mediante localización permanente*

Como se ha apuntado, la posibilidad de cumplir la responsabilidad personal subsidiaria por impago de multa mediante localización permanente, prevista en el art. 53.1 CP[227], no se ha modificado sustancialmente en la reforma de 2015[228]. Pero solo en apariencia porque, en la práctica, al elevarse la duración de la pena de multa, la localización permanente impuesta en concepto de responsabilidad personal subsidiaria por impago de multa también aumenta su duración, al resultar de la conversión de multas más extensas (que no necesariamente más cuantiosas, como se advirtió en su momento). Parece adecuado limitar la aplicación de la localización permanente como forma de cumplimiento de la responsabilidad personal subsidiaria por impago de multa a multas de duración no superior a los tres meses. Con duraciones superiores, e incluso con localizaciones permanentes de hasta un mes y medio, hay que tener en cuenta, por un lado, la imposibilidad fáctica de su cumplimiento continuado, lo que obliga a prever algún mecanismo que permita la salida puntual del domicilio, por ejemplo, para comprar víveres o acudir al médico.

Habrá que acudir a la posibilidad que ofrece el art. 37.2 CP, según el cual "si el reo lo solicitare y las circunstancias lo aconsejaren, oído el ministerio fiscal, el juez o tribunal sentenciador podrá acordar que la condena se cumpla durante los sábados y domingos o de forma no continuada". Esta posibilidad debería entenderse de forma flexible, flexibilidad que es compatible con el fundamento que informa esta sanción, cuya característica principal

---

227 Art. 53 CP: "1. Si el condenado no satisficiere, voluntariamente o por vía de apremio, la multa impuesta, quedará sujeto a una responsabilidad personal subsidiaria de un día de privación de libertad por cada dos cuotas diarias no satisfechas, que, tratándose de delitos leves, podrá cumplirse mediante localización permanente. En este caso, no regirá la limitación que en su duración establece el apartado 1 del artículo 37.
También podrá el juez o tribunal, previa conformidad del penado, acordar que la responsabilidad subsidiaria se cumpla mediante trabajos en beneficio de la comunidad. En este caso, cada día de privación de libertad equivaldrá a una jornada de trabajo".

228 Vid. al respecto, FARALDO CABANA, P., "Novedades en la pena de responsabilidad personal subsidiaria por impago de multa (arts. 35 in fine y 53.1)", en GONZÁLEZ CUSSAC, J. L. (Dir.), *Comentarios a la Reforma Penal de 2015*, 2ª ed. Tirant lo Blanch, Valencia, 2015, pp. 259-270.

es ser una alternativa, en la comunidad, a la privación de libertad en centro penitenciario.

Por otro, el cumplimiento continuado en el domicilio del condenado convierte la localización permanente en nada más que una forma barata de ejecutar una pena de prisión de corta duración[229], por cierto que sin la posibilidad de aplicar un tratamiento resocializador. En efecto, también es necesario reflexionar sobre los fines de la pena en este nuevo contexto de una mayor duración. A diferencia de la privación de libertad en centro penitenciario, en el caso de la localización permanente no está prevista ninguna forma de intervención educativa o resocializadora sobre el penado. Su única justificación parece ser que evita los efectos desocializadores de la pena de prisión de corta duración. Como apunta Torres Rosell[230], "de evidenciarse problemas de socialización del penado debería plantearse la implementación de un plan de acompañamiento y apoyo al penado durante la ejecución de la pena... una intervención que no sea puramente de control y de valoración de supuestos de incumplimiento sino que incorpore un dispositivo de apoyo y asistencia al penado". Nada se ha hecho al respecto.

Se mantiene también la posibilidad de que la responsabilidad subsidiaria se cumpla mediante trabajos en beneficio de la comunidad, en cuyo caso "cada día de privación de libertad equivaldrá a una jornada de trabajo" (art. 53.1 CP, último inciso). Nada impide que la responsabilidad subsidiaria por impago de la multa impuesta por delitos leves se convierta en trabajos en beneficio de la comunidad.

4. *La punición generalizada de la tentativa*

En los delitos leves es posible sancionar la tentativa, lo que no ocurrió nunca de forma generalizada con las faltas. El art. 15.2 CP, en la versión anterior a la reforma de 2015, disponía que "[l]as faltas sólo se castigarán cuando hayan sido consumadas, excepto las intentadas contra las personas o el patrimonio", mientras que tras la reforma de 2015 se limita a indicar que "[s]on punibles el delito consumado y la tentativa de delito". La transformación en delitos leves supone, pues, que la tentativa se castiga siempre. Esto es, conductas que antes quedaban impunes dan lugar ahora a responsabilidad penal.

---

229 Como denuncia TORRES ROSELL, N., "Contenido y fines de la pena de localización permanente", *InDret. Revista para el Análisis del Derecho* núm. 1, 2012, p. 18.

230 TORRES ROSELL, N., "Contenido", cit., p. 31.

> No se trata de una modificación muy relevante en la práctica[231], pues la suma de las faltas contra las personas y el patrimonio constituye el 94,19% del total de las faltas conocidas en España en 2014, como hemos visto. No obstante, resulta llamativo, por decir poco, que quepa sancionar la tentativa de delitos como la expendición de moneda falsa recibida de buena fe, el abandono o el maltrato de animales domésticos o el uso indebido de trajes, uniformes o insignias, "extensión de la punibilidad que precisamente en estos casos se compagina mal con el principio de intervención mínima que se dice respetar..."[232].

A ello hay que añadir que en algunos casos en estos delitos leves se admite la punición de los actos preparatorios. Así ocurre con las lesiones, las estafas y las apropiaciones indebidas (arts. 151 y 269 CP)[233], lo que es objeto de críticas[234].

> A diferencia del cambio en la regulación de la tentativa, aquí se ven afectados algunos tipos penales de frecuente aplicación. Según el *Anuario Estadístico del Ministerio del Interior 2014*, p. 164, ese año se conocieron un total 1.002.555 delitos, de los cuales 16.475 eran lesiones y 67.943 estafas y apropiaciones indebidas; también se conocieron 1.089.485 faltas, de las cuales 82.846 eran de lesiones y 112.997 otras contra el patrimonio, excluidas las de hurto y daños.

Sin olvidar tampoco que algún delito que ha ampliado su ámbito de comisión, como el blanqueo de bienes, ahora punible cualquiera que sea la actividad delictiva de que procedan los bienes, incluyendo delitos leves,

---

231 Pero tampoco tan irrelevante como dan a entender JAÉN VALLEJO, M./ PERRINO PÉREZ, A. L., *La reforma penal de 2015*, cit., p. 212, cuando indican que "tampoco hay agravaciones en materia de tentativa". Haberlas haylas...

232 LÓPEZ PEREGRÍN, M. C., "La (supuesta) supresión", cit., p. 113. Puntualizan que, analizadas las referidas figuras, "su particular naturaleza presenta serios obstáculos a la admisión de las formas imperfectas de ejecución, lo que relativiza el impacto de la reforma del art. 15 CP", CUGAT MAURI, M., "La discutible bondad", cit., p. 189; de la misma autora, "Consecuencias penales", cit., pp. 234-235; VICENTE MARTÍNEZ, R. de, *La nueva regulación*, cit., p. 44.

233 Art. 151 CP: "La provocación, la conspiración y la proposición para cometer los delitos previstos en los artículos precedentes de este Título, será castigada con la pena inferior en uno o dos grados a la del delito correspondiente".
Art. 269 CP: "La provocación, la conspiración y la proposición para cometer los delitos de robo, extorsión, estafa o apropiación indebida, serán castigadas con la pena inferior en uno o dos grados a la del delito correspondiente".

234 Cfr. BOLDOVA PASAMAR, M. A., "La desaparición", cit., p. 12, que lo considera "totalmente excesivo e incomprensible". También críticos, con razón, CUGAT MAURI, M., "Consecuencias penales", cit., p. 235; FERNÁNDEZ HERNÁNDEZ, A., "Supresión", cit., pp. 58-59; JIMÉNEZ SEGADO, C., "Eliminar las faltas", cit., p. 1233; LÓPEZ PEREGRÍN, M. C., "La (supuesta) supresión", cit., p. 113; VICENTE MARTÍNEZ, R. de, *La nueva regulación*, cit., pp. 44-45.

también admite la punición de los actos preparatorios (art. 304 CP)[235]. Hasta el momento estos supuestos eran impunes.

5. *El aumento del plazo de prescripción*

Aumenta el plazo de prescripción de los nuevos delitos leves en relación con el que se preveía para las faltas. En las faltas era de seis meses (según disponía la anterior redacción del art. 131.2 CP)[236], pero se extiende a un año en los delitos leves (art. 131.1 CP)[237]. Cierto es que se establece que los antecedentes por delitos leves no se tendrán en cuenta a efectos de suspensión de la pena (art. 80.2.1ª CP), ni tampoco de la imposición de la agravante de reincidencia (art. 22.8 CP), pero, como veremos en el siguiente apartado, estos no son los únicos efectos negativos de la existencia de antecedentes penales.

Por otra parte, se generaliza a todos los delitos, incluidos los leves, el plazo máximo de suspensión por seis meses del cómputo de la prescripción desde la fecha de presentación de la querella o de formulación de la denuncia ante un órgano judicial (art. 132.2.2ª CP)[238]. Hasta la reforma de 2015 este plazo era de dos meses para las faltas.

6. *Las reglas especiales de determinación de la pena para los delitos leves*

Por otra parte, en materia de determinación de la pena se mantiene un régimen peculiar para los delitos leves, pero es distinto del que se preveía

---

235 Art. 304 CP: "La provocación, la conspiración y la proposición para cometer los delitos previstos en los artículos 301 a 303 se castigará, respectivamente, con la pena inferior en uno o dos grados".

236 Art. 131 CP, derogado: "... 2. Las faltas prescriben a los seis meses".

237 Art. 131 CP: "1. Los delitos prescriben:
... A los cinco, los demás delitos, excepto los delitos leves y los delitos de injurias y calumnias, que prescriben al año".

238 Art. 132.2 CP: "2ª. No obstante lo anterior, la presentación de querella o la denuncia formulada ante un órgano judicial, en la que se atribuya a una persona determinada su presunta participación en un hecho que pueda ser constitutivo de delito, suspenderá el cómputo de la prescripción por un plazo máximo de seis meses, a contar desde la misma fecha de presentación de la querella o de formulación de la denuncia.
Si dentro de dicho plazo se dicta contra el querellado o denunciado, o contra cualquier otra persona implicada en los hechos, alguna de las resoluciones judiciales mencionadas en la regla 1ª, la interrupción de la prescripción se entenderá retroactivamente producida, a todos los efectos, en la fecha de presentación de la querella o denuncia".

antes, ya que resulta menos flexible[239]. El derogado art. 638 CP disponía que "en la aplicación de las penas de este Libro procederán los Jueces y Tribunales según su prudente arbitrio, dentro de los límites de cada una, atendiendo a las circunstancias del caso y del culpable, sin ajustarse a las reglas de los artículos 61 a 72 de este Código" (aunque podían hacerlo). Por su parte, el actual art. 66.2 CP señala que "en los delitos leves y en los delitos imprudentes, los jueces y tribunales aplicarán las penas a su prudente arbitrio, sin sujetarse a las reglas prescritas en el apartado anterior". Se producen, pues, varios cambios:

a) En primer lugar, desaparece la referencia expresa a las circunstancias del caso y del culpable como criterios a valorar por el juez o tribunal. Ahora bien, el art. 72 CP exige al juez o tribunal razonar en la sentencia el grado o extensión concreta de la pena impuesta, "por lo que todas las circunstancias del caso y del culpable, sean genéricas o innominadas, podrán tenerse en cuenta a la hora de efectuar dicha tarea"[240].

b) En segundo lugar, en los delitos leves el juez o tribunal no tiene que atender a las reglas del art. 66 CP, relativas a la aplicación de las circunstancias modificativas de la responsabilidad criminal, aunque puede hacerlo si lo estima conveniente, pero sí a las de los arts. 61 a 65 y 67 a 72 CP[241]. Por tanto, ahora en los delitos leves se tendrán en cuenta los grados de participación y ejecución, cosa que no ocurría antes.

7. *El registro de antecedentes penales por delitos leves*

Hasta 2015 no existía un registro de faltas[242]. A partir de la reforma los antecedentes por la comisión de los nuevos delitos leves quedarán reflejados en el Registro Central de Penados. Estos antecedentes no se

---

239 Lo que no quiere decir que tenga que suponer necesariamente una agravación en la determinación última de la pena imponible, como advierte MANZANARES SAMANIEGO, J. L., "La supresión", cit., p. 1507.

240 BOLDOVA PASAMAR, M. A., "La desaparición", cit., p. 14.

241 Cfr. FERNÁNDEZ HERNÁNDEZ, A., "Supresión", cit., pp. 59-60, que considera positivo el cambio, pues "se incrementa la seguridad jurídica al reducir el margen de actuación del prudente arbitrio del órgano decisor. Sabido es que cuanto mayor es el margen de discrecionalidad, mayores son las posibilidades de que se terminen produciendo diferencias de trato injustificables".

242 El art. 9 del Real Decreto 95/2009, de 6 de febrero, por el que se regula el Sistema de registros administrativos de apoyo a la Administración de Justicia, solo indicaba que se inscribirían en el registro "el delito o delitos y el precepto penal aplicado" (letra g). No se aludía a las faltas. Por su parte, la Disposición adicional segunda de la LO 5/2010, bajo la rúbrica "Sistema electrónico de registro de faltas", indicaba que "el Gobierno, en colaboración con las Comunidades Autónomas con competencia en la

tendrán en cuenta a efectos de apreciar la circunstancia agravante de reincidencia, pues lo prohíbe el art. 22.8 CP[243], así como tampoco a la hora de conceder la suspensión de la ejecución de la pena privativa de libertad, según se establece en el art. 80.2.1ª CP[244].

Por tanto, en principio parece que carecen de repercusión las condenas anteriores por infracción leve a los efectos de la suspensión de la ejecución de las penas privativas de libertad. Antes de la reforma de 2015 constituía una práctica sin reconocimiento legal[245], ya que el art. 81.1º CP entonces vigente disponía únicamente que "a tal efecto no se tendrán en cuenta las anteriores condenadas por delitos imprudentes ni los antecedentes penales que hayan sido cancelados o debieran serlo...". La nueva regla del art. 80.2.1ª CP, al mencionar expresamente los delitos leves, ofrece seguridad jurídica en esta materia, pero no supone una novedad respecto de lo que ya se estaba aplicando[246]. Ahora bien, hay que relativizar la declaración del art. 80.2.1ª CP, pues está claro que a la hora de calibrar la necesidad del cumplimiento de la pena privativa de libertad para evitar "la comisión

---

materia, establecerá en el plazo de un año un sistema electrónico de registro para las faltas". No se cumplió.

243 Art. 22 CP: "Son circunstancias agravantes:
... 8ª Ser reincidente.
Hay reincidencia cuando, al delinquir, el culpable haya sido condenado ejecutoriamente por un delito comprendido en el mismo título de este Código, siempre que sea de la misma naturaleza.
A los efectos de este número no se computarán los antecedentes penales cancelados o que debieran serlo, ni los que correspondan a delitos leves...".
Esta alusión a los delitos leves no aparecía en el Anteproyecto de 2012. Se introdujo solo después de que el Dictamen 358/2013, de 27 de junio, del Consejo de Estado, sugiriera "valorar la exclusión de los delitos leves a efectos de reincidencia" (consideración cuarta a).

244 Art. 80 CP: "...2. Serán condiciones necesarias para dejar en suspenso la ejecución de la pena, las siguientes:
1ª Que el condenado haya delinquido por primera vez. A tal efecto no se tendrán en cuenta las anteriores condenas por delitos imprudentes o por delitos leves, ni los antecedentes penales que hayan sido cancelados, o debieran serlo con arreglo a lo dispuesto en el artículo 136. Tampoco se tendrán en cuenta los antecedentes penales correspondientes a delitos que, por su naturaleza o circunstancias, carezcan de relevancia para valorar la probabilidad de comisión de delitos futuros...".

245 Cfr. ARMENTEROS LEÓN, M., *Las faltas*, cit., p. 28.

246 Lo advierte ROIG TORRES, M., "Cambios en la regulación de los antecedentes penales (arts. 22, 80, 86, 89, 90, 94 bis y 136", en GONZÁLEZ CUSSAC, J. L. (Dir.), *Comentarios a la Reforma Penal de 2015*, 2ª ed. Tirant lo Blanch, Valencia, 2015, p. 423. Vid. también GARCÍA ALBERO, R., "La suspensión de la ejecución de las penas", en QUINTERO OLIVARES, G. (Dir.), *Comentario a la reforma penal de 2015*, Thomson Reuters Aranzadi, Cizur Menor, 2015, pp. 148-149.

futura por el penado de nuevos delitos" la comisión de delitos leves en un plazo temporal próximo, o el número de ellos, son datos que se deben tener en cuenta[247].

Por otro lado, los antecedentes penales son relevantes a muchos efectos[248]. Baste señalar que, según la Circular 1/2015, de 19 de junio, de la Fiscalía General del Estado, "el historial de condenas por delito leve habrá de tomarse en consideración, como elemento subjetivo adverso, al valorar la oportunidad de instar el sobreseimiento de la causa abierta por un nuevo delito leve (art. 963.1.1ª CP [sic] y concordantes)". Sin olvidar que la comisión de un delito leve se tiene en cuenta como causa que permite revocar la suspensión, pues el art. 86 CP indica que el juez revocará la suspensión y ordenará la ejecución de la pena cuando el penado "sea condenado por un delito cometido durante el período de suspensión y ello ponga de manifiesto que la expectativa en la que se fundaba la decisión de suspensión adoptada ya no puede ser mantenida", sin excluir los delitos leves[249]. Este precepto es aplicable también a la libertad condicional (arts. 90.5 y 91.4 CP)[250] y a la suspensión del resto de pena en caso de ejecución de una pena de prisión permanente revisable (art. 92.3 CP)[251]. O que la existencia de antecedentes permite aplicar la nueva circunstancia agravante del delito de hurto recogida en el art. 235.1.7ª CP, "cuando el delinquir el culpable hubiera sido condenado ejecutoriamente al menos por tres delitos comprendidos en este Título, siempre que sean de la misma naturaleza". De esta forma, en los delitos de hurto se elude la prohibición de aplicar la agravante de reincidencia por delitos leves, contenida en el

---

247 Como apunta RODRÍGUEZ LAINZ, J. L., "Los nuevos delitos leves", cit., p. 1396. Vid. también CUGAT MAURI, M., "Consecuencias penales", cit., p. 236; GARCÍA ALBERO, R., "La suspensión", cit., pp. 146-147.

248 Lo señalan, entre otros, JIMÉNEZ SEGADO, C., "Eliminar las faltas", cit., p. 1233; MANZANARES SAMANIEGO, J. L., "La supresión", cit., p. 1508; VICENTE MARTÍNEZ, R. de, *La nueva regulación*, cit., p. 45.

249 En este sentido, entre otros, CUGAT MAURI, M., "Consecuencias penales", cit., p. 236; HERNÁNDEZ GARCÍA, J./ RAMÍREZ ORTIZ, J. L., "Las consecuencias procesales", cit., p. 256; ROIG TORRES, M., "Cambios", cit., pp. 424-425.

250 Art. 90.5 CP: "En los casos de suspensión de la ejecución del resto de la pena y concesión de la libertad condicional, resultarán aplicables las normas contenidas en los artículos 83, 86 y 87..."
Art. 91.4 CP: "Son aplicables al supuesto regulado en este artículo las disposiciones contenidas en los apartados 4, 5 y 6 del artículo anterior".

251 Art. 92.3 CP: "La suspensión de la ejecución tendrá una duración de cinco a diez años. El plazo de suspensión y libertad condicional se computará desde la fecha de puesta en libertad del penado. Son aplicables las normas contenidas en el párrafo segundo del apartado 1 del artículo 80 y en los artículos 83, 86, 87 y 91...".

art. 22.8 CP[252]. Dada la frecuencia con que aparece en la práctica la falta de hurto no estamos precisamente ante una cuestión menor[253]. A ello se añade que la conversión de las faltas en delitos leves y menos graves ha supuesto ampliar el concepto de habitualidad recogido en el art. 94 CP, según el cual "se consideran reos habituales los que hubieren cometido tres o más delitos [incluyendo ahora tanto graves y menos graves como leves] de los comprendidos en un mismo capítulo, en un plano no superior a cinco años, y hayan sido condenados por ello...", precepto relevante a efectos de conceder la suspensión de la ejecución de la pena privativa de libertad. También hay que sumar que la condena por delito leve se suma a las restantes condenas por delitos graves o menos graves a efectos del plazo para la cancelación de los antecedentes penales (según se desprende del art. 136 CP)[254].

---

252 Como advierte FERNÁNDEZ HERNÁNDEZ, A., "Supresión", cit., pp. 62-63.

253 Según el *Anuario Estadístico del Ministerio del Interior 2014*, del total de 2.092.040 infracciones penales conocidas por la policía 572.547 eran faltas de hurto. Esto es, constituían el 27,36% de las infracciones penales conocidas en nuestro país. Ya lo había destacado SERRANO GÓMEZ, A., "Notas al Anteproyecto de Reforma del Código Penal Español de Octubre de 2012", *RECPC* núm. 15, 2013, p. 17.

254 Art. 136 CP: "1. Los condenados que hayan extinguido su responsabilidad penal tienen derecho a obtener del Ministerio de Justicia, de oficio o a instancia de parte, la cancelación de sus antecedentes penales, cuando hayan transcurrido sin haber vuelto a delinquir los siguientes plazos:

a) Seis meses para las penas leves.

b) Dos años para las penas que no excedan de doce meses y las impuestas por delitos imprudentes.

c) Tres años para las restantes penas menos graves inferiores a tres años.

d) Cinco años para las restantes penas menos graves iguales o superiores a tres años.

e) Diez años para las penas graves.

2. Los plazos a que se refiere el apartado anterior se contarán desde el día siguiente a aquel en que quedara extinguida la pena, pero si ello ocurriese mediante la remisión condicional, el plazo, una vez obtenida la remisión definitiva, se computará retrotrayéndolo al día siguiente a aquel en que hubiere quedado cumplida la pena si no se hubiere disfrutado de este beneficio. En este caso, se tomará como fecha inicial para el cómputo de la duración de la pena el día siguiente al del otorgamiento de la suspensión.

3. Las penas impuestas a las personas jurídicas y las consecuencias accesorias del artículo 129 se cancelarán en el plazo que corresponda, de acuerdo con la regla prevista en el apartado 1 de este artículo, salvo que se hubiese acordado la disolución o la prohibición definitiva de actividades. En estos casos, se cancelarán las anotaciones transcurridos cincuenta años computados desde el día siguiente a la firmeza de la sentencia.

4. Las inscripciones de antecedentes penales en las distintas secciones del Registro Central de Penados y Rebeldes no serán públicas. Durante su vigencia solo se emitirán certificaciones con las limitaciones y garantías previstas en sus normas específicas y en

La existencia de antecedentes penales también se tiene en cuenta a la hora de decretar la prisión provisional[255]. Lo mismo ocurre al establecer la fianza para asegurar eventuales responsabilidades pecuniarias derivadas de delito[256]. Y no solo eso. Los antecedentes penales españoles se equiparan a los correspondientes a condenas impuestas por tribunales de otros Estados miembros de la Unión Europea a los efectos de resolver sobre la concurrencia de la agravante de reincidencia o la suspensión o sustitución de la ejecución de la pena en estos países, conforme a la Decisión Marco 2008/675/JAI, de 24 de julio de 2008, relativa a la consideración de las resoluciones condenatorias entre los Estados miembros de la Unión Europea con motivo de un nuevo proceso penal[257], traspuesta por la LO 7/2014, de 12 de noviembre, sobre intercambio de información de antecedentes penales y consideración de resoluciones judiciales penales en la Unión Europea.

---

los casos establecidos por la ley. En todo caso, se librarán las que soliciten los jueces o tribunales, se refieran o no a inscripciones canceladas, haciendo constar expresamente esta última circunstancia.

5. En los casos en que, a pesar de cumplirse los requisitos establecidos en este artículo para la cancelación, ésta no se haya producido, el juez".

255 De acuerdo con el art. 503 LECrim, "1. La prisión provisional sólo podrá ser decretada cuando concurran los siguientes requisitos:

1.º Que conste en la causa la existencia de uno o varios hechos que presenten caracteres de delito sancionado con pena cuyo máximo sea igual o superior a dos años de prisión, o bien con pena privativa de libertad de duración inferior si el investigado o encausado tuviere antecedentes penales no cancelados ni susceptibles de cancelación, derivados de condena por delito doloso...

2. También podrá acordarse la prisión provisional, concurriendo los requisitos establecidos en los ordinales 1º y 2º del apartado anterior, para evitar el riesgo de que el investigado o encausado cometa otros hechos delictivos.

Para valorar la existencia de este riesgo se atenderá a las circunstancias del hecho, así como a la gravedad de los delitos que se pudieran cometer.

Sólo podrá acordarse la prisión provisional por esta causa cuando el hecho delictivo imputado sea doloso. No obstante, el límite previsto en el ordinal 1º del apartado anterior no será aplicable cuando de los antecedentes del investigado o encausado y demás datos o circunstancias que aporte la Policía Judicial o resulten de las actuaciones, pueda racionalmente inferirse que el investigado o encausado viene actuando concertadamente con otra u otras personas de forma organizada para la comisión de hechos delictivos o realiza sus actividades delictivas con habitualidad".

256 Art. 531 LECrim: "Para determinar la calidad y cantidad de la fianza se tomarán en cuenta la naturaleza del delito, el estado social y antecedentes del procesado y las demás circunstancias que pudieren influir en el mayor o menor interés de éste para ponerse fuera del alcance de la Autoridad judicial".

257 Esta Decisión se complementa con la Decisión 2009/316/JAI del Consejo, de 6 de abril de 2009, por la que se establece el Sistema Europeo de Información de Antecedentes Penales (ECRIS).

Pero además, la existencia de antecedentes penales, incluso por delitos leves, tiene múltiples efectos al margen del Derecho Penal. En primer lugar, impide el acceso a puestos de funcionario público relacionados con la seguridad: para acceder a la Guardia Civil, la Policía nacional, autonómica o local, o ser funcionario de prisiones es necesario carecer de antecedentes penales. Cierto es, no obstante, que en alguno de estos casos no basta con tener antecedentes penales, sino que debe ser por infracciones en cierta gravedad.

Por ejemplo, el art. 9 de la Ley 39/1970, de 22 de diciembre, sobre reestructuración de los Cuerpos Penitenciarios, dispone que "como requisito específico para el acceso a todos los Cuerpos Penitenciarios se exigirá no haber sido condenado por delito doloso a penas privativas de libertad mayores de tres años, a menos que se hubiera obtenido la cancelación de antecedentes penales o la rehabilitación". Por lo tanto, una condena por delito leve, e incluso por algún delito menos grave, no impediría el acceso a los cuerpos penitenciarios. Sin embargo, el art. 33.1 c) de la Ley 29/2014, de 28 de noviembre, de Régimen del Personal de la Guardia Civil, solo exige "carecer de antecedentes penales" (en la letra siguiente también menciona "hallarse procesado o tener abierto juicio oral en algún procedimiento judicial por delito doloso"). Por su parte, el art. 26.1 c) de la LO 9/2015, de 28 de julio, de Régimen de Personal de la Policía Nacional, señala como requisito para poder participar en los procesos selectivos "no haber sido condenado por delito doloso, ni separado del servicio de la Administración General del Estado, de la administración autonómica, local o institucional, ni hallarse inhabilitado para el ejercicio de funciones públicas".

A ello se añade que el art. 56 de la Ley 7/2007, de 12 de abril, del Estatuto Básico del Empleado Público (EBEP) exige carecer de antecedentes penales a quienes deseen participar en los procedimientos selectivos para personal funcionario, y en lo que proceda, para personal laboral al servicio de la Administración General del Estado, las Administraciones de las Comunidades Autónomas y de las Ciudades de Ceuta y Melilla, las Administraciones de las Entidades Locales, los Organismos Públicos, Agencias y demás Entidades de derecho público con personalidad jurídica propia, vinculadas o dependientes de cualquiera de las Administraciones Públicas, y las Universidades Públicas (art. 2.1 EBEP)[258]. Además, se exige carecer de antecedentes penales para trabajar al servicio de algunas instituciones públicas, incluso estando sometido al régimen laboral. Esto es lo que ocurre, por ejemplo, con el Banco de España.

---

258 La normativa sectorial también establece este requisito para determinados puestos. Por ejemplo, en el caso de jueces y magistrados se prevé en el art. 303 LOPJ.

En este caso, aunque la Ley 13/1994, de 1 de junio, de autonomía del Banco de España, no establece nada al respecto, en las convocatorias de personal se establece dicho requisito.

El acceso a ciertas profesiones reguladas, como controlador de acceso a actividades recreativas[259] o conductor de vehículos de transporte de pasajeros y mercancías[260], presupone también no tener antecedentes penales. Curiosamente, el control de acceso a la profesión es más relajado en numerosos colegios profesionales, que no exigen carecer de antecedentes para poder colegiarse, sino no estar inhabilitado.

Es el caso de los colegios de abogados, procuradores o notarios, pero también de otras profesiones no jurídicas, como los veterinarios. En alguno de estos supuestos lo que impide ingresar en el colegio no es cualquier antecedente penal, sino la inhabilitación para el ejercicio de funciones públicas como consecuencia de sentencia firme (art. 7 del Reglamento Notarial, aprobado por Decreto de 2 de junio de 1944, y art. 64.2 c) del Real Decreto 126/2013, de 22 de febrero, por el que se aprueban los Estatutos Generales de la Organización Colegial Veterinaria Española). Otras veces la formulación es más amplia. El art. 13.2 del Estatuto General de la Abogacía Española, aprobado por Real Decreto 658/2001, de 22 de junio, exige para colegiarse "carecer de antecedentes penales que inhabiliten para el ejercicio de la abogacía". Algo similar establece el art. 9 del Estatuto General de los Procuradores de los Tribunales, aprobado mediante Real Decreto 1281/2002, de 5 de diciembre, para el ejercicio de la profesión de procurador.

En estos casos, una condena por delito leve puede ser suficiente para impedir el acceso a la profesión, ya que la pena principal de inhabilitación para empleo o cargo público, profesión u oficio se prevé en algún delito leve.

Por ejemplo, en las injurias graves sin publicidad cometidas mediante precio, recompensa o promesa (art. 213 en relación con el art. 209 CP)[261].

---

[259] Lo exige la normativa autonómica. Vid. por ejemplo el art. 5 del Decreto 8/2010, de 21 de enero, de la Consellería de Presidencia, Administraciones Públicas y Justicia de la Xunta de Galicia, por el que se regula la actividad de control de acceso a espectáculos públicos y actividades recreativas

[260] Así se exige en el art. 45 de la Ley 16/1987, de 30 de julio, de ordenación de los transportes terrestres.

[261] Art. 209 CP: "Las injurias graves hechas con publicidad se castigarán con la pena de multa de seis a catorce meses y, en otro caso, con la de tres a siete meses".
Art. 213 CP: "Si la calumnia o injuria fueren cometidas mediante precio, recompensa o promesa, los Tribunales impondrán, además de las penas señaladas para los delitos de que se trate, la de inhabilitación especial prevista en los artículos 42 ó 45 del presente Código, por tiempo de seis meses a dos años".

No es posible, sin embargo, que haya condenas por delitos leves que lleven aparejada como accesorias las penas de inhabilitación absoluta o de inhabilitación especial para empleo o cargo público, ya que estas penas accesorias solo acompañan a la pena de prisión (arts. 54 a 56 CP), que nunca es una pena leve.

A mayores, toda una serie de actividades que se realizan en régimen de concesión administrativa también exigen no tener antecedentes penales Un ejemplo de ello sería el servicio de taxis municipal. Por último están los supuestos que requieren una autorización administrativa cuya concesión se supedita a la ausencia de antecedentes penales. Este es el caso de quien quiera crear una escuela privada, un establecimiento de juego, una agencia de adopción o una guardería. En estos casos sería de aplicación el Real Decreto Legislativo 3/2011, de 14 de noviembre, por el que se aprueba el texto refundido de la Ley de Contratos del Sector Público, que requiere no tener antecedentes penales por determinados delitos para contratar con la Administración. La verdad es que solo alguna de las categorías mencionadas contempla un delito leve.

El art. 60.1 de la Ley de Contratos del Sector Público señala que "no podrán contratar con el sector público las personas en quienes concurra alguna de las circunstancias siguientes: a) Haber sido condenadas mediante sentencia firme por delitos de asociación ilícita, corrupción en transacciones económicas internacionales, tráfico de influencias, cohecho, fraudes y exacciones ilegales, delitos contra la Hacienda Pública y la Seguridad Social, delitos contra los derechos de los trabajadores, malversación y receptación y conductas afines, delitos relativos a la protección del medio ambiente, o a pena de inhabilitación especial para el ejercicio de profesión, oficio, industria o comercio. La prohibición de contratar alcanza a las personas jurídicas cuyos administradores o representantes, vigente su cargo o representación, se encuentren en la situación mencionada por actuaciones realizadas en nombre o a beneficio de dichas personas jurídicas, o en las que concurran las condiciones, cualidades o relaciones que requiera la correspondiente figura de delito para ser sujeto activo del mismo".

8. *La creación de la imprudencia menos grave*

Como he tenido ocasión de adelantar, la despenalización de los delitos de homicidio y lesiones por imprudencia leve dio lugar a un clamor de protesta de tal calibre que el legislador se vio obligado a introducir una nueva categoría de imprudencia menos grave, aplicable precisamente solo a los delitos de homicidio y lesiones, precisamente las mismas familias delictivas en las que antes se castigaba la imprudencia leve. La doctrina la ha recibido con perplejidad[262].

¿Qué es la imprudencia menos grave? El legislador no la define[263]. Su aparición supone cuestionar la consolidada jurisprudencia del Tribunal Supremo relativa a la distinción entre imprudencia grave y leve. En principio, podría parecer lógico que la imprudencia grave mantenga el mismo ámbito de aplicación que tenía hasta la reforma, de forma que la imprudencia menos grave quede configurada solo a partir de los supuestos más graves de la imprudencia leve[264], lo que supondría que solo una parte de los casos de imprudencia leve quedaría despenalizada[265].

> A ello parece que alude el legislador en el Preámbulo de la LO 1/2015, cuando señala que "se recoge así una modulación de la imprudencia delictiva entre grave y menos grave, lo que dará lugar a una mejor graduación de la responsabilidad penal en función de la conducta merecedora de reproche, pero al mismo tiempo permitirá reconocer supuestos de imprudencia leve que deben quedar fuera del Código Penal" (apartado XXXI).

Sin embargo, también puede ocurrir que los supuestos menos graves de la imprudencia grave se deriven a la imprudencia menos grave, y lo mismo se haga con los supuestos más graves de la imprudencia leve. E incluso cabe una tercera posibilidad: que los criterios empleados hasta ahora para definir la imprudencia leve se trasladen sin apenas modulación a la imprudencia menos grave, lo que facilitaría mucho la aplicación jurisprudencial y supondría la práctica inaplicación de la reforma. Ciertamen-

---

262 De "contraproducente" la califica RODRÍGUEZ LAINZ, J. L., "Los nuevos delitos leves", cit., p. 1397.

263 Durante la tramitación legislativa se abandonó la propuesta inicial de los Anteproyectos de 2012 y 2013, que en materia de circulación introducían parámetros para determinar la gravedad de la imprudencia. Decía el art. 142 ACP lo siguiente: "... 2. En caso de utilización de vehículo de motor o ciclomotor, para la valoración de la gravedad de la imprudencia se valorará en particular:
- La gravedad del riesgo no permitido creado y, en particular, si el mismo constituye una infracción grave o muy grave conforme a lo dispuesto en la Ley sobre Tráfico, Circulación de Vehículos a Motor y Seguridad Vial.
- La relevancia del riesgo creado en el contexto concreto en el que se lleva a cabo la conducta peligrosa...".
Sobre esta propuesta, vid. SIERRA LÓPEZ, M. V., "Homicidio y asesinato: las modificaciones previstas en las últimas reformas legislativas (El Proyecto de Reforma del Código Penal de 20 de septiembre de 2013)", *RdPP* núm. 33, 2014, pp. 148-153.

264 En este sentido, RODRÍGUEZ-PIÑERO Y BRAVO-FERRER, M., "La despenalización", cit., pássim.

265 Lo señala RAMON RIBAS, E., "La responsabilidad personal por impago de multa", en QUINTERO OLIVARES, G. (Dir.), *Comentario a la reforma penal de 2015*, Thomson Reuters Aranzadi, Cizur Menor, 2015, p. 119.

te, lo más razonable es entender que estamos ante una clase intermedia de imprudencia que, sin llegar a ser grave, ha de serlo más que la que tradicionalmente se consideraba leve[266]. Obviamente será misión de los órganos judiciales determinar los parámetros que permitirán catalogar la imprudencia. Y precisamente aquí es de temer un cierto inmovilismo que lleve a que todo cambie para que en realidad no cambie nada[267]. Nada, salvo que la pena es considerablemente más elevada en los delitos por imprudencia menos grave que en los delitos por imprudencia leve[268]. En cualquier caso, hay que reconocer que "la diferenciación es absolutamente artificial y no generará sino una inabarcable litigiosidad en la búsqueda de la asunción de la investigación por los juzgados de instrucción, ante las duras consecuencias que va a traer consigo la despenalización de las faltas de tráfico"[269].

La clasificación como imprudencia grave, menos grave o leve es relevante a varios efectos. En primer lugar, la imprudencia profesional solo cualifica a la imprudencia grave, siendo entonces obligatoria la pena de inhabilitación especial para el ejercicio de la profesión, oficio o cargo por un período de tres a seis años[270]. Por su parte, en caso de que el delito de homicidio imprudente se hubiera cometido utilizando un vehículo a motor o un ciclomotor, la pena de privación del derecho a conducir vehículos a motor y ciclomotores se extiende de uno a seis años y es de obligatoria imposición si la imprudencia fue grave, mientras que dura de tres a dieciocho meses y es potestativa si la imprudencia fue menos grave. En el caso de que el homicidio imprudente se hubiera cometido utilizando un arma de fuego se repite el mismo esquema: tratándose de imprudencia grave la pena de privación del derecho al porte o tenencia de armas se extiende de uno a seis años y es de obligatoria imposición; y si estamos

---

266 Cfr. SUÁREZ-MIRA RODRÍGUEZ, C., "Del homicidio", cit., p. 488.

267 Como temen DOVAL PAIS, A., "El nuevo régimen penal", cit., p. 343; RAMON RIBAS, E., "La responsabilidad personal", cit., p. 119; o RODRÍGUEZ LAINZ, J. L., "Los nuevos delitos leves", cit., p. 1398. En contra, señalando que el legislador "no ha pretendido una modificación puramente terminológica, pasando a llamar *menos grave* a la imprudencia antes denominada *leve*", CASTRO CORREDOIRA, M./ GUINARTE CABADA, G., "La reforma", cit., p. 496.

268 Lo destaca DOVAL PAIS, A., "El nuevo régimen penal", cit., p. 339.

269 RODRÍGUEZ LAINZ, J. L., "Los nuevos delitos leves", cit., p. 1398.

270 Considera "perfectamente lógico" que todo homicidio cometido por imprudencia profesional sea necesariamente un homicidio por imprudencia grave, SUÁREZ-MIRA RODRÍGUEZ, C., "Del homicidio", cit., p. 488. Teme que en la práctica esto favorezca "un efecto centrípeto hacia la imprudencia *grave* por el hecho de ser una imprudencia profesional" (cursivas en el original), DOVAL PAIS, A., "El nuevo régimen penal", cit., p. 340.

ante una imprudencia menos grave se extiende de tres a dieciocho meses y es potestativa (art. 142 CP). La regulación de las lesiones menos graves es similar (art. 152.2 CP).

En segundo lugar, los delitos de homicidio y lesiones cometidos por imprudencia grave son perseguibles de oficio, mientras que los cometidos por imprudencia menos grave solo son perseguibles mediante denuncia de la persona agraviada o de su representante legal (arts. 142.2 y 152.2 CP, últimos incisos). Ello supone, además, que en estos últimos cabe el perdón del ofendido como causa de extinción de la responsabilidad criminal, pues se trata de delitos leves perseguibles a instancia de parte (art. 130.1.5º CP). Sobre estos aspectos nos extenderemos más adelante.

9. *La posibilidad de imponer medidas de seguridad*

Ahora es posible aplicar medidas de seguridad a las personas que cometan un hecho previsto como delito leve o menos grave procedente de la reconversión de las faltas. No se ha modificado el art. 6.1 CP, según el cual "las medidas de seguridad se fundamentan en la peligrosidad criminal del sujeto al que se impongan, exteriorizada en la comisión de un hecho previsto como delito". Tampoco el art. 95.1.1º CP, de acuerdo con el cual "las medidas de seguridad se aplicarán por el juez o tribunal, previos los informes que estime convenientes, a las personas que se encuentren en los supuestos previstos en el capítulo siguiente de este Código, siempre que concurran estas circunstancias: 1ª Que el sujeto haya cometido un hecho previsto como delito. 2ª Que del hecho y de las circunstancias personales del sujeto pueda deducirse un pronóstico de comportamiento futuro que revele la probabilidad de comisión de nuevos delitos".

Si hasta la reforma de 2015 podía plantear dudas el alcance del término "delito"[271], a partir de la entrada en vigor de la LO 1/2015 ya no: se

---

[271] En la doctrina se llegó mayoritariamente a la conclusión de que debía entenderse en sentido estricto, como equivalente a las infracciones penales graves y menos graves, excluyendo las faltas. Vid. en este sentido, entre otros, GARCÍA ARÁN, M., *Fundamentos y aplicación de penas y medidas de seguridad en el Código penal de 1995*, Aranzadi, Cizur Menor, 1997, p. 136; JORGE BARREIRO, A., "El sistema de sanciones: Las medidas de seguridad", en GÓMEZ COLOMER, J. L./ GONZÁLEZ CUSSAC, J. L. (Coords.), *La reforma de la justicia penal. Estudios en homenaje al Prof. Klaus Tiedemann*, Universitat Jaume I, Castellón de la Plana, 1997, pp. 109-110; del mismo autor, "El enfermo mental delincuente y peligroso ante el Código penal de 1995", *RDPC* núm. 6, 2000, pp. 181-182. Mantenían una opinión distinta, admitiendo la posibilidad de aplicar medidas de seguridad por hechos previstos como faltas, GRACIA MARTÍN en GRACIA MARTÍN, L. (Coord.), *Tratado de las con-*

pueden imponer medidas de seguridad por la comisión de hechos previstos como delitos leves o menos graves procedentes de la reconversión de faltas. Ahora bien, puesto que la clase de medida de seguridad (privativa o no privativa de libertad) y su duración dependen de la pena abstractamente aplicable al delito cometido, sin exceder el límite de lo necesario para prevenir la peligrosidad del autor (arts. 6.2 y 95.2 CP), nos encontraremos generalmente con medidas de seguridad no privativas de libertad de corta duración.

Afortunadamente, en la versión finalmente aprobada se abandonó la reforma de las medidas de seguridad que planteaban los dos anteproyectos. El pre-legislador proponía desvincular las medidas de seguridad de la clase y duración de la pena abstractamente aplicable mediante la supresión del primer inciso del art. 6.2 CP. De esta manera, concurriendo los requisitos generales de aplicación de la medida (contenidos en el art. 95 ACP), se podría imponer una medida de seguridad de mayor gravedad y de mayor duración que la pena abstracta prevista para el delito leve o menos grave. Ello suponía, por ejemplo, que por la comisión de un hecho constitutivo de delito leve, castigado tan solo con una pena de multa, pudiera imponerse una medida de seguridad privativa de libertad de duración indeterminada, aunque revisable cada cinco años, a sujetos a quienes se les hubiera apreciado la eximente completa o incompleta de anomalía o alteración psíquica o de alteraciones en la percepción (arts. 98 y 99 ACP). Para ello era necesario que el delito leve fuera un indicio de que el sujeto podría llegar a cometer en el futuro nuevos delitos de gravedad relevante, que de acuerdo con lo previsto en el art. 98.1 ACP eran aquellos para los que estuviera prevista la imposición de una pena máxima igual o superior a tres años de prisión. De esta manera se pretendía garantizar que la medida de seguridad impuesta fuera proporcionada a la gravedad del delito cometido, pero también a la de aquellos que se previese que pudiera cometer, así como a la peligrosidad del sujeto (según indicaba el art. 95.2 ACP). Las críticas recibidas llevaron al abandono de esta parte de la reforma[272].

---

secuencias jurídicas del delito, Tirant lo Blanch, Valencia, 2006, pp. 454-455; SANZ MORÁN, A., *Las medidas de corrección y de seguridad en el Derecho penal*, Lex Nova, Valladolid, 2003, pp. 246-247; URRUELA MORA, A., *Las medidas de seguridad y reinserción social en la actualidad. Especial consideración a las consecuencias jurídico-penales aplicables a sujetos afectos de anomalía o alteración psíquica*, Comares, Granada, 2009, pp. 57-58.

272 Vid. ampliamente, ACALE SÁNCHEZ, M., "Medidas de seguridad. En especial, custodia de seguridad", en ÁLVAREZ GARCÍA, F. J. (Dir.), *Estudio crítico sobre el Anteproyecto de Reforma Penal de 2012*, Tirant lo Blanch, Valencia, 2013, pp. 391-438, y los restantes trabajos sobre el tema contenidos en dicha obra.

7. NOVEDADES EN LA REGULACIÓN DE LOS DELITOS LEVES EN LA PARTE ESPECIAL

1. *Determinaciones previas*

Como se anunció, la desaparición de las faltas y su generalizada transformación en delitos leves y menos graves tiene importantes consecuencias en algunas familias delictivas de la parte especial. El legislador era consciente de que la reforma en esta materia "exige adecuar un gran número de artículos que hacen referencia a la dualidad delito o falta, simplemente para eliminar esa mención a las faltas penales. De ahí la extensión de la reforma que se acomete, que en muchos casos consiste en una mera adecuación de la regulación a la supresión del sistema dualista, como sucede con buena parte de los artículos de la parte general del Código Penal, o con otros preceptos de la parte especial como los relativos a las asociaciones ilícitas, la prevaricación judicial o la imputación de delitos, o también el castigo de la receptación en faltas, que con la reforma queda derogado" (apartado XXXI del Preámbulo de la LO 1/2015). A estas reformas expresas se dedicará el siguiente apartado. Baste apuntar en este momento que se enmascaran en una mera operación de adecuación de la terminología algunos cambios bastante notables en el ámbito de aplicación de algunos delitos, señaladamente los de asociación ilícita y organización criminal, hasta el punto de que se ha señalado en la doctrina que "la magnitud de las consecuencias de la reforma hubiera aconsejado un mayor esfuerzo justificador por parte del legislador"[273]. Otros cambios son en principio más inocuos, como los que se producen en la prevaricación judicial y en los delitos de acusación y denuncia falsas, sin perjuicio de que en este último caso probablemente vayan más allá de lo pretendido por el legislador.

Ahora bien, hay que tener en cuenta que esa "adecuación" de los preceptos de la parte especial se produce, en ocasiones, de manera tácita, simplemente porque en el término "delito" ahora hay que incluir también los delitos leves, cuando antes se entendía que las faltas quedaban al margen. Se produce así un cambio sustancial del ámbito de aplicación de algunos delitos que, como la acusación o denuncia falsas, se construyen por remisión al concepto de "delito". A estas reformas tácitas se dedica el tercer apartado de este capítulo.

[273] CUGAT MAURI, M., "La discutible bondad", cit., p. 183.

2. *Las reformas expresas*

i. Prevaricación judicial

El delito de prevaricación judicial recogido en el art. 446 CP[274] ha sido modificado para adecuar su redacción a la supresión de las faltas, sustituyendo la referencia al dictado de una sentencia injusta contra el reo "en causa criminal por delito" por "causa criminal por delito grave o menos grave", y la referencia a la "dictada en proceso por falta" por "proceso por delito leve". Al respecto hay que advertir que se juzgarán por el juicio de faltas numerosas infracciones que antes de la reforma eran menos graves y tras ella se han convertido en delitos leves, por lo que este apartado 2º del art. 446 CP experimenta un aumento de su ámbito de aplicación en detrimento del aplicable a la prevaricación en causa criminal por delito grave o menos grave. Se trata de una modificación favorable al reo, al contrario de otras que veremos más adelante.

> Para determinar si es aplicable el apartado 1º o el 2º se ha señalado que hay que atender a la conducta realizada efectivamente por el reo, y no a la calificación que haya servido de base para incoar el proceso, "pues esto podría ya formar parte del acto prevaricador"[275]. En mi opinión, por el contrario, habrá que atender al tipo de causa judicial incoada, pues el fundamento de las distintas penas de la prevaricación judicial se halla, precisamente, en las distintas consecuencias que puede sufrir el reo según la sentencia injusta se dicte en un proceso penal por delito grave o menos grave o por delito leve.

---

274 Art. 446 CP: "El juez o magistrado que, a sabiendas, dictare sentencia o resolución injusta será castigado:
1º Con la pena de prisión de uno a cuatro años si se trata de sentencia injusta contra el reo en causa criminal por delito grave o menos grave y la sentencia no hubiera llegado a ejecutarse, y con la misma pena en su mitad superior y multa de doce a veinticuatro meses si se ha ejecutado. En ambos casos se impondrá, además, la pena de inhabilitación absoluta por tiempo de diez a veinte años.
2º Con la pena de multa de seis a doce meses e inhabilitación especial para empleo o cargo público por tiempo de seis a diez años, si se tratara de una sentencia injusta contra el reo dictada en proceso por delito leve.
3º Con la pena de multa de doce a veinticuatro meses e inhabilitación especial para empleo o cargo público por tiempo de diez a veinte años, cuando dictara cualquier otra sentencia o resolución injustas".

275 HAVA GARCÍA, E., "Prevaricación judicial", en ÁLVAREZ GARCÍA, F. J. (Dir.), *Tratado de Derecho Penal Español. Parte especial. III. Delitos contra las Administraciones Pública y de Justicia*, Tirant lo Blanch, Valencia, 2013, p. 835.

ii. Acusación y denuncia falsas

Las penas del delito de acusación y denuncia falsas variaban según la clase de infracción penal que se imputara falsamente. Por ello, la redacción del art. 456.1 CP[276] se ha modificado para que en vez de aludir a la falsa imputación de una falta lo haga a un delito leve. Nuevamente ha de tenerse en cuenta que se consideran delitos leves no solo los castigados con pena leve, sino también aquellos cuya pena, por su extensión, pueda considerarse a la vez como leve y menos grave, por lo que aumenta considerablemente el ámbito de aplicación de la modalidad más leve, castigada con multa de tres a seis meses (que es, a su vez, un delito leve).

iii. Asociación ilícita

Se produce la ampliación de los delitos de asociación ilícita. Hasta 2015, de acuerdo con la cláusula general recogida en el art. 515.1 CP, las asociaciones para delinquir eran las que tenían por objeto cometer algún delito o, después de constituidas, promueven su comisión, así como las que tenían por objeto cometer o promover la comisión de faltas de forma organizada, coordinada y reiterada[277]. Esta redacción no era la original de 1995. En su versión original, el art. 515.1 CP hacía solo mención a "algún delito", lo que obligaba a considerar atípicas las asociaciones constituidas con la finalidad de cometer alguna o varias faltas o que después de constituidas promovieran su comisión[278]. Esta lectura restrictiva del concepto

---

276 Art. 456.1 CP: "Los que, con conocimiento de su falsedad o temerario desprecio hacia la verdad, imputaren a alguna persona hechos que, de ser ciertos, constituirían infracción penal, si esta imputación se hiciera ante funcionario judicial o administrativo que tenga el deber de proceder a su averiguación, serán sancionados:
1º Con la pena de prisión de seis meses a dos años y multa de doce a veinticuatro meses, si se imputara un delito grave.
2º Con la pena de multa de doce a veinticuatro meses, si se imputara un delito menos grave.
3º Con la pena de multa de tres a seis meses, si se imputara un delito leve".

277 Art. 515 CP, derogado: "Son punibles las asociaciones ilícitas, teniendo tal consideración:
1º Las que tengan por objeto cometer algún delito o, después de constituidas, promuevan su comisión, así como las que tengan por objeto cometer o promover la comisión de faltas de forma organizada, coordinada y reiterada".

278 Era opinión doctrinal prácticamente unánime. Por todos COBO DEL ROSAL, M./ BOIX REIG, J., "Constitucionalización de los límites penales al derecho de asociación", en COBO DEL ROSAL, M. (Dir.), *Comentarios a la Legislación Penal. Tomo I. Derecho Penal y Constitución*, Madrid, Edersa, 1982, p. 140; CÓRDOBA RODA, J., *Comentarios al Código Penal. Tomo III (Artículos 120-340 bis c)*, Ariel, Barcelona, 1978, p. 260; DÍAZ Y GARCÍA CONLLEDO, M., "Voz asociación ilícita", en

de "delito" se fundamentaba, por un lado, en el principio de proporcionalidad y, por otro, en la adecuación al texto constitucional, que considera ilícitas a las asociaciones que persigan fines o utilicen medios "tipificados como delito". La LO 11/2003, de 29 de septiembre, de medidas concretas en materia de seguridad ciudadana, violencia doméstica e integración social de los extranjeros, introdujo el inciso final alusivo a las faltas, sin dar explicación alguna sobre ello en la Exposición de Motivos[279]. Esta reforma, llevada a cabo en el marco de otras "medidas dirigidas a mejorar la aplicación de la respuesta penal a la habitualidad de la conducta"[280], o, mejor dicho, "de una cierta obsesión securitaria por la pequeña delincuencia urbana"[281], supuso una ampliación sustancial del ámbito de aplicación

---

LUZÓN PEÑA, D.-M. (Dir.), *Enciclopedia Penal Básica*, Comares, Granada, 2002, p. 108; POLAINO NAVARRETE, M., *La reforma penal española de 2003*, Tecnos, Madrid, 2004, p. 45; TAMARIT SUMALLA, J. M., "Artículo 515", en QUINTERO OLIVARES, G. (Dir.), *Comentarios al Código Penal Español. Tomo II (Artículos 234 a DF. 7ª)*, 6ª ed. Aranzadi Thomson Reuters, Cizur Menor, 2011, p. 1539. En contra se manifestaba, no obstante, GARCÍA-PABLOS DE MOLINA, A., *Asociaciones ilícitas en el Código penal*, Bosch, Barcelona, 1977, pp. 282-283, quien contrarrestaba el argumento gramatical aludiendo a la posible equivalencia de los términos "delito" e "infracción", así como a la "*ratio essendi*" del tipo y a la naturaleza del bien jurídico protegido. Similar TERRADILLOS BASOCO en LÓPEZ BARJA DE QUIROGA, J./ RODRÍGUEZ RAMOS, L. (Coords.), *Código Penal comentado*, Akal, Madrid, 1990, p. 404, quien alegaba razones político-criminales, así como la doble acepción, estricta y amplia, del término "delito". JIMÉNEZ DÍAZ, M. J., *Seguridad ciudadana y Derecho penal*, Dykinson, Madrid, 2006, p. 148, manifestaba dudas, al no haberse planteado nunca en la jurisprudencia este supuesto, por lo que "no se sabe a ciencia cierta si con anterioridad a la LO 11/2003 las asociaciones que tuvieran como finalidad cometer faltas se subsumían en el número 1º del artículo 515". Descartaban la equiparación de "delito" e "infracción", por suponer "una interpretación claramente extensiva en materia de restricción de las libertades fundamentales...", COBO DEL ROSAL, M./ BOIX REIG, J., "Constitucionalización", cit., p. 140, en mi opinión con razón.

279 No obstante, en la Exposición de Motivos sí quedaba meridianamente clara la intención de solucionar "uno de los principales problemas a los que tiene que dar respuesta el ordenamiento jurídico penal": "el de la delincuencia que reiteradamente comete sus acciones, o lo que es lo mismo, la delincuencia profesionalizada" (apartado II).

280 Cfr. la Exposición de Motivos de la LO 11/2003, de 29 de septiembre.

281 Cfr. BRANDARIZ GARCÍA, J. A., "Asociaciones y organizaciones criminales. Las disfunciones del art. 515.1º CP y la nueva reforma penal", en ÁLVAREZ GARCÍA, F. J. (Dir.), *La adecuación del Derecho penal español al ordenamiento de la Unión Europea*, Tirant lo Blanch, Valencia, 2008, pp. 733-734, donde destacaba el sin sentido político-criminal de este inciso, que puede "apreciarse pensando en un grupo que promueva la realización de grafitos no reivindicativos, más allá de la valoración que a cada uno le merezca esa práctica de recodificación de los espacios urbanos". También crítico, al entender que "normalmente, la asociación que comete faltas no ataca intolerablemente la convivencia social ni la organización democrática del Estado", CAR-

del precepto. Con el fin de respetar los principios de intervención mínima y de proporcionalidad, la asociación para cometer faltas solo se sancionaba cuando la promoción para esa comisión tuviera lugar "de forma organizada, coordinada y reiterada"[282]. La exigencia de reiteración obligaba a concluir que la asociación para cometer solo alguna falta no era punible. Pero incluso con esta restricción se puso en duda la constitucionalidad del precepto, al considerar el Código Penal como asociación ilícita un supuesto que no encajaba en la previsión constitucional[283]. Por lo demás, cabe destacar que en este inciso referido a las asociaciones que tuvieran por objeto cometer o promover la comisión de faltas no se distinguían los dos casos a los que sí se aludía en el número dedicado a las asociaciones para delinquir, esto es: el de las que tienen por objeto cometer algún delito y el de las que, después de constituidas, promueven su comisión. Ello obligaba a preguntarse si cabían ahí asociaciones que nacen lícitas pero en un momento posterior acuerdan la comisión o promoción reiterada de faltas. La doctrina entendía que ambos supuestos eran punibles, "pues de otra forma no tendría sentido distinguir de forma expresa entre "cometer" y "promover""[284].

Esta previsión legal topó contra el muro de la incomprensión judicial, si por tal entendemos la falta de aplicación. En efecto, siguiendo una tesis restrictiva tradicional, según la cual el injusto de los delitos de asociación ilícita se sitúa, por los fines que persigue y su elevado grado de peligrosidad, en un nivel delictivo muy superior al del mero hurto callejero organizado[285], la jurisprudencia se decantó en contra de la aplicación del

---

BONELL MATEU, J. C., "Observaciones en torno al proyecto de Ley sobre reforma del Código penal en relación a los delitos cometidos con ocasión del ejercicio de los derechos fundamentales y libertades públicas", *DJ* 37/40, Vol. 2, 1983, p. 1300.

282 En cualquier caso, la exigencia de que se tratase de una actuación realizada de forma organizada y coordinada no añadía nada que no estuviese ya incluido en el propio concepto de asociación ilícita. Cfr. JIMÉNEZ DÍAZ, M. J., *Seguridad ciudadana*, cit., p. 149; POLAINO NAVARRETE, M., *La reforma penal española de 2003*, cit., p. 45.

283 Cfr. REBOLLO VARGAS en CÓRDOBA RODA, J./ GARCÍA ARÁN, M. (Dirs.), *Comentarios al Código penal. Parte especial. Tomo II*, Marcial Pons, Madrid-Barcelona, 2004, p. 2447.

284 Cfr. JIMÉNEZ DÍAZ, M. J., *Seguridad ciudadana*, cit., p. 148.

285 Véase, por ejemplo, la STS (Sala de lo Penal, Sección 1ª), 1010/2006 de 23 de octubre (RJ 2006\8105). Afirmaba que esta interpretación tan restrictiva quedaba superada tras la modificación del Código Penal por la LO 5/2010, la Circular 2/2011, de 2 de junio, de la Fiscalía General del Estado, sobe la reforma del Código Penal por Ley Orgánica 5/2010 en relación con las organizaciones y grupos criminales, apartado II A, p. 10. Sin embargo, la jurisprudencia siguió sin hacer aplicación del correspondiente inciso del art. 570 *bis* CP. Así, CUGAT MAURI, M. (Coord.), *Objetivos y carencias de la política criminal contra la pequeña delincuencia*, Barcelona, 2011, p. 14.

delito de asociación ilícita a casos en que lo que hay es una banda organizada para la comisión de faltas reiteradas contra el patrimonio. Esta observación no debe hacernos olvidar, no obstante, que la imputación por delitos de asociación ilícita se utilizó en la práctica para permitir la investigación policial o por parte de los servicios de inteligencia de determinados grupos, incluso organizaciones políticas, si bien las condenas, si las hay, no suelen ser por asociación ilícita, sino por los delitos cometidos en ejecución del programa criminal de la agrupación, que se han conseguido probar tras obtener autorización judicial para investigar por delito de asociación ilícita.

Pues bien, la supresión de las faltas ha supuesto la eliminación de la mención de la perpetración reiterada de faltas como posible contenido del plan criminal de la asociación ilícita[286]. Pero eso no significa que dicho supuesto haya quedado despenalizado. Antes bien, dado que ahora son asociaciones ilícitas "las que tengan por objeto cometer algún delito", en el concepto de delito se incluyen los delitos leves, sin que, por otro lado, se mantenga la exigencia de que la promoción de su comisión se realice "de forma organizada, coordinada y reiterada", como ocurría antes[287]. Con ello aumenta la desproporción que suponen las elevadas penas previstas para el delito de asociación ilícita respecto de las que se contemplan para los delitos leves. En no pocas ocasiones está más castigada la asociación para delinquir que la comisión, incluso reiterada, de los delitos leves que integran el programa criminal. Eso sí, se solventan las dudas de constitucionalidad que planteaba la tipificación de la asociación para cometer faltas reiteradas, por su falta de encaje en la definición constitucional de las asociaciones ilegales del art. 22 CE.

iv. Organización criminal

Algo similar se produce en relación con los delitos de organización criminal. De acuerdo con lo dispuesto en el primer apartado del art. 570 *bis* CP en la versión original procedente de la reforma de 2010, se castigaba la participación en una organización que tuviera como finalidad u objeto la

---

286 Art. 515 CP: "Son punibles las asociaciones ilícitas, teniendo tal consideración: 1º Las que tengan por objeto cometer algún delito o, después de constituidas, promuevan su comisión".

287 Cfr. en este sentido CUGAT MAURI, M., "Consecuencias penales", cit., pp. 231-232; de la misma autora, "La discutible bondad", cit., pp. 182-183; FERNÁNDEZ HERNÁNDEZ, A., "Asociaciones ilícitas (art. 515)", en GONZÁLEZ CUSSAC, J. L. (Dir.), *Comentarios a la Reforma del Código Penal de 2015*, 2ª ed. Tirant lo Blanch, Valencia, 2015, pp. 1283-1285.

comisión de delitos, graves o menos graves, o la perpetración reiterada de faltas[288]. Se preveían diferentes penas según la gravedad de las infracciones que constituyen la finalidad u objeto de la organización: si se trataba de delitos graves, prisión de cuatro a ocho años para quienes promuevan, constituyan, organicen, coordinen o dirijan la organización criminal, y de dos a cinco años para quienes participen activamente, formen parte de ella o cooperen económicamente o de cualquier otro modo con ella; si se trataba de delitos menos graves o de faltas reiteradas, prisión de tres a seis años para el primer grupo de conductas y de uno a tres años para el segundo grupo. Además, se contemplaba una agravación a la mitad superior de las penas respectivamente previstas en este art. 570 *bis* CP si los delitos fueren contra la vida o la integridad de las personas, la libertad, la libertad e indemnidad sexuales o la trata de seres humanos (apartado tercero).

Al igual que sucede en el caso de la asociación para cometer faltas, la participación en una organización dedicada a la perpetración de faltas solo se sancionaba cuando la promoción para esa comisión tuviera lugar de forma reiterada. Esta exigencia de reiteración obligaba a concluir que la organización para cometer solo alguna falta no era punible, lo que resultaba coherente con la falta de sanción de la organización para cometer algún delito, y proporcionado en relación con la elevada entidad de las penas previstas.

En la reforma de 2015 se elimina el inciso final del párrafo 2º del art. 570 *bis* CP, que incluía en la definición de la organización criminal las agrupaciones que tuvieran el fin de "llevar a cabo la perpetración reiterada de faltas", manteniéndose el fin de cometer "delitos". Resulta claro que para castigar los delitos de organización y grupo criminal no basta que el plan criminal esté integrado por un solo delito: a diferencia de la asociación para delinquir, se incluye una clara restricción en relación con el número, ya que al utilizarse el plural no puede tratarse de uno

---

288 Art. 570 *bis* CP, derogado: "1. Quienes promovieren, constituyeren, organizaren, coordinaren o dirigieren una organización criminal serán castigados con la pena de prisión de cuatro a ocho años si aquélla tuviere por finalidad u objeto la comisión de delitos graves, y con la pena de prisión de tres a seis años en los demás casos; y quienes participaren activamente en la organización, formaren parte de ella o cooperaren económicamente o de cualquier otro modo con la misma serán castigados con las penas de prisión de dos a cinco años si tuviere como fin la comisión de delitos graves, y con la pena de prisión de uno a tres años en los demás casos.

A los efectos de este Código se entiende por organización criminal la agrupación formada por más de dos personas con carácter estable o por tiempo indefinido, que de manera concertada y coordinada se repartan diversas tareas o funciones con el fin de cometer delitos, así como de llevar a cabo la perpetración reiterada de faltas".

solo. Necesariamente han de ser siempre varios[289]. Y tras la reforma, al no preverse nada al respecto, esos delitos pueden ser también leves. Ahora bien, convendría plantearse si es razonable castigar con penas tan severas como la prisión de tres a seis años para los dirigentes y de uno a tres para los miembros y cooperadores externos la mera conducta de organizarse para cometer delitos leves que, incluso como continuados, pueden estar castigados nada más que con penas de multa. La desproporción entre la amplitud de la descripción típica del delito de asociación ilícita y de los delitos de organización y grupo criminal, que permite abarcar agrupaciones de una entidad bagatelar (y no cabe calificar más que como bagatelar la comisión de infracciones leves), y las contundentes penas previstas obliga a una aplicación necesariamente restrictiva. El legislador debería asumirla y deshacer lo iniciado en la reforma de 2003, limitando el castigo de las organizaciones criminales a los casos en que el plan criminal está integrado por delitos graves o menos graves, excluyendo expresamente los leves. De esta forma el Ordenamiento jurídico español no se excedería de forma tan evidente del mínimo común denominador que representan a nivel mundial la Convención de Naciones Unidas contra la Criminalidad Transnacional Organizada, firmada en Palermo en el año 2000, y a nivel europeo la Decisión Marco 2008/841/JAI del Consejo, de 24 de octubre de 2008, relativa a la lucha contra la delincuencia organizada, instrumentos ambos que establecen criterios de gravedad de las infracciones que pueden integrar el plan criminal.

> La Convención de Palermo menciona "el propósito de cometer uno o más delitos graves o delitos tipificados con arreglo a la presente Convención" (art. 2 a), definiendo los delitos graves como los castigados con una pena privativa de libertad máxima no inferior a cuatro años; en el mismo sentido, la Decisión Marco 2008/841/JAI habla de "cometer delitos sancionables con una pena privativa de libertad o una medida de seguridad privativa de libertad de un máximo de al menos cuatro años o con una pena aún más severa" (art. 1.1).

En el caso del grupo criminal se mantiene el inciso relativo a la perpetración reiterada de delitos leves. Con una estructura distinta de la utilizada para la organización criminal, el primer apartado del art. 570 *ter* CP castiga la participación en un grupo que tuviera como finalidad u objeto la comisión de delitos, graves o menos graves, o la perpetración reitera-

289 Cfr. FARALDO CABANA, P./ CUENCA GARCÍA, M. J., "Organizaciones criminales: art. 570 bis 1", en ÁLVAREZ GARCÍA, F. J. (Dir.), *Estudio crítico sobre el Anteproyecto de Reforma Penal de 2012*, Tirant lo Blanch, Valencia, 2013, pp. 948-950; SÁNCHEZ GARCÍA DE PAZ, I., "Artículo 570 bis", en GÓMEZ TOMILLO, M. (Dir.), *Comentarios al Código Penal*, 2ª ed. Lex Nova, Valladolid, 2011, p. 1926.

da de delitos leves[290]. También aquí se contemplan penas distintas según la gravedad de las infracciones que constituyen la finalidad u objeto del grupo: si se trata de delitos contra la vida o la integridad de las personas, la libertad, la libertad e indemnidad sexuales o la trata de seres humanos clasificables de graves, se impone pena de dos a cuatro años de prisión a quienes constituyeren, financiaren o integraren el grupo criminal, y pena de prisión de uno a tres años de prisión si se trata de delitos menos graves (letra a); se castiga con la pena de seis meses a dos años de prisión si la finalidad del grupo es cometer cualquier otro delito grave (letra b); y con la pena de tres meses a un año de prisión cuando se tratase de cometer uno o varios delitos menos graves no incluidos en la letra a) o de la perpetración reiterada de delitos leves.

3. *Las reformas tácitas: la ampliación del ámbito de aplicación de delitos preexistentes*

i. Amenazas

En principio, podría pensarse que la única modificación que experimentan los delitos de amenazas es la introducción de una modalidad leve que acoge el contenido de la derogada falta de amenazas leves (tipificada en el art. 620 CP, y que ahora se incluye en el art. 171.7 CP). Sin embargo, se produce una ampliación del ámbito de aplicación del tipo básico de amenazas de mal constitutivo de delito. Veamos cómo.

Los delitos de amenazas se distinguen según se amenace con la causación de un mal constitutivo de delito (arts. 169 y 170 CP) o no constitutivo de delito (art. 171.1 CP). Dentro de la causación de un mal no

---

290 Art. 570 *ter* CP: "1. Quienes constituyeren, financiaren o integraren un grupo criminal serán castigados:
a) Si la finalidad del grupo es cometer delitos de los mencionados en el apartado 3 del artículo anterior, con la pena de dos a cuatro años de prisión si se trata de uno o más delitos graves y con la de uno a tres años de prisión si se trata de delitos menos graves.
b) Con la pena de seis meses a dos años de prisión si la finalidad del grupo es cometer cualquier otro delito grave.
c) Con la pena de tres meses a un año de prisión cuando se trate de cometer uno o varios delitos menos graves no incluidos en el apartado a) o de la perpetración reiterada de delitos leves.
A los efectos de este Código se entiende por grupo criminal la unión de más de dos personas que, sin reunir alguna o algunas de las características de la organización criminal definida en el artículo anterior, tenga por finalidad o por objeto la perpetración concertada de delitos".

constitutivo de delito se incluía tradicionalmente la comisión de faltas[291]. Esta interpretación no puede seguir sosteniéndose. Amenazar con la comisión de un delito leve es ahora una amenaza constitutiva de delito, con la considerable diferencia penológica que ello supone[292].

ii. Calumnia

Los delitos de calumnia, sin haber sido objeto de reforma, experimentan una ampliación de su ámbito de aplicación, pues pasan a incluir algunos supuestos que hasta ahora se consideraban injurias. En efecto, hasta la reforma de 2015 se consideraba injuria la falsa imputación de un hecho referido a la comisión de faltas, mientras que la falsa imputación de un delito se castigaba como calumnia[293].

---

291 En este sentido, vid. por todos, FRAILE COLOMA, C., "Artículo 169", en GÓMEZ TOMILLO, M. (Dir.), *Comentarios al Código Penal*, 2ª ed. Lex Nova, Valladolid, 2011, p. 659; JAREÑO LEAL, A., *Las amenazas y el chantaje en el Código penal de 1995*, Tirant lo Blanch, Valencia, 1997, pp. 54-57; QUINTERO OLIVARES, G., "De las amenazas", en QUINTERO OLIVARES, G. (Dir.), *Comentarios al Código Penal Español. Tomo I (Artículos 1 a 233)*, 6ª ed. Aranzadi Thomson Reuters, Cizur Menor, 2011, p. 1036; RÍO FERNÁNDEZ, L. del, *El delito de amenazas (En el nuevo Código Penal)*, Editorial General de Derecho, Valencia, 1997, pp. 54-55; ROSAL BLASCO, B. del, "Delitos contra la libertad (II)", en MORILLAS CUEVA, L. (Coord.), *Sistema de Derecho Penal Español. Parte especial*, Dykinson, Madrid, 2011, p. 173.

292 Como señala CUGAT MAURI, M., "Consecuencias penales", cit., p. 230, en éste y en los demás casos que veremos, "será difícil que prospere una interpretación material [del término "delito"] de carácter restrictivo, cuando el legislador ha desperdiciado la oportunidad de limitar el tipo a los delitos graves o menos graves. Por lo tanto, puede concluirse la casi segura ampliación del ámbito de aplicación típica de todos ellos".

293 Ésta era la posición mayoritaria. Cfr. CARMONA SALGADO, C., *Calumnias, injurias y otros atentados al honor. Perspectiva doctrinal y jurisprudencial*, Tirant lo Blanch, Valencia, 2012, p. 98; CARMONA SALGADO, C., "Artículo 205", en GÓMEZ TOMILLO, M. (Dir.), *Comentarios al Código Penal*, 2ª ed. Lex Nova, Valladolid, 2011, p. 825; FERNÁNDEZ PINÓS, J. E./ FRUTOS GÓMEZ, C. de, *Delitos contra el honor. Delitos contra las relaciones, derechos y obligaciones familiares*, Bosch, Barcelona, 1998, pp. 106-107; LAURENZO COPELLO, P., *Los delitos contra el honor*, Tirant lo Blanch, Valencia, 2002, p. 103; MUÑOZ CONDE, F., *Derecho Penal. Parte Especial*, 19ª ed. Tirant lo Blanch, Valencia, 2013, p. 287; QUINTERO OLIVARES, G./ MORALES PRATS, F., "Delitos contra el honor", en QUINTERO OLIVARES, G. (Dir.), *Comentarios al Código Penal Español. Tomo I (Artículos 1 a 233)*, 6ª ed. Aranzadi Thomson Reuters, Cizur Menor, 2011, p. 1368; VIVES ANTÓN en VIVES ANTÓN, T. S., *et al.*, *Derecho Penal. Parte Especial*, 3ª ed. Tirant lo Blanch, Valencia, 2010, p. 341. En la jurisprudencia se encontraba a veces una posición aún más restrictiva, de acuerdo con la cual la falsa imputación de un delito perseguible a instancia de parte era delito de injurias, y no de calumnias. Vid. por ejemplo la SAP de Valencia, Secc. 2ª, 4?6/2004 de 18 de junio (ARP 2004\691).

Esta regulación tuvo su origen en una tradición histórica de tipificación como injuria grave de la imputación de un delito de los que no dan lugar a procedimiento de oficio, iniciada con el art. 370.1 CP 1848 y mantenida hasta 1995. Sin embargo, no carecía de detractores, desde la perspectiva de que para la protección del honor no importa la exactitud de la descripción del hecho que se imputa falsamente, por lo que no debe tener una significación decisiva que el hecho punible imputado sea delito o falta[294].

Esta interpretación se basaba tanto en la referencia expresa que se hacía en la definición de la calumnia a la falsa imputación "de un delito" (art. 205 CP), como a la regulación de la *exceptio veritaris* en la injuria, donde se establecía que "el acusado de injuria quedará exento de responsabilidad probando la verdad de las imputaciones cuando éstas se dirijan contra funcionarios públicos sobre hechos concernientes al ejercicio de sus cargos o referidos a la comisión de faltas penales o de infracciones administrativas" (art. 210 CP). La reforma de 2015 elimina esta referencia a las faltas penales. Por otra parte, los delitos leves encajan en la mención "de un delito" en la definición de la calumnia. Esto conduce a que la falsa imputación de un delito leve se considere delito de calumnia, y no de injurias[295]. Como señala Cugat Mauri[296], "no tendría sentido que la imputación de los nuevos delitos leves continuara considerándose injurias, pero no pudiera beneficiarse de la *exceptio veritaris* del artículo 210 CP".

iii. Receptación

En la reforma de 2015 se elimina el delito de receptación habitual de faltas, hasta entonces contenido en el art. 299 CP[297] (apartado ciento sesenta y dos de la LO 1/2015). Este delito se estructuraba en dos apar-

294 En este sentido, por ejemplo, BACIGALUPO ZAPATER, E., *Delitos contra el honor*, Dykinson, Madrid, 2000, pp. 6-8.

295 Cfr. LÓPEZ PEREGRÍN, M. C., "La (supuesta) supresión", cit., p. 112, nota 52.

296 CUGAT MAURI, M., "Consecuencias penales", cit., p. 230; de la misma autora, "La discutible bondad", cit., pp. 176-178, donde resalta la agravación de la pena que este cambio de calificación supone, pues se pasa de multa a prisión de hasta dos años.

297 Art. 299 CP, derogado: "1. El que con ánimo de lucro y con conocimiento de hechos constitutivos de falta contra la propiedad, habitualmente se aprovechara o auxiliara a los culpables ara que se beneficien de los efectos de las mismas, será castigado con la pena de prisión de seis meses a un año.

2. Si los efectos los recibiere o adquiriere para traficar con ellos, se impondrá la pena en su mitad superior y, si se realizaran los hechos en local abierto al público, se impondrá, además, la multa de doce a veinticuatro meses. En estos casos los jueces o tribunales, atendiendo a la gravedad del hecho y a las circunstancias personales del delincuente, podrán imponer también a éste la pena de inhabilitación especial para el ejercicio de su profesión o industria por tiempo de uno a tres años, y acordar la me-

tados: el primero dedicado al tipo básico, y el segundo regulador de un tipo agravado cuando se realizaba la conducta para traficar. Se distinguía de la receptación de delitos en varias cuestiones fundamentales: en primer lugar, las infracciones previamente cometidas, de las que provienen los efectos, solo podían ser faltas; en segundo lugar, debía tratarse de faltas contra el patrimonio[298]; en tercer lugar, la conducta de receptación tenía que ser habitual, entendiéndose la habitualidad como un concepto fáctico, independiente de la reincidencia y del concepto de habitualidad que entonces se contenía en el art. 94 CP, de manera que se consideraba necesario que se hubieran cometido tres o más actos de receptación en una cierta conexión temporal[299], aunque el sujeto no hubiera sido condenado anteriormente por ellos[300]; por último, la penalidad era distinta, puesto que la figura básica de la receptación habitual de faltas se castigaba con multa de 6 a 12 meses, y la agravada con multa de 8 a 16 meses, frente a la receptación de delitos, castigada en el tipo básico con prisión de seis meses a dos años y en el agravado con prisión de uno a tres años.

La desaparición del delito de receptación habitual de faltas no es "una mera adecuación de la regulación a la supresión del sistema dualista", como indica el legislador en el Preámbulo de la LO 1/2015. Antes bien, significa que la conducta de receptación de bienes procedentes de la comisión de los nuevos delitos leves y menos graves procedentes de la reconversión de faltas pasa a castigarse a través del art. 298 CP[301]. En relación

---

dida de clausura temporal o definitiva del establecimiento o local. Si la clausura fuera temporal, su duración no podrá exceder de cinco años".

298 El art. 299 CP hablaba de faltas "contra la propiedad". Sin embargo, la rúbrica que utilizaba el Código Penal era "Faltas contra el patrimonio". La doctrina consideró esta discrepancia un lapsus del legislador. Cfr. PALMA HERRERA, J. M., "Artículo 299", en COBO DEL ROSAL, M. (Dir.), *Comentarios al Código penal. Tomo IX*, Edersa, Madrid, 1999, p. 649; VIDALES RODRÍGUEZ, C., *Los delitos de receptación y legitimación de capitales en el Código penal de 1995*, Tirant lo Blanch, Valencia, 1997, p. 66; VIVES ANTÓN, T. S./ GONZÁLEZ CUSSAC, J. L., "De la receptación y otras conductas afines", en VIVES ANTÓN, T. S. (Dir.), *Comentarios al Código penal de 1995. Volumen II*, Tirant lo Blanch, Valencia, 1996, p. 1458.

299 Así lo defendían, entre otros, PALMA HERRERA, J. M., "Artículo 299", cit., pp. 649-650; VIDALES RODRÍGUEZ, C., *Los delitos*, cit., p. 66; y VIVES ANTÓN, T. S./ GONZÁLEZ CUSSAC, J. L., "De la receptación", cit., p. 1459.

300 Vid. por todos BLANCO CORDERO, I., "Artículo 299", en GÓMEZ TOMILLO, M. (Dir.), *Comentarios al Código Penal*, 2ª ed. Lex Nova, Madrid, 2011, p. 1150.

301 Art. 298 CP: "1. El que, con ánimo de lucro y con conocimiento de la comisión de un delito contra el patrimonio o el orden socioeconómico, en el que no haya intervenido ni como autor ni como cómplice, ayude a los responsables a aprovecharse de los efectos del mismo, o reciba, adquiera u oculte tales efectos, será castigado con la pena de prisión de seis meses a dos años.

con la situación anterior, ello supone tres cambios importantes. En primer lugar, una ampliación de las conductas típicas, pues ahora es típica la receptación no habitual, ocasional, de bienes procedentes de la comisión de un solo delito leve, mientras que antes de la reforma de 2015 se exigía habitualidad[302]. En segundo lugar, la conducta, incluida la ocasional referida a efectos provenientes de la comisión de un delito leve (antes atípica), se castiga con una pena superior a la que se preveía antes para la receptación habitual de faltas.

Se pasa de una pena de prisión de seis meses a un año en el tipo básico, que se convertía en la pena en su mitad superior si los efectos los recibiere o adquiriere para traficar con ellos, sumando multa de doce a veinticuatro meses si los hechos se realizaran en local abierto al público, además de, potestativamente, pena de inhabilitación especial para el ejercicio de profesión o industria por tiempo de uno a tres años y clausura temporal o definitiva del establecimiento local, a otra de prisión de seis a meses a dos años, que se convierte en prisión de uno a tres años si concurre alguno de los supuestos previstos en las letras a) a d), además de que las penas se impondrán en su mitad superior si los efectos se reciben, adquieren u ocultan para traficar con ellos, con multa de doce a veinticuatro meses si el tráfico se realizase utilizando un establecimiento o local comercial o industrial, y potestativamente, además, en este caso, pena de inhabilitación especial para el ejercicio de

---

Se impondrá una pena de uno a tres años de prisión en los siguientes supuestos:

a) Cuando se trate de cosas de valor artístico, histórico, cultural o científico.

b) Cuando se trate de cosas de primera necesidad, conducciones, cableado, equipos o componentes de infraestructuras de suministro eléctrico o de servicios de telecomunicaciones, o de otras cosas destinadas a la prestación de servicios de interés general, productos agrarios o ganaderos o de los instrumentos o medios que se utilizan para su obtención.

c) Cuando los hechos revistan especial gravedad, atendiendo al valor de los efectos receptados o a los perjuicios que previsiblemente hubiera causado su sustracción.

2. Estas penas se impondrán en su mitad superior a quien reciba, adquiera u oculte los efectos del delito para traficar con ellos. Si el tráfico se realizase utilizando un establecimiento o local comercial o industrial, se impondrá, además, la pena de multa de doce a veinticuatro meses. En estos casos los jueces o tribunales, atendiendo a la gravedad del hecho y a las circunstancias personales del delincuente, podrán imponer también a éste la pena de inhabilitación especial para el ejercicio de su profesión o industria, por tiempo de dos a cinco años y acordar la medida de clausura temporal o definitiva del establecimiento o local. Si la clausura fuese temporal, su duración no podrá exceder de cinco años.

3. En ningún caso podrá imponerse pena privativa de libertad que exceda de la señalada al delito encubierto. Si éste estuviese castigado con pena de otra naturaleza, la pena privativa de libertad será sustituida por la de multa de 12 a 24 meses, salvo que el delito encubierto tenga asignada pena igual o inferior a ésta; en tal caso, se impondrá al culpable la pena de aquel delito en su mitad inferior".

302 En el mismo sentido, cfr. CUGAT MAURI, M., "Consecuencias penales", cit., p. 230; de la misma autora, "La discutible bondad", cit., p. 178.

su profesión o industrial de dos a cinco años y clausura temporal o definitiva del establecimiento o local.

En tercer lugar, se pueden aplicar las nuevas circunstancias agravantes del segundo párrafo del art. 298.1 CP, incluida la de que "se trate de cosas de primera necesidad, conducciones, cableado, equipos o componentes de infraestructuras de suministro eléctrico o de servicios de telecomunicaciones, o de otras cosas destinadas a la prestación de servicios de interés general, productos agrarios o ganaderos o de los instrumentos o medios que se utilizan para su obtención". El hurto de estos objetos estaba siendo castigado como falta de hurto cuando su cuantía no alcanzaba los 400 euros. Ahora no solo se considera un hurto agravado (art. 235.1.3° y 4° CP), sino que la receptación ocasional también se agrava. Como reconoce el legislador, "con ello se pretende desincentivar tanto la sustracción de dichos bienes como su venta o tráfico ilícito" (apartado XIV del Preámbulo de la LO 1/2015). A costa de un aumento desproporcionado de las penas, como puede comprobarse.

En conclusión, la reforma da lugar a la ampliación del ámbito de aplicación del delito de receptación, pues ahora es típica la receptación ocasional de delitos leves, y, simultáneamente, a que las conductas que antes se incluían en el delito de receptación habitual de faltas ahora se castiguen con penas más elevadas.

iv. Blanqueo de bienes

También se amplía el ámbito de aplicación de los delitos de blanqueo de bienes. Al respecto hay que señalar, en primer lugar, que, al igual que en el caso de la receptación, también el blanqueo es un delito de referencia. Tras la aprobación del Código Penal de 1995 era unánimemente aceptado que el blanqueo no era aplicable cuando tenía por objeto bienes procedentes de la comisión de faltas, y ni siquiera de delitos menos graves. Y es que, en la versión original de 1995, el art. 301.1 CP solo castigaba a quien "adquiera, convierta o transmita bienes, sabiendo que éstos tienen su origen *en un delito grave*, o realice cualquier otro acto para ocultar o encubrir su origen ilícito, o para ayudar a la persona que haya participado en la infracción o infracciones a eludir las consecuencias legales de sus actos". La LO 15/2003, de 25 de noviembre, por la que se modifica la LO 10/1995, de 23 de noviembre, del Código Penal, sustituyó la alusión al delito grave por "delito previo", lo que amplió sustancialmente el ámbito de aplicación del blanqueo pero siguió dejando fuera a las faltas. Por su parte, la reforma de 2010 sustituyó la mención del "delito previo" por la referencia a la "actividad delictiva"[303]. La doctrina, de manera prácticamente unánime[304], llegó a la conclusión de que, en cualquier caso, este cambio de terminología no permitía incluir a las faltas como infracción antecedente en el ámbito del blanqueo[305].

Ahora bien, la conversión de la mayor parte de las faltas en delitos leves y menos graves provoca una ampliación del ámbito de aplicación del delito de blanqueo, ya que la comisión de delitos leves puede considerarse "actividad delictiva" a los efectos del blanqueo, sin vulneración

---

303 Siguiendo la sugerencia del Informe del Consejo Fiscal sobre el Anteproyecto de Ley Orgánica por la que se modifica la Ley Orgánica 10/1995, de 23 de noviembre, del Código Penal, de 4 de febrero de 2009, pp. 162-163, que lo justificaba apuntando que "se corresponde mejor con la autonomía del delito de blanqueo y con la no exigencia de una resolución judicial que se pronuncie sobre un delito antecedente concreto conforme a lo establecido también por la doctrina de la Sala Segunda del TS (STS 115/2007, de 22 de enero de 2007)".

304 Cfr., entre otros, ABEL SOUTO, M., "La expansión penal del blanqueo de dinero operada por la Ley Orgánica 5/2010, de 22 de junio", *La Ley Penal* núm. 79, 2011, pp. 12-14, con amplio argumentario; del mismo autor, "La reforma penal, de 22 de junio de 2010, en materia de blanqueo de dinero", en ABEL SOUTO, M./ SÁNCHEZ STEWART, N. (Coords.), *II Congreso sobre prevención y represión del blanqueo de dinero*, Tirant lo Blanch, Valencia, 2011, pp. 71-75; del mismo autor, "La reforma penal española de 2010 sobre el blanqueo, las nuevas técnicas de comisión delictiva y el uso de las telecomunicaciones para el blanqueo", en ABEL SOUTO, M./ SÁNCHEZ STEWART, N. (Coords.), *III Congreso sobre prevención y represión del blanqueo de dinero*, Tirant lo Blanch, Valencia, 2013, pp. 166 y ss.; BLANCO CORDERO, I., *El delito de blanqueo de capitales*, 3ª ed. Thomson Reuters Aranzadi, Cizur Menor, 2012, pp. 273 y ss.; CARPIO DELGADO, J. del, "La posesión y la utilización como nuevas conductas en el delito de blanqueo de capitales", *RGDP* núm. 15, 2011, pp. 3 y ss.; DÍAZ-MAROTO Y VILLAREJO, J., "El blanqueo de capitales", en DÍAZ-MAROTO Y VILLAREJO, J. (Dir.), *Estudios sobre las reformas del código penal operadas por las LO 5/2010, de 22 de junio, y 3/2011, de 26 de enero*, Civitas Thomson Reuters, Cizur Menor, 2011, p. 466; FERNÁNDEZ TERUELO, J. G., "Blanqueo de capitales", en ORTIZ DE URBINA GIMENO, I. (Coord.), *Memento experto. Reforma Penal*, Ediciones Francis Lefebvre, Madrid, 2010, p. 324; del mismo autor, "El nuevo modelo de reacción penal frente al blanqueo de capitales (los nuevos tipos de blanqueo, la ampliación del comiso y la integración del blanqueo en el modelo de responsabilidad penal de las empresas)", *La Ley* 2011-3, pp. 1562-1563; HURTADO ADRIÁN, A., "Blanqueo de capitales (Art. 301.1)", en JUANES PECES, A. (Dir.), *Reforma del Código Penal. Perspectiva económica tras la entrada en vigor de la Ley Orgánica 5/2010 de 22 de Junio. Situación Jurídico-Penal del Empresario*, El Derecho, Madrid, 2010, p. 253; MANJÓN-CABEZA OLMEDA, A., "Receptación y blanqueo de capitales (arts. 301 y 302)", en ÁLVAREZ GARCÍA, F. J./ GONZÁLEZ CUSSAC, J. L. (Dirs.), *Comentarios a la reforma penal de 2010*, Tirant lo Blanch, Valencia, 2010, p. 339.

305 En contra, apuntando que era posible incluir en el ámbito del delito de blanqueo también a las faltas, vid. MUÑOZ CONDE, F., *Parte Especial*, 19ª ed. cit., p. 516.

del principio de legalidad, mientras que antes de la reforma de 2015 las conductas de blanqueo sobre bienes procedentes de la comisión de faltas se consideraba atípica[306].

v. Delitos contra la seguridad vial

Los delitos contra la seguridad vial no han sido modificados en la reforma de 2015. Sin embargo, se ven afectados por la desaparición de las faltas a través de la mención de la causación de "un resultado lesivo constitutivo de delito" en la cláusula concursal recogida en el art. 382 CP. Este precepto señala que "cuando con los actos sancionados en los artículos 379, 380 y 381 se ocasionare, además del riesgo prevenido, un resultado lesivo constitutivo de delito, cualquiera que sea su gravedad, los Jueces o Tribunales apreciarán tan sólo la infracción más gravemente penada, aplicando la pena en su mitad superior y condenando, en todo caso, al resarcimiento de la responsabilidad civil que se hubiera originado".

Hasta ahora se entendía que esta cláusula concursal no era aplicable cuando el resultado lesivo causado fuera constitutivo de falta[307]: homicidio o lesiones por imprudencia leve y daños imprudentes. Ahora, tras la despenalización de la imprudencia leve, la cláusula concursal se aplicará siempre que se produzca un resultado lesivo constitutivo de delito, incluyendo los homicidios y lesiones de los arts. 149 y 150 CP por imprudencia menos grave, que son delitos leves.

---

306 En este sentido, cfr. CUGAT MAURI, M., "Consecuencias penales", cit., pp. 230-231; de la misma autora, "La discutible bondad", cit., pp. 178-179.

307 Cfr. MOLINA FERNÁNDEZ, F., *Delitos contra la seguridad vial: su aplicación jurisprudencial*, Francis Lefebvre, Madrid, 2014, p. 109; PIPAÓN PULIDO, J. G., *et al*, *Los delitos contra la seguridad vial. Análisis práctico y formularios de aplicación*, Lex Nova, Valladolid, 2009, pp. 87 y ss.; PRIETO GONZÁLEZ, H. M., "Otros temas de interés", en AGÜERO RAMÓN-LLÍN, E., et al., *La dogmática penal sobre el asfalto: un enfoque práctico de los delitos contra la seguridad vial*, Comares, Granada, 2012, pp. 240 y 242; VICENTE MARTÍNEZ, R. de, *Derecho Penal de la circulación. Delitos relacionados con el tráfico vial*, Bosch, Barcelona, 2008, pp. 658-660. Sobre si la cláusula podía o no ser aplicada a los resultados lesivos constitutivos de falta, vid. ampliamente, sopesando las distintas posiciones, CORCOY BIDASOLO, M., "Homicidio y lesiones en el ámbito del tráfico viario. Problemática concursal entre los delitos contra la seguridad en el tráfico y los resultados lesivos a ellos imputables", en MIR PUIG, S./ CORCOY BIDASOLO, M. (Dirs.), *Seguridad Vial y Derecho penal. Análisis de la LO 15/2007, que modifica el Código penal en materia de Seguridad Vial*, Tirant lo Blanch, Valencia, 2008, pp. 111-112.

vi. Abandono de destino y omisión del deber de impedir delitos

Estos delitos contra la Administración Pública castigan a la autoridad o funcionario público que abandona su destino con el propósito de no impedir o no perseguir cualquiera de los delitos comprendidos en los Títulos XXI, XXII, XXIII y XXIV (art. 407.1 CP), o de no ejecutar las penas correspondientes a estos delitos (art. 407.2 CP), o que deja intencionadamente de promover la persecución de los delitos de que tenga noticia o de sus responsables (art. 408 CP)[308]. Esta referencia a los delitos se entendía unánimemente en sentido estricto, no equivalente a infracción penal comprensiva de las infracciones graves, menos graves y leves, sino solo de las graves y menos graves[309]. Su fundamentación se relacionaba con el principio de intervención mínima en esta materia[310].

---

308 Art. 407 CP: "1. A la autoridad o funcionario público que abandonare su destino con el propósito de no impedir o no perseguir cualquiera de los delitos comprendidos en los Títulos XXI, XXII, XXIII y XXIV se le castigará con la pena de prisión de uno a cuatro años e inhabilitación absoluta para empleo o cargo público por tiempo de seis a diez años. Si hubiera realizado el abandono para no impedir o no perseguir cualquier otro delito, se le impondrá la pena de inhabilitación especial para empleo o cargo público por tiempo de uno a tres años.
2. Las mismas penas se impondrán, respectivamente, cuando el abandono tenga por objeto no ejecutar las penas correspondientes a estos delitos impuestas por la autoridad judicial competente".
Art. 408 CP: "La autoridad o funcionario que, faltando a la obligación de su cargo, dejare intencionadamente de promover la persecución de los delitos de que tenga noticia o de sus responsables, incurrirá en la pena de inhabilitación especial para empleo o cargo público por tiempo de seis meses a dos años".

309 Cfr. en este sentido, entre otros, GÓMEZ TOMILLO, M., "Artículo 408", en GÓMEZ TOMILLO, M. (Dir.), *Comentarios al Código Penal*, 2ª ed. Lex Nova, Valladolid, 2011, pp. 1549 y 1552; MORILLAS CUEVA, L., "Delitos contra la Administración Pública (II)", en MORILLAS CUEVA, L. (Coord.), *Sistema de Derecho Penal español. Parte especial*, Dykinson, Madrid, 2011, p. 929; PORTILLA CONTRERAS, G./ POMARES CINTAS, E., "Delitos de abandono de destino y de la omisión del deber de perseguir delitos", en ÁLVAREZ GARCÍA, F. J. (Dir.), *Tratado de Derecho Penal Español. Parte especial. III. Delitos contra las Administraciones Pública y de Justicia*, Tirant lo Blanch, Valencia, 2013, p. 179; REBOLLO VARGAS, R., "La omisión de promover la persecución de delitos. El artículo 408 del Código Penal", *RdPP* núm. 2, 1999, pp. 13 y ss. En la jurisprudencia, vid. la STS, Sala de lo Penal, 502/1998 de 6 de abril (RJ 1998\3149), la SAP de Girona, Secc.3ª, 56/2000 de 24 de marzo (ARP 2000\1212) y el AAP de Barcelona, Secc.9ª, 802/2005 de 24 de mayo (JUR 2005\169146).

310 Así, PORTILLA CONTRERAS, G./ POMARES CINTAS, E., "Delitos", cit., p. 179, citando a QUINTANO RIPOLLÉS.

> Se alegaba, además, que admitir otra cosa pugnaría con el principio de legalidad penal, vulnerando la prohibición de la analogía *in malam partem*[311].

El tenor literal del precepto, ampliado tácitamente por la reforma de 2015, obliga a incluir ahora los delitos leves[312].

vii. Omisión de los deberes de impedir delitos o de promover su persecución

Lo mismo cabe señalar del delito de omisión de los deberes de impedir delitos o de promover su persecución (art. 450 CP)[313], pues también aquí se castiga a quien "no impidiere la comisión de un delito que afecte a las personas en su vida, integridad o salud, libertad o libertad sexual", así como a quien, pudiendo hacerlo, "no acuda a la autoridad o a sus agentes para impidan un delito de los previstos en el apartado anterior". El concepto de delito siempre se ha entendido, a efectos de este precepto, como excluyente de las faltas[314], lo que se ha considerado una manifestación del

---

311 En este sentido, las SSTS, Sala de lo Penal, 502/1998 de 6 de abril (RJ 1998\3149) y 846/1998 de 17 de junio (RJ 1998\5380).

312 Cfr. CUGAT MAURI, M., "Consecuencias penales", cit., p. 231; de la misma autora, "La discutible bondad", cit., pp. 179-180.

313 Art. 450 CP: "1. El que, pudiendo hacerlo con su intervención inmediata y sin riesgo propio o ajeno, no impidiere la comisión de un delito que afecte a las personas en su vida, integridad o salud, libertad o libertad sexual, será castigado con la pena de prisión de seis meses a dos años si el delito fuera contra la vida, y la de multa de seis a veinticuatro meses en los demás casos, salvo que al delito no impedido le correspondiera igual o menor pena, en cuyo caso se impondrá la pena inferior en grado a la de aquél.
2. En las mismas penas incurrirá quien, pudiendo hacerlo, no acuda a la autoridad o a sus agentes para que impidan un delito de los previstos en el apartado anterior y de cuya próxima o actual comisión tenga noticia".

314 Así, entre otros, CÓRDOBA RODA, J., *Comentarios III*, cit., p. 1206; GONZÁLEZ RUS, J. J., "Delitos contra la Administración de Justicia (I)", en MORILLAS CUEVA, L. (Coord.), *Sistema de Derecho Penal español. Parte especial*, Dykinson, Madrid, 2011, p. 1012; HUERTA TOCILDO, S., *Problemas fundamentales de los delitos de omisión*, Ministerio de Justicia, Madrid, 1987, p. 218; PALOMO DEL ARCO, A., "Artículo 450", en GÓMEZ TOMILLO, M. (Dir.), *Comentarios al Código Penal*, 2ª ed. Lex Nova, Valladolid, 2011, p. 1662; RUBIO LARA, P. A., *Omisión del deber de impedir determinados delitos o de promover su persecución*, Edersa, Madrid, 2003, pp. 123-127. Implícitamente, también SOLA RECHE, E., *La omisión del deber de intervenir para impedir determinados delitos del art. 450 CP*, Comares, Granada, 1999, pp. 143 y ss.

principio de intervención mínima, al reservar el Derecho Penal para los supuestos más graves[315].

> Para justificarlo se ha alegado tanto que el tipo penal utiliza una expresión, "delito", que se puede interpretar en sentido estricto, como excluyente de la falta, como el hecho de que se indica expresa y taxativamente una serie de delitos que suponen la vulneración de bienes jurídicos personalísimos y de gran relevancia, como la vida, la integridad o salud, la libertad o la libertad sexual, de forma que se exige al particular que intervenga para impedir ilícitos penales de cierta gravedad, dado el carácter excepcional de la obligación de intervenir.

Entre esos delitos se incluyen tras la reforma de 2015 varios delitos leves, alguno con gran frecuencia de comisión, como las lesiones, las coacciones y las amenazas leves. Ello supone una considerable ampliación del ámbito de aplicación de esta infracción contra la Administración de Justicia.

viii. Encubrimiento

El art. 451 CP castiga al que, "con conocimiento de la comisión de un delito y sin haber intervenido en el mismo como autor o cómplice, interviniere con posterioridad a su ejecución", de una serie de modos[316]. Hasta

---

315 En este sentido, por ejemplo, POMARES CINTAS, E., "El delito de omisión del deber de intervenir para impedir delitos", en ÁLVAREZ GARCÍA, F J (Dir.), *Tratado de Derecho Penal Español. Parte especial. III. Delitos contra las Administraciones Pública y de Justicia*, Tirant lo Blanch, Valencia, 2013, p. 880; RUBIO LARA, P. A., *Omisión*, cit., pp. 124-125.

316 Art. 451 CP: "Será castigado con la pena de prisión de seis meses a tres años el que, con conocimiento de la comisión de un delito y sin haber intervenido en el mismo como autor o cómplice, interviniere con posterioridad a su ejecución, de alguno de los modos siguientes:
1º Auxiliando a los autores o cómplices para que se beneficien del provecho, producto o precio del delito, sin ánimo de lucro propio.
2º Ocultando, alterando o inutilizando el cuerpo, los efectos o los instrumentos de un delito, para impedir su descubrimiento.
3º Ayudando a los presuntos responsables de un delito a eludir la investigación de la autoridad o de sus agentes, o a sustraerse a su busca o captura, siempre que concurra alguna de las circunstancias siguientes:
a) Que el hecho encubierto sea constitutivo de traición, homicidio del Rey, de cualquiera de sus ascendientes o descendientes, de la Reina consorte o del consorte de la Reina, del Regente o de algún miembro de la Regencia, o del Príncipe heredero de la Corona, genocidio, delito de lesa humanidad, delito contra las personas y bienes protegidos en caso de conflicto armado, rebelión, terrorismo, homicidio, piratería, trata de seres humanos o tráfico ilegal de órganos.

la reforma de 2015 solo era típico el encubrimiento de un delito grave o menos grave[317].

> Esta limitación de la punibilidad al encubrimiento de un delito, no de una falta, tiene su origen en la regulación del encubrimiento como forma de participación en el delito. El Código Penal de 1870 distinguía tres clases de personas responsables criminalmente de los delitos: los autores, los cómplices y los encubridores (art. 12), pero solo hacía responsable de las faltas a los autores y a los cómplices (éstos únicamente en las faltas contra la vida y la integridad corporal o la propiedad). En la doctrina se razonaba al respecto que entre delito y falta hay "algunas diferencias que conviene hacer notar, y que provienen, no ya de que se estimen conceptos diversos el delito y la falta, y de que, por lo tanto, se crea que ciertas reglas compatibles con la naturaleza del primero no lo son con la de la segunda, sino de que, siendo ya de por sí la falta ó contravención un hecho delictuoso menudo, que merece no más que una pena *leve*, cualquier motivo de atenuación ó aminoración de esta penalidad (v.gr., el haber sido uno cómplice en vez de autor, el haber intentado tan sólo y no consumado la falta, etc.), vendría á hacerla levísima, y por consecuencia, perfectamente nula o inútil", lo que explicaría que solo se castigara a autores y cómplices en las faltas, y no a los encubridores[318].

Tras la reforma pasa a ser punible también el encubrimiento de un delito leve[319], rompiendo con una larga tradición histórica.

ix. Falso testimonio

También se produce una inesperada ampliación del delito de falso testimonio en contra del reo en causa criminal por delito. El art. 458.1 CP[320]

b) Que el favorecedor haya obrado con abuso de funciones públicas. En este caso se impondrá, además de la pena de privación de libertad, la de inhabilitación especial para empleo o cargo público por tiempo de dos a cuatro años si el delito encubierto fuere menos grave, y la de inhabilitación absoluta por tiempo de seis a doce años si aquél fuera grave".

317 Vid. por todos, BLANCO CORDERO, I., "Comentario previo al Capítulo III", en GÓMEZ TOMILLO, M. (Dir.), *Comentarios al Código Penal*, 2ª ed. Lex Nova, Madrid, 2011, p. 1665; CUGAT MAURI, M., "Del encubrimiento", en CÓRDOBA RODA, J./ GARCÍA ARÁN, M. (Dirs.), *Comentarios al Código Penal. Parte Especial*, Marcial Pons, Madrid, 2004, p. 2173; SÁNCHEZ-OSTIZ GUTIÉRREZ, P., *El encubrimiento como delito*, Tirant lo Blanch, Valencia, 1998, p. 61; VENTURA PÜSCHEL, A., "El encubrimiento", en ÁLVAREZ GARCÍA, F. J. (Dir.), *Tratado de Derecho Penal Español. Parte especial. III. Delitos contra las Administraciones Pública y de Justicia*, Tirant lo Blanch, Valencia, 2013, p. 908.

318 DORADO, P., "Las faltas", cit., pp. 11-12.

319 Cfr. CUGAT MAURI, M., "Consecuencias penales", cit., p. 231.

320 Art. 458 CP: "1. El testigo que faltare a la verdad en su testimonio en causa judicial, será castigado con las penas de prisión de seis meses a dos años y multa de tres a seis meses.

tipifica el falso testimonio en causa judicial. Por su parte, el art. 458.2 CP contempla un tipo agravado "si el falso testimonio se diera en contra del reo en causa criminal por delito", en cuyo caso "las penas serán de prisión de uno a tres años y multa de seis a doce meses. Si a consecuencia del testimonio hubiera recaído sentencia condenatoria, se impondrán las penas superiores en grado". La agravación de las penas del falso testimonio en causa criminal cuenta con una larga tradición[321]. También fue una constante en nuestro Ordenamiento la distinción entre las causas criminales[322]. Piénsese que en la versión original del Código Penal de 1995 el falso testimonio en un juicio de faltas, fuera a favor o en contra del reo, solo se podía castigar como falso testimonio en causa judicial, esto es, por el tipo básico del art. 458.1 CP[323], pues el tipo agravado del art. 458.2 CP

---

2. Si el falso testimonio se diera en contra del reo en causa criminal por delito, las penas serán de prisión de uno a tres años y multa de seis a doce meses. Si a consecuencia del testimonio hubiera recaído sentencia condenatoria, se impondrán las penas superiores en grado.

3. Las mismas penas se impondrán si el falso testimonio tuviera lugar ante Tribunales Internacionales que, en virtud de Tratados debidamente ratificados conforme a la Constitución Española, ejerzan competencias derivadas de ella, o se realizara en España al declarar en virtud de comisión rogatoria remitida por un Tribunal extranjero".

321 De hecho, aunque a veces se ha dicho que se remonta al Derecho romano, en el que ya se distinguía claramente entre el falso testimonio en causas criminales y en juicios civiles, lo cierto es que entonces no se imponía una pena distinta según se produjera en uno u otro orden jurisdiccional. El origen histórico de la distinción penológica se encuentra en el Derecho canónico, que sí imponía penas distintas según el perjurio se produjera en un proceso criminal o en uno civil: así se puede ver en el Decreto de Graciano, redactado entre 1140 y 1142, que constituye la primera parte de la colección de seis obras jurídicas canónicas conocida como *Corpus Iuris Canonici*. Cfr. ALEJANDRE GARCÍA, J. A., "El delito de falsedad testimonial en el Derecho histórico español", *Historia. Instituciones. Documentos* núm. 3, 1976, pp. 105-106.

322 Por ejemplo, el Código Penal de 1848 distinguía en el falso testimonio en contra del reo las causas por delito grave, menos grave o por falta (arts. 234 y 235), y en el falso testimonio a favor del reo entre causa por delito y por falta (art. 236 CP 1848). Por su parte, el Código Penal de 1870 no distinguía el falso testimonio en contra del reo según la gravedad del delito, pero sí según la pena impuesta, que dependía de la gravedad del delito (arts. 332 y 333). En el falso testimonio en causa criminal a favor del reo la pena dependía de si la causa era por delito o por falta (art. 333 CP 1870). De forma más simple, también los Códigos de 1928 (arts. 391 a 394) y 1932 (arts. 333 a 335) efectuaban una distinción entre causa por delito y juicio de faltas.

323 En este sentido, entre otros, CANCIO MELIÁ, M., "Delitos contra la Administración de Justicia", en RODRÍGUEZ MOURULLO, G. (Dir.), *Comentarios al Código Penal*, Civitas, Madrid, 1997, p. 1205, DOMÍNGUEZ IZQUIERDO, E. M., *El falso testimonio de testigos, peritos e intérpretes*, Edersa, Madrid, 2002, pp. 622 y 625-626; MARTÍNEZ-BUJÁN PÉREZ, C., "Responsabilidad penal de los peritos", *EPC* Vol. XXIII, 2001, p. 183.

especificaba que sería aplicable "si el falso testimonio se diera en contra del reo en causa criminal *por delito*". Esta diferencia se explicaba habitualmente sobre la base de las diversas consecuencias que en cada caso pueden derivarse del falso testimonio[324], y en concreto por el hecho de que solo del falso testimonio contra el reo en causa criminal por delito puede derivarse una sentencia condenatoria que suponga una privación de libertad relevante de un inocente.

Ahora bien, tras la reforma de 2015 es indiferente a estos efectos que la causa criminal se siga por delito grave, menos grave o leve, pues la expresión "en causa criminal por delito" abarca los tres tipos de infracciones. La transformación de las faltas en delitos leves y menos graves lleva el falso testimonio prestado en juicio de faltas al tipo agravado, sin excepción. Esta situación es, sin duda, una consecuencia imprevista de la despenalización de las faltas y la transformación de buena parte de ellas en delitos leves o menos graves[325].

x. Extensión de la responsabilidad penal de las personas jurídicas a los delitos leves

Por último, hay que tener en cuenta que tras la reforma de 2015 es posible exigir responsabilidad penal a las personas jurídicas por la comisión de delitos leves, cuando antes de ella se consideraba que no debían responder por la comisión de faltas. En efecto, desde la entrada en vigor de la LO 5/2010 se consolidó en la jurisprudencia menor la posición contraria a la posibilidad de exigir responsabilidad penal a las personas jurídicas por la comisión de faltas. De hecho, varias sentencias de los juzgados fueron revocadas en las audiencias, ya que condenaban por faltas cuando se argumentaba que las personas jurídicas solo pueden ser condenadas por delito[326]. Esta posición restrictiva ya no puede mantenerse[327]. Las personas jurídicas pueden responder por cualquiera de los delitos que

---

324 Cfr., entre otros, GARCÍA VITORIA, A., *Actividad pericial y proceso penal. Especial consideración de la pericia caligráfica*, Tirant lo Blanch, Valencia, 2009, p. 95, y PALOMO DEL ARCO, A., "Artículo 458", en GÓMEZ TOMILLO, M. (Dir.), *Comentarios al Código Penal*, 2ª ed. Lex Nova, Valladolid, 2011, p. 1698. Vid. también la STS 318/2006, de 6 de marzo (RJ 2006\1829).

325 En este sentido, cfr. CUGAT MAURI, M., "Consecuencias penales", cit., p. 231.

326 Vid. por ejemplo, las SSAP de Cádiz, Secc. 4ª, núm. 81/2014 de 17 marzo (JUR 2014\203447), y de Sevilla, Secc.4ª, núm. 562/2013 de 5 noviembre (ARP 2013\1367).

327 Cfr. CUGAT MAURI, M., "Consecuencias penales", cit., p. 235; de la misma autora, "La discutible bondad", cit., pp. 189-190; VICENTE MARTÍNEZ, R. de, *La nueva regulación*, cit., p. 50.

prevén esta forma de responsabilidad, incluyendo algunos delitos leves. Sin ánimo de exhaustividad, cabe citar los delitos de estafa (art. 251 *bis* CP), contra la propiedad intelectual e industrial (art. 288.1 CP), defraudación a la Hacienda Pública (art. 310 *bis* CP) y expendición de moneda falsa (art. 386.5 CP).

Esta posibilidad choca con el hecho de que el art. 33.7 CP disponga que "las penas aplicables a las personas jurídicas... tienen todas la consideración de graves". ¿Delitos leves castigados con penas graves? Pues sí. Esta consideración como penas graves tiene distintos efectos. Por ejemplo, en lo que respecta a los plazos de prescripción de la pena (art. 133.1 CP, que establece por defecto un plazo de prescripción de diez años para las penas graves) y de cancelación de los antecedentes penales (art. 136.2 CP, que hace necesario el trascurso de un plazo de cinco años sin delinquir para poder obtener la cancelación), sin olvidar la relevancia del criterio de la gravedad del delito supuestamente cometido a la hora de acordar medidas de investigación que supongan la afectación a derechos fundamentales, con el fin de respetar el principio de proporcionalidad (así ocurre a la hora de acordar intervenciones telefónicas, según jurisprudencia constante). Pero no es relevante para determinar la competencia. El art. 14 *bis* LECrim indica que "cuando de acuerdo con lo dispuesto en el artículo anterior el conocimiento y fallo de una causa por delito dependa de la gravedad de la pena señalada a éste por la ley se atenderá en todo caso a la pena legalmente prevista para la persona física, aun cuando el procedimiento se dirija exclusivamente contra una persona jurídica", como permite el art. 31 *ter* 1 CP.

Ahora bien, en los casos en que el procedimiento se inicie directamente como juicio por delito leve, surgirán problemas para dar cumplimiento a las exigencias de traslado de la imputación y designación de representante a que alude el art. 119 LECrim, por la ausencia de fase de instrucción. Sería necesario "un distanciamiento temporal que dé forma a la necesaria designación de representante de la persona jurídica", lo que, combinado con "la necesidad de permitir a las personas jurídicas preparar sus defensas en base a las complejas causas de exención de responsabilidad desarrolladas en los apartados 2 y siguientes del nuevo art. 31 bis, harían conveniente no acudir al trámite del enjuiciamiento rápido en tales supuestos; y así permitir la personación en forma de las personas jurídicas, previo traslado de la imputación"[328].

---

[328] RODRÍGUEZ LAINZ, J. L., "Los nuevos delitos leves", cit., p. 1400.

4. *El aumento de la severidad en el tratamiento de la pequeña delincuencia patrimonial*

Un elemento fundamental a la hora de decidir la eliminación de las faltas ha sido la intención de agravar la respuesta penal frente a la pequeña delincuencia patrimonial no violenta, en especial la habitual y organizada.

La preocupación por esta forma leve de criminalidad se había convertido en una constante en las reformas legislativas desde principios de siglo, alentada por algunas voces doctrinales[329]. Las infracciones de hurto ya habían sido modificadas en las reformas de 2003 y de 2010. Estas reformas han apuntado indefectiblemente en un sentido agravatorio. La crónica de los cambios permite percibir la creciente dureza con que el legislador aborda estas conductas[330].

La LO 11/2003, de 29 de septiembre, de medidas concretas en materia de seguridad ciudadana, violencia doméstica e integración social de los extranjeros, fue la primera manifestación de la especial preocupación del legislador por la pequeña delincuencia patrimonial, debido a su incidencia en la sensación de inseguridad de los ciudadanos, tras la entrada en vigor del Código Penal de 1995[331].

> Entonces, además de otras reformas significativas contra la delincuencia profesional, llevadas a cabo en la parte general (como la incorporación de la

---

329 Por ejemplo, MAGRO SERVET, V., "La derogación", cit., pp. 1861-1862, con acentos alarmistas.

330 Habla de que "una dirección político criminal definida y constante de combate al profesional de la delincuencia de "bagatela", iniciada con las reformas de 2003 y que no ha cesado hasta la fecha", CUGAT MAURI, M., "La discutible bondad", cit., p. 184.

331 En la Exposición de Motivos de la LO 11/2003 se explicó al respecto que "la realidad social ha puesto de manifiesto que uno de los principales problemas a los que tiene que dar respuesta el ordenamiento jurídico penal es el de la delincuencia que reiteradamente comete sus acciones, o lo que es lo mismo, la delincuencia profesionalizada. Son numerosos los ejemplos de aquellos que cometen pequeños delitos en un gran número de ocasiones, delitos que debido a su cuantía individualizada no obtienen una respuesta penal adecuada.
... Por otra parte, se recogen medidas dirigidas a mejorar la aplicación de la respuesta penal a la habitualidad de la conducta cuando los hechos infractores del Código Penal cometidos con anterioridad no hubieran sido aún juzgados y condenados. Así, los artículos 147, respecto a las lesiones, 234, respecto al hurto y 244, respecto a la sustracción de vehículos, establecen una pena de delito para la reiteración en la comisión de faltas, siempre que la frecuencia sea la de cuatro conductas constitutivas de falta en el plazo de un año, y en el caso de los hurtos o sustracción de vehículos de motor el montante acumulado supere el mínimo exigido para el delito" (apartado II).

circunstancia agravante de reincidencia cualificada en el art. 66.1.5 CP)[332], se modificó el art. 234 CP, que pasó a incluir la siguiente coletilla: "... Con la misma pena [que el delito de hurto, esto es, prisión de seis a dieciocho meses] se castigará al que en el plazo de un año realice cuatro veces la acción descrita en el artículo 623.1 de este Código, siempre que el montante acumulado de las infracciones sea superior al mínimo de la referida figura de delito". Se creaba así un delito de hurto por acumulación de faltas que planteaba numerosos problemas dogmáticos[333] y dudas de constitucionalidad[334], lo que, unido a la inexistencia de un registro de faltas[335] y al enjuiciamiento

---

332 Esta circunstancia era una vieja conocida del sistema penal español. Había sido introducida por la Ley 81/1978, de 28 de diciembre, de modificación del Código Penal en materia de Reincidencia y Reiteración. Fue eliminada en la reforma llevada a cabo por la LO 8/1983, de 25 de junio, de Reforma Urgente y Parcial del Código Penal, con el argumento de que "la exasperación del castigo del delito futuro, de por sí contraria al principio non bis in ídem, puesto que conduce a que un solo hecho genere consecuencias punitivas en más de una sola ocasión, se ha mostrado además como poco eficaz solución en el tratamiento de la profesionalidad o habitualidad delictiva..." (Exposición de Motivos).

333 Cfr. MELENDO PARDOS, M., "Bromas y veras en nuestra reciente legislación penal: Sobre la fugacidad de las nuevas figuras de acumulación de faltas patrimoniales", *La Ley* 2003-5, pp. 2035-2039; MESTRE DELGADO, E., "La reforma permanente como (mala) técnica legislativa en Derecho penal", *La Ley Penal* núm. 1, 2004, pp. 5 y ss.; POLAINO NAVARRETE, M., *La reforma penal española de 2003*, cit., pp. 47-49. Vid. también la Circular 2/2003, de 18 de diciembre, de la Fiscalía General del Estado, sobre la aplicación práctica del nuevo delito consistente en la realización de cuatro faltas homogéneas.

334 Ampliamente, AGUADO LÓPEZ, S., *La multirreincidencia y la conversión de faltas en delito. Problemas constitucionales y alternativas político-criminales*, Iustel, Madrid, 2008, pp. 55 y ss. Se plantearon varias cuestiones de constitucionalidad, por infracción de los principios de presunción de inocencia, culpabilidad, taxatividad, legalidad y seguridad jurídica. Sin embargo, el Tribunal Constitucional declaró constitucional el precepto, siempre que su interpretación se llevara a cabo de conformidad con los criterios hermenéuticos y axiológicos constitucionales. Vid. las SSTC 185/2014, de 6 de noviembre, y 3/2015, de 19 de enero.

335 En 2009 se lamentaba amargamente MAGRO SERVET, V., "La derogación", cit., p. 1862, de que "este precepto lleva sin aplicarse ya seis años ante la inexistencia de un registro que permita controlar las sentencias condenatorias de faltas de hurto, lo que evidencia que el intento de sancionar con mayor dureza la reiteración de la conducta del "carterista" no ha quedado más que en una aspiración, y muy lejana la realidad de penalizar más duramente a estos "profesionales de lo ajeno"". Ya había insistido en la necesidad de su creación en "La necesidad de la creación de un Registro Central de control de la habitualidad en las faltas para su conversión en delito", *La Ley* 2006-4, pp. 1673 y ss.; del mismo autor, "Aspectos prácticos de la tasación pericial del objeto del delito en la distinción de delitos y faltas", *La Ley* 2008-3, pp. 1885-1886. También constata la inaplicación del precepto, reconduciéndolo, entre otros factores, a la inexistencia de un registro, REBOLLO VARGAS, R., "Reflexiones", cit., pp. 575 y ss.

rápido de algunas faltas, que impedía su acumulación[336], dio lugar a su inaplicación práctica.

La preocupación por la pequeña delincuencia patrimonial se mantuvo en la reforma llevada a cabo por la LO 5/2010, de 22 de junio. En particular, la modificación introducida en el párrafo segundo del art. 234 CP, que regulaba el delito de hurto por acumulación de faltas, parecía pretender únicamente la aplicación de la pena de prisión prevista para el delito de hurto a los "descuideros" y carteristas habituales, "lo que muestra la ausencia de todo propósito resocializador y una lamentable falta de sensibilidad ante tanta pobre gente como puede ser encarcelada a causa de tan desafortunada disposición"[337].

Entonces se modificó el segundo párrafo del art. 234 CP, que castigaba con la misma pena que se preveía en el párrafo primero para el hurto por montante superior a 400 euros (prisión de 6 a 18 meses) a quien en el plazo de un año realizase tres veces (y no cuatro, como se recogía en la redacción anterior) la acción descrita en el apartado 1° del art. 623 CP, esto es, cometer hurto cuando el valor de lo hurtado no exceda de 400 euros, siempre que en conjunto, sumadas las respectivas cuantías, se superase la cantidad de 400 euros. Tenía que tratarse, pues, de al menos tres de faltas de hurto cuyo montante acumulado superase los 400 euros. Esta regulación planteaba diversos problemas, en buena parte heredados de la redacción anterior, al no haberse aprovechado la reforma para corregirlos[338], pero la importancia de estas discusiones se veía relativizada por el hecho de que, en la práctica, el delito de hurto por acumulación de faltas no se estaba aplicando, sino que se acudía al delito continuado[339].

También se añadió una circunstancia agravante al delito de hurto en el núm. 5° del art. 235 CP, que castigaba el hurto con la pena de prisión de 1 a 3 años "cuando se utilice a menores de catorce años para la comisión del delito". Se tipificaba expresamente una suerte de autoría mediata por utilización de menores de catorce años.

Además, se modificó de forma indirecta la regulación de la falta de hurto contenida en el art. 623.1 CP, pues, como aclaraba la nueva redacción dada al art. 37 CP, "en los casos en que la localización permanente esté pre-

---

336 Como apunta CUGAT MAURI, M. (Coord.), *Objetivos*, cit., pp. 10 y ss.

337 VIVES ANTÓN, T. S./ GONZÁLEZ CUSSAC, J. L., "Delitos contra el patrimonio y el orden socioeconómico", en VIVES ANTÓN, T. S., y otros, *Derecho Penal. Parte Especial*, 3ª ed. Tirant lo Blanch, Valencia, 2010, p. 383.

338 Vid. al respecto, ampliamente, FARALDO CABANA, P., "Los delitos contra el patrimonio tras la reforma de 2010", *La Ley Penal* núm. 81, 2011, pp. 25-44; GUARDIOLA LAGO, M. J., "La reforma penal", cit., pp. 257 y ss. Muy crítico, REBOLLO VARGAS, R., "Reflexiones", cit., pássim.

339 Como indica LLOBET ANGLÍ, M., "Robo y hurto (delito y falta)", en AA.VV., *Reforma Penal, Memento Experto Francis Lefebvre*, Ediciones Francis Lefebvre, Madrid, 2010, p. 176, que lo explica en parte por la incidencia de los juicios rápidos.

vista como pena principal, atendiendo a la reiteración en la comisión de la infracción y siempre que así lo disponga expresamente el concreto precepto aplicable" (como sucedía, de hecho, en el art. 623.1 CP, donde se tipificaba la falta de hurto), "el Juez podrá acordar en sentencia que la pena de localización permanente se cumpla los sábados, domingos y días festivos en el centro penitenciario más próximo al domicilio del penado", lo que suponía una vuelta encubierta al arresto de fin de semana para las faltas reiteradas de hurto, agravando las penas previstas hasta el momento. La explicación que al respecto se contiene en el Preámbulo es la siguiente: "Por una parte, se trata del supuesto que, sobre todo en los núcleos urbanos más importantes, ha generado la mayor preocupación ciudadana y es el que a día de hoy realmente requiere la adopción de esta medida. Por otro, la restricción de esta modalidad de localización permanente a un supuesto puntual permitirá aprovechar adecuadamente los recursos disponibles en el sistema penitenciario". Para aplicar este precepto se tenía en cuenta la comisión de un número no determinado de faltas no enjuiciadas y, por tanto, no probadas para apreciar la reiteración delictiva. También se tenían en cuenta faltas ya enjuiciadas, con lo que la reiteración se aproximaba a la reincidencia. El juez o tribunal tenía que valorar además la "proximidad temporal", que no se definía.

En el Preámbulo de la LO 1/2015 se señala que "la revisión de la regulación de los delitos contra la propiedad y el patrimonio tiene como objetivo esencial ofrecer respuesta a los problemas que plantea la multirreincidencia y la criminalidad grave" (apartado XIV), puntualizándose más adelante que, "en el caso de las infracciones contra el patrimonio, la derogación de las faltas supone la incorporación de nuevos tipos atenuados en los correspondientes delitos de referencia, manteniendo el criterio cuantitativo para sancionar las infracciones de menor gravedad" (apartado XXXI). En realidad, como veremos, la criminalidad grave apenas tiene relevancia en la modificación de los delitos contra el patrimonio, centrándose los esfuerzos del legislador en aumentar la sanción de la pequeña delincuencia patrimonial no violenta, pero habitual o profesionalizada. Este objetivo se deja muy claro en el Preámbulo: "con esta finalidad [ofrecer respuestas a la multirreincidencia] se suprime la falta de hurto, y se introduce un supuesto agravado aplicable a la delincuencia habitual. Los supuestos de menor gravedad, que anteriormente se sancionaban como falta, se regulan ahora como delitos leves; pero se excluye la consideración como leves de todos aquellos delitos en los que concurra alguna circunstancia de agravación —en particular, la comisión reiterada de delitos contra la propiedad y el patrimonio—. De este modo, se solucionan los problemas que planteaba la multirreincidencia: los delincuentes habituales anteriormente eran condenados por meras faltas, pero con esta modificación podrán ser condenados como autores de un tipo agravado castigado con penas de uno a tres años de prisión" (apartado XIV).

En efecto, la falta de hurto se convierte en delito leve, recogido en el art. 234.2 CP, según el cual "se impondrá una pena de multa de 1 a 3 meses si la cuantía de lo sustraído no excediese de 400 euros, salvo si concurriese alguna de las circunstancias del art. 235". Se pasa de una pena de localización permanente de 4 a 12 días o multa de 1 a 2 meses a una pena de multa de 1 a 3 meses, por lo que cabe afirmar que disminuye la pena. El aumento del límite superior de la pena de multa no es óbice para entender que se produce una rebaja de la pena, al desaparecer la pena alternativa de localización permanente. Ahora bien, por un lado, no hay que olvidar que la pena del delito leve de hurto se impondrá "en su mitad superior cuando en la comisión del hecho se hubiera neutralizado, eliminado o inutilizado, por cualquier medio, los dispositivos de alarma o seguridad instalados en las cosas sustraídas" (art. 234.3 CP), agravante que constituye, evidentemente, una cesión frente a la presión del comercio minorista, sobre todo el de las grandes superficies, que es el que utiliza esos dispositivos para evitar hurtos[340].

---

340 Lo indica claramente NAVARRO BLASCO, E., "Reforma de los delitos de hurto, robo y otros delitos patrimoniales", en QUINTERO OLIVARES, G. (Dir.), *Comentario a la reforma penal de 2015*, Thomson Reuters Aranzadi, Cizur Menor, 2015, p. 473. Recuérdese que la polémica doctrinal sobre si estos supuestos eran constitutivos de robo con fuerza en las cosas o de hurto fue resuelta por la Consulta 13/1997, de 14 de noviembre, de la Fiscalía General del Estado, sobre el alcance atribuible al número 5 del art. 238 del Código Penal, en relación con el renovado concepto del delito de robo con fuerza en las cosas, que la calificó como delito o falta de hurto.
No es el único caso en que se tienen en cuenta estos intereses. Por ejemplo, la modificación de la definición del delito de robo con fuerza en las cosas, contenida en el art. 237 CP, apunta en el mismo sentido. Según reza el referido precepto, son reos del delito de robo con fuerza "los que, con ánimo de lucro, se apoderaren de las cosas muebles ajenas empleando fuerza para acceder o abandonar el lugar donde éstas se encuentran...". Definido en esos términos, el robo con fuerza será aplicado, como indica el Informe del Consejo General del Poder Judicial sobre el Anteproyecto, p. 191, "previsiblemente, a la desactivación de los sistemas de alarma instalados en las cosas para evitar que la sustracción llevada a cabo sea detectada al salir del establecimiento...", advirtiendo que "no debe pasar inadvertido el endurecimiento punitivo que acarrea la medida, pues lo cierto es que la conducta consistente en la inutilización de los sistemas de alarma instalados en las cosas para alertar sobre su sustracción, actualmente es constitutiva de delito o falta de hurto, de conformidad con los criterios emanados de la Consulta 13/1997, de la Fiscalía General del Estado. A ello debe añadirse que al estar principalmente concebido el precepto para las sustracciones realizadas en establecimientos abiertos al público, la pena aplicable será la prevista en el artículo 241.1, es decir, la de dos a cinco años de prisión, con el consiguiente incremento desmesurado de la sanción".

Y como suele ocurrir con estas cosas, se acaban abarcando más supuestos de los inicialmente pretendidos. Piénsese, por ejemplo, que también será posible aplicar el tipo agravado que nos ocupa cuando se rompa la cadena de una bicicleta para sustraerla con carácter definitivo[341].

Por otro lado, también hay que tener en cuenta que aumenta sustancialmente el número de circunstancias agravantes del delito de hurto, ahora contenidas en el art. 235 CP, y aplicables también al tipo atenuado de hurto por cuantía inferior a 400 euros. Y que aunque hay varias de difícil aplicación a esta modalidad de hurto[342], otras están pensadas precisamente para elevar la pena de los hurtos callejeros. La habitualidad es una de ellas[343], introducida para sustituir la figura del delito de hurto por acumulación de faltas (y la agravante de profesionalidad que se contemplaba en el Anteproyecto, que no superó la tramitación legislativa), que desaparece, y para sortear la prohibición de apreciar la circunstancia agravante de reincidencia en caso de antecedentes penales por delitos leves, prevista en el art. 22.8 CP.

El legislador la llama multirreincidencia delictiva. En efecto, su tenor literal coincide prácticamente con el del art. 66.1.5 CP[344]. Con una diferencia sustancial: la apreciación de la circunstancia agravante genérica queda al arbitrio del juez o tribunal, que "podrá" aplicar la pena superior en grado a la prevista por la ley para el delito de que se trate, mientras que en el hurto se indica que el delito "será castigado" con la pena de prisión de uno a tres

---

341 Como señala CANO CUENCA, A., "El delito de hurto (arts. 234 y ss. CP)", en GONZÁLEZ CUSSAC, J. L. (Dir.), *Comentarios a la Reforma del Código Penal de 2015*, 2ª ed. Tirant lo Blanch, Valencia, 2015, p. 699.

342 Por ejemplo, parece difícil que se pueda generar una situación de desabastecimiento de bienes de primera necesidad por sustraer efectos de valor inferior a 400 euros, que el hurto revista especial gravedad, "atendiendo al valor de los efectos sustraídos", o que se "ponga a la víctima o a su familia en grave situación económica".

343 Art. 235.1 CP: "El hurto será castigado con la pena de prisión de uno a tres años:
... 7º Cuando al delinquir el culpable hubiera sido condenado ejecutoriamente al menos por tres delitos comprendidos en este Título, siempre que sean de la misma naturaleza. No se tendrán en cuenta antecedentes cancelados o que debieran serlo".

344 Art. 66 CP: "1. En la aplicación de la pena, tratándose de delitos dolosos, los jueces o tribunales observarán, según haya o no circunstancias atenuantes o agravantes, las siguientes reglas:
... 5º Cuando concurra la circunstancia agravante de reincidencia con la cualificación de que el culpable al delinquir hubiera sido condenado ejecutoriamente al menos, por tres delitos comprendidos en el mismo título de este Código, siempre que sean de la misma naturaleza, podrán aplicar la pena superior en grado a la prevista por la ley para el delito de que se trate, teniendo en cuenta las condenas precedentes, así como la gravedad del nuevo delito cometido".

años si concurre alguna de las circunstancias que cita[345]. Y pasar de una multa de uno a tres meses a prisión de uno a tres años supone una agravación bastante más considerable que una simple subida de un grado[346].

De esta manera se consigue agravar considerablemente el hurto habitual por cuantía inferior a 400 euros, bastante más allá de lo que permitiría la aplicación de la circunstancia agravante genérica de multirreincidencia y de lo que admitía la figura del delito de hurto por acumulación de faltas, y sin que tenga relevancia que los delitos cometidos sean delitos leves o no. Y además del aumento de la pena se relajan las condiciones que permiten su aplicación. Por un lado, se elimina el plazo temporal de cinco años previsto en la definición auténtica de habitualidad que se contiene en el art. 94 CP. Por otro, también desaparece el plazo temporal de un año que se contemplaba en el delito de hurto por acumulación de faltas, y que suponía una dificultad importante a la hora de aplicarlo.

De hecho, uno de los problemas prácticos que planteaba esta regulación era que el plazo establecido para el cómputo de las tres conductas constitutivas de falta de hurto era de un año, mientras que el plazo de prescripción de las faltas era de seis meses, según el art. 131.2 CP en su versión anterior a la reforma de 2015, con lo que era posible que cuando se cometiese la tercera en el plazo de un año la primera ya hubiera prescrito. ¿Se podían tener en cuenta las faltas prescritas para alcanzar el número de tres que permitía el salto a la consideración de delito? Existía un cierto acuerdo en que no[347],

345 Como señalan CANO CUENCA, A., "El delito de hurto", cit., p. 704; y CUGAT MAURI, M., "Consecuencias penales", cit., p. 232.

346 Lo destacan, entre otros, CUGAT MAURI, M., "Consecuencias penales", cit., p. 232, FERNÁNDEZ HERNÁNDEZ, A., "Supresión", cit., pp. 63-64, y RODRÍGUEZ LAINZ, J. L., "Los nuevos delitos leves", cit., p. 1398. Muy crítica, ROIG TORRES, M., "La reforma del Código penal en materia de reiteración delictiva", en ORTS BERENGUER, E. (Dir.), *Derecho Penal de la peligrosidad y prevención de la reincidencia*, Tirant lo Blanch, Valencia, 2015, pp. 396-401.

347 Así, la Circular 2/2003, de 18 de diciembre, de la Fiscalía General del Estado, sobre la base de que la prescripción es un instituto de derecho sustantivo que opera ipso iure, debiendo ser apreciada de oficio por los jueces y tribunales; VIVES ANTÓN, T. S./ GONZÁLEZ CUSSAC, J. L., "Delitos", cit., p. 384, que indicaban que esta solución parecía inevitable, si bien con ella "se pone de manifiesto lo desacertado y contradictorio de la nueva redacción". Ahora bien, también tenía apoyos la respuesta afirmativa. Por ej., GUARDIOLA LAGO, M. J., "La reforma penal", cit., p. 262, que alegaba que de otra forma se procedería a una interpretatio abrogans del párrafo segundo del art. 234 CP, que establecía el plazo de un año, y no de seis meses, para el cómputo de las sustracciones, y apoyándose además en la introducción de un nuevo supuesto de prescripción en el art. 131.5 CP, según el cual "en los supuestos... de infracciones conexas, el plazo de prescripción será el que corresponda al delito más grave"; o LLOBET ANGLÍ, M., "Robo", cit., p. 175, para la cual se podía entender que el párrafo segundo del art. 234 CP contenía un delito habitual, debiendo aplicarse

lo que obligaba a entender que entre la primera y la tercera falta no debían haber pasado más de seis meses.

Sin olvidar que desaparece el umbral absoluto de los 400 euros que hasta la reforma marcaba el paso de la falta al delito, pues ahora es posible la aplicación del tipo agravado del delito de hurto a hechos que antes solo eran constitutivos de falta[348].

Así pues, la pena del hurto habitual por cuantías inferiores a 400 euros pasa de localización permanente de 8 a 12 días (en caso de falta continuada de hurto) o prisión de 6 a 18 meses (en caso de delito de hurto por acumulación de faltas) a prisión de 1 a 3 años, pena que puede aplicarse en su mitad superior si concurren dos o más de las circunstancias previstas en el art. 235.1 (art. 235.2 CP). Entre estas circunstancias agravantes, además de la habitualidad, se encuentra la pertenencia a organización o grupo criminal que se dedicare a la comisión de delitos comprendidos en este Título, siempre que sean de la misma naturaleza (art. 235.1.9ª CP). Esto significa que la pena del hurto habitual organizado por cuantías inferiores a 400 euros se extiende de dos a tres años.

Se produce un concurso aparente de leyes penales con los delitos de asociación ilícita y de organización o grupo criminal, pues de optarse por el concurso de delitos se produciría una infracción del principio *non bis in idem*[349]. El concurso de leyes se resuelve por aplicación del principio de especialidad

---

en relación a la prescripción el art. 132.1 CP, que establece que en las infracciones que exijan habitualidad los términos de prescripción se computarán desde el día en que cesó la conducta, por tanto, desde el día de la consumación de la última falta cometida. Parecía acoger esta última interpretación, siempre que se entendiera que la entonces nueva redacción del precepto pretendía un cambio del marco conceptual en el que operaba, pasando a integrarse entre los delitos habituales, TORRES ROSELL, N., "El delito de hurto (arts. 234, 235 y 623)", en QUINTERO OLIVARES, G. (Dir.), *La reforma penal de 2010: análisis y comentarios*, Thomson Reuters-Aranzadi, Cizur Menor, 2010, p. 198.

348 Cfr. CUGAT MAURI, M., "La discutible bondad", cit., p. 172; LÓPEZ PEREGRÍN, M. C., "La (supuesta) supresión", cit., pp. 115 y ss.; NAVARRO BLASCO, E., "Reforma", cit., p. 473.

349 Es opinión doctrinal mayoritaria. Así, entre otros, GARCÍA ALBERO, R., "De las organizaciones y grupos criminales", en QUINTERO OLIVARES, G. (Dir.), *Comentarios al Código Penal Español. Tomo II (Artículos 234 a DF. 7ª)*, 6ª ed. Aranzadi Thomson Reuters, Cizur Menor, 2011, p. 1712; ROPERO CARRASCO, J., "¿Es necesario una reforma penal para resolver los problemas de atribución de responsabilidad y "justo" castigo de la delincuencia organizada?", *EPC* Vol. XXVII, 2007, p. 278; SÁNCHEZ GARCÍA DE PAZ, I., *La criminalidad organizada*, cit., pp. 123-124; de la misma autora, "Artículo 517", cit., p. 1799. Véase también la Circular 2/2011, de 2 de junio, de la Fiscalía General del Estado, apartado V C.

a favor del tipo agravado por organización[350]. En este supuesto, por tanto, no se aplican los delitos de asociación ilícita ni los de organización o grupo criminal, salvo que no se haya iniciado la ejecución de los delitos concretos o ésta no pueda probarse en el proceso, en cuyo caso se aplicarían[351]. Curiosamente, como a veces ocurre en estos casos, la pena que corresponde imponer aplicando el delito de hurto agravado por organización es menor que la que se aplicaría de no existir dicho tipo agravado, debiendo entonces apreciarse un concurso de delitos con la organización o grupo criminal[352]. Esto es prueba de que el legislador no calibra adecuadamente las consecuencias de la regulación que aprueba, pero también de que no escucha con particular atención a los órganos consultivos[353].

Hay otras medidas aplicables a los autores de esta pequeña delincuencia patrimonial habitual y organizada. Por ejemplo, la comisión de varios delitos leves de hurto en el seno de un grupo u organización criminal puede dar pie a expulsar de nuestro país no solo a ciudadanos extranjeros extracomunitarios condenados a penas de prisión de más de un año, sino incluso a ciudadanos de la Unión Europea aunque hayan residido en España durante los diez años anteriores (art. 89 CP).

Para la Fiscalía General del Estado[354], "no será desproporcionada la expulsión cuando la falta [hoy delito leve] o el delito cometido castigado con pena de multa impagada sea la última de las manifestaciones indicadoras de una

---

350 Así, por ejemplo, GARCÍA ALBERO, R., "De las organizaciones", cit., p. 1712; GONZÁLEZ RUS, J. J., "Aproximación político-criminal a la regulación de la criminalidad organizada después de la reforma de 2010", en GONZÁLEZ RUS, J. J. (Dir.), *La criminalidad organizada*, Tirant lo Blanch, Valencia, 2013, p. 114; SÁNCHEZ GARCÍA DE PAZ, I., "Artículo 570 *quáter*", en GÓMEZ TOMILLO, M. (Dir.), *Comentarios al Código Penal*, 2ª ed. Lex Nova, Valladolid, 2011, p. 1932. Véase también la Circular 2/2011, de 2 de junio, de la Fiscalía General del Estado, apartado II B.

351 En este sentido, expresamente, cfr. SÁNCHEZ GARCÍA DE PAZ, I., *La criminalidad organizada*, cit., p. 124; de la misma autora, "Artículo 570 quáter", cit., pp. 1932-1933.

352 Con razón califica de "perturbadora" esta agravación NAVARRO BLASCO, E., "Reforma", cit., p. 478.

353 En el Informe del Consejo Fiscal al Anteproyecto, p. 211, ya se indicaba que "resulta innecesario y perturbador introducir dicha agravación, pues la condición de miembro de una organización criminal ya está sancionada en el art. 570 bis con una pena que debería sumarse al delito cometido, lo que permitiría incluso una sanción mayor que la regulada en este nuevo precepto" (apartado centésimo decimoséptimo). Por su parte, el Informe del Consejo General del Poder Judicial, p. 190, también decía que, "dado que el hecho de formar parte de un grupo u organización criminal se sanciona de forma autónoma, se antoja excesivo agravar la comisión del hurto por el simple hecho de actuar conforme a los fines de la asociación creada para delinquir".

354 Circular 5/2011, de 2 de noviembre, de la Fiscalía General del Estado, sobre criterios para la unidad de actuación especializada del Ministerio Fiscal en materia de extranjería e inmigración, p. 88 (apartado VI.3.1).

forma de vida patentemente contraria al orden público español —como lo acreditaría la existencia de una pluralidad de condenas por delito o faltas—, o constituya un instrumento defraudatorio del régimen jurídico de la estancia y residencia de los extranjeros en España previsto y regulado en la Ley Orgánica 4/2000, o signifique un obstáculo para la ejecución de la expulsión acordada en otro procedimiento penal por delito". El Informe del Consejo Fiscal al Anteproyecto ratifica plenamente esta opinión, al señalar que "por el mismo motivo es también muy discutible la exclusión que el Anteproyecto hace de las penas de prisión de duración igual o inferior a un año, porque es precisamente en el ámbito de los delitos de menor gravedad donde más justificada se halla la prevalencia de los fines de la política migratoria sobre los fines de política criminal. Piénsese que si la comisión de delitos de escasa entidad —delitos leves de hurto, p.e.— conduce a la imposición de una pena de prisión inferior a un año, la comisión de infracciones penales puede convertirse —de hecho ya lo es— en un medio útil de eludir la aplicación de la normativa de extranjería al que podrían recurrir extranjeros en situación irregular", y que "han sido las interpretaciones restrictivas sobre la extensión del concepto penas privativas de libertad y la posibilidad de su aplicación a la faltas lo que ha supuesto un obstáculo —a veces insalvable— a la ordenación y aplicación normalizada y coherente con el derecho administrativo de la expulsión" (apartado cuadragésimo segundo).
Sin embargo, hasta la reforma de 2015 se consideraba desproporcionado sustituir las penas leves aplicables a las faltas por expulsión[355].

Un proceso de agravación similar tiene lugar respecto de la falta de hurto de uso de vehículo de motor ajeno. En la versión original del Código Penal de 1995[356], el art. 623 indicaba que "serán castigados con arresto de dos a seis fines de semana o multa de uno a dos meses: ... 3. Los que sustraigan, sin ánimo de apropiárselo, un vehículo a motor o ciclomotor ajeno, si el valor del vehículo utilizado no excediera de 50.000 pesetas". En la reforma llevada a cabo por la LO 11/2003 se introdujo también aquí el delito de hurto de uso de vehículo de motor por acumulación de faltas.

---

355 Cfr. ABEL SOUTO, M., *La pena*, cit., pp. 76-77; RODRÍGUEZ MESA, M. J., "La expulsión del extranjero en el Ordenamiento jurídico español. Una valoración crítica", en RODRÍGUEZ MESA, M. J./ RUIZ RODRÍGUEZ, L. R. (Coords.), *Inmigración y sistema penal. Retos y desafíos para el siglo XXI*, Tirant lo Blanch, Valencia, 2006, p. 276; ROSA CORTINA, J. M. de la, "La expulsión de los extranjeros no residentes legalmente condenados a pena privativa de libertad inferior a seis años tras la reforma 11/2003, de 29 de septiembre", *La Ley* 2004-3, p. 1921.

356 Procedente de la reforma de 1989, en la que por primera vez se crea una falta de utilización ilegítima de vehículo de motor ajeno (entonces contenida en el art. 587.1 CP 1944/73), que fue aplaudida por la doctrina, a pesar de que el límite cuantitativo, entonces de 30.000 pesetas, era fácilmente revasable, porque posibilitaba "castigar como falta hechos que antes de 1989 tenían que ser catalogados forzosamente como delito...". MARTÍNEZ PÉREZ, C., "La despenalización", cit., pp. 358-359.

El inciso 2° del art. 244 CP disponía a partir de entonces que "con la misma pena [que el delito de hurto de uso, esto es, trabajos en beneficio de la comunidad de 31 a 90 días o multa de 6 a 12 meses] se castigará al que en el plazo de un año realice cuatro veces la acción descrita en el art. 623.3 de este Código, siempre que el montante acumulado de las infracciones sea superior al mínimo de la referida figura de delito" (400 euros).

Esta disposición presentaba los mismos problemas de aplicación práctica que en el caso del hurto. Pues bien, en la reforma de 2015 desaparece la falta de hurto de uso de vehículo a motor o ciclomotor de valor inferior a 400 euros, reconduciéndose todas las conductas de hurto de uso al art. 244 CP, con independencia de la cuantía[357], con la única limitación de que "en ningún caso, la pena impuesta pueda ser igual o superior a la que correspondería si se apropiare definitivamente del vehículo". Ello supone un considerable endurecimiento de la pena: el delito de hurto de uso de vehículo de motor ajeno se castiga con penas menos graves, trabajos en beneficio de la comunidad de 31 a 90 días o multa de 6 a 12 meses, frente a las penas leves de localización permanente de 4 a 12 días o multa de 1 a 2 meses que se preveían para la falta. Como puede observarse, desaparece la pena privativa de libertad de localización permanente, pero la multa se multiplica por seis, tanto en su límite inferior como en el superior, y se incorpora como pena alternativa la de trabajos en beneficio de la comunidad de duración superior a 30 días, por tanto pena menos grave. Además, el empleo de fuerza en las cosas para utilizar un vehículo de valor inferior a 400 euros, que antes era una falta agravada regulada en el art. 623.3 CP, se convierte en delito menos grave, con independencia del valor del vehículo[358].

En caso de hurto habitual de vehículos de valor inferior a 400 euros cabe apreciar la circunstancia agravante de reincidencia, pues estamos ante delitos menos graves.

En lo que respecta a la falta de estafa también hay modificaciones en sentido agravatorio. Cierto que la falta se reconvierte en el delito leve del segundo párrafo del art. 249 CP, que castiga la estafa con pena de multa de uno a tres meses si la cuantía de lo defraudado no excediere de 400 euros. Hasta aquí, nada que objetar. El problema es que a esa estafa le son aplicables las circunstancias agravantes del art. 250 CP, que en caso de concurrir solo una supone una pena de prisión de uno a seis años y multa de seis a doce meses, y si concurren las circunstancias incluidas en

---

[357] Lo advierten LÓPEZ PEREGRÍN, M. C., "La (supuesta) supresión", cit., pp. 109-110; VICENTE MARTÍNEZ, R. de, *La nueva regulación*, cit., pp. 98-99.

[358] Lo resalta RODRÍGUEZ LAINZ, J. L., "Los nuevos delitos leves", cit., p. 1399.

los núms.4, 5, 6 o 7 con la prevista en el núm.1, prisión de cuatro a ocho años y multa de doce a veinticuatro meses. Y que una de ellas es la de habitualidad o multirreincidencia delictiva, aplicable cuando "al delinquir el culpable hubiera sido condenado ejecutoriamente almenos por tres delitos comprendidos en este capítulo..." (art. 250.1.8ª CP).

Ocurre lo mismo en la administración desleal y la apropiación indebida (arts. 252 y 253 CP por remisión al art. 250.1.8º CP), pues estos preceptos, que instituyen tipos penales especiales cualificados, no hacen distinción entre delitos leves y menos graves, y solo excluyen los antecedentes cancelados o susceptibles de cancelación[359].

Algo parecido ocurre con los daños en propiedad ajena. La falta de daños que no excedan de 400 euros se ha convertido en delito leve castigado con una pena de multa de uno a tres meses (segundo inciso del art. 263.1 CP). Pero si concurre alguna de las circunstancias agravantes del art. 263.2 CP esa pena de convierte en prisión de uno a tres años y multa de doce a veinticuatro meses. Y entre las circunstancias agravantes se incluye que los daños "afecten a bienes de dominio o uso público o comunal" (núm.4), que puede ser aplicable en algunos casos de vandalismo.

A todo lo expuesto se añade la eliminación del delito de receptación habitual de efectos procedentes de la comisión de faltas, y la inclusión de esa conducta, ya sin la exigencia de habitualidad, en el delito de receptación, como se ha podido comprobar. También hay que tener en cuenta que el delito de receptación prevé ahora tres nuevas circunstancias agravantes, que permiten imponer una pena de uno a tres años de prisión[360]. Al menos una de ellas, la referida a "cosas de primera necesidad, conducciones, cableado, equipos o componentes de infraestructuras de suministro eléctrico o de servicios de comunicaciones, o de otras cosas destinadas a la prestación de servicios de interés general, productos agrarios o ganaderos

---

359 Cfr. RODRÍGUEZ LAINZ, J. L., "Los nuevos delitos leves", cit., p. 1398; VICENTE MARTÍNEZ, R. de, *La nueva regulación*, cit., p. 46. También la Circular 1/2015, de 19 de junio (apartado 7.1).

360 Art. 298 CP: "1... Se impondrá una pena de uno a tres años de prisión en los siguientes supuestos:

a) Cuando se trate de cosas de valor artístico, histórico, cultural o científico.

b) Cuando se trate de cosas de primera necesidad, conducciones, cableado, equipos o componentes de infraestructuras de suministro eléctrico o de servicios de telecomunicaciones, o de otras cosas destinadas a la prestación de servicios de interés general, productos agrarios o ganaderos o de los instrumentos o medios que se utilizan para su obtención.

c) Cuando los hechos revistan especial gravedad, atendiendo al valor de los efectos receptados o a los perjuicios que previsiblemente hubiera causado su sustracción".

o de los instrumentos o medios que se utilizan para su obtención", está pensada para la delincuencia habitual contra el patrimonio.

8. NOVEDADES EN EL SISTEMA DE SANCIONES APLICABLES A LOS DELITOS LEVES

1. *Determinaciones previas*

Como hemos visto, dos de los aspectos más llamativos de la reconversión de las faltas en delitos leves y menos graves son la considerable reducción en el uso de la pena de localización permanente y el aumento generalizado de la duración de la pena de multa. Ya se ha tenido ocasión de adelantar que en el Preámbulo de la LO 1/2015 el legislador explica que "en general se recurre a la imposición de penas de multa, que se estiman más adecuadas para sancionar infracciones de escasa entidad, y además con un amplio margen de apreciación para que el Juez o Tribunal pueda valorar la gravedad de la conducta. No obstante, se recurre a la imposición de penas de trabajos en beneficio de la comunidad y de la localización permanente cuando se trata de delitos de violencia de género y doméstica, con el fin de evitar los efectos negativos que para la propia víctima puede conllevar la imposición de una pena de multa" (apartado XXXI). En efecto, salvo en los delitos relacionados con la violencia de género, y con especialidades en el caso de los delitos relacionados con la violencia doméstica, la multa es la pena leve por excelencia, como regla general como pena única, aunque a veces aparece acompañada por otras penas de imposición alternativa o conjunta, en este último caso potestativamente.

La multa es pena principal única en numerosas infracciones, generalmente con una duración de uno a tres meses, salvo algún caso excepcional en que dura de uno a dos meses (malos tratos de obra sin causar lesión, previsto en el art. 147.3 CP, y apropiación indebida si la cuantía de lo apropiado no excediere de 400 euros, recogida en el art. 254.2 CP). Se trata de los delitos de lesiones leves, lesiones no constitutivas de delito, amenazas y coacciones leves, allanamiento del domicilio de personas jurídicas o establecimientos abiertos al público, hurto, sustracción de cosa propia, estafa, administración desleal, apropiación indebida y defraudaciones de electricidad, gas, agua u otro elemento, energía o fluido, o en equipos terminales de telecomunicación, alteración de términos o lindes, distracción de aguas, daños, expendición o distribución de moneda falsa recibida de buena fe, distribución o utilización de sellos o efectos timbrados falsos adquiridos de buena fe, uso público e indebido de uniforme, traje o insignia que atribuyan carácter oficial y falta de respeto o consideración debida a la autoridad. Con una duración de uno a cuatro meses se prevé en los delitos de amenazas leves a las personas del

art. 173.2 CP, coacciones leves a las personas del art. 173.2 CP, e injuria o vejación leve a las personas del art. 173.2 CP.
La multa, con una duración de uno a seis meses, aparece acompañada por una pena principal privativa de derechos de aplicación potestativa en los delitos relativos a la protección de los animales: abandono de animales domésticos en condiciones de peligro para su vida o integridad (art. 337 *bis* CP, multa de uno a seis meses, pudiendo además imponer el juez la pena de inhabilitación especial de tres meses a un año para el ejercicio de profesión, oficio o comercio que tenga relación con los animales y para la tenencia de animales) y maltrato de animales en espectáculos no autorizados (art. 337.4 CP, pena de multa de uno a seis meses, pudiendo imponerse la misma pena de inhabilitación especial de tres meses a un año para el ejercicio de profesión, oficio o comercio que tenga relación con los animales y para la tenencia de animales).
La multa se combina con una pena alternativa de trabajos en beneficio de la comunidad en el delito de sustracción o utilización ilegítima de vehículo a motor o ciclomotor (art. 244.1 CP, pena de multa de dos a doce meses o trabajos en beneficio de la comunidad de 31 a 90 días), los delitos contra la propiedad intelectual y parcialmente también contra la propiedad industrial (arts. 270.2 y 274.3 CP, ambos castigados con pena de multa de uno a seis meses o trabajos en beneficio de la comunidad de 31 a 60 días).

Por su parte, en los delitos leves relacionados con la violencia de género y doméstica se contempla un régimen penológico especial, basado en la imposición como penas principales alternativas de la localización permanente y los trabajos en beneficio de la comunidad, siendo novedosa la inclusión de la multa también como pena alternativa en los delitos leves relacionados con la violencia doméstica. A su análisis se dedicará un apartado específico.

Con carácter previo, conviene tener en cuenta que las penas leves tienen un rasgo en común: dada su levedad, se les reprocha en todos los casos su carencia de efectos preventivo generales y especiales. Lo más positivo que se suele decir de ellas es que con su ejecución se evitan los efectos perjudiciales de las penas cortas de prisión, como el desarraigo familiar o la pérdida del trabajo. Es decir, que no desocializan, aunque tampoco resocialicen. ¿Es esto negativo? En modo alguno. Como ya hemos tenido ocasión de ver, desde que las faltas fueron introducidas en el Código Penal de 1848 se reconoce en la doctrina que "la pena leve avisa y amonesta, para que no se le abandone, para que no se complete el extravío", pero ni castiga ni reforma, como hacen, por su parte, las penas más graves[361].

361 PACHECO, J. F., *El Código penal, I*, 2ª ed. cit., p. 116.

2. *¿Por qué se reduce el uso de la localización permanente?*

En ninguna parte explica el legislador por qué reduce tan drásticamente el ámbito de aplicación de la pena de localización permanente, creada en 2003 especialmente para infracciones penales leves, y cuyo uso se extendió considerablemente tras la reforma de 2010.

En la LO 15/2003 se justificó su introducción con el argumento de que "la configuración de esta pena permite su aplicación con éxito para prevenir conductas típicas constitutivas de infracciones penales leves, al mismo tiempo que se evitan los efectos perjudiciales de la reclusión en establecimientos penitenciarios", según la Exposición de Motivos (apartado II d). De hecho, era la segunda pena más utilizada en las faltas, después de la multa, aunque solo aparecía como pena única en caso de perpetración reiterada de la falta de hurto (art. 623.1, 2° inciso CP), pues funcionaba como alternativa a la multa en la mayoría de los casos, y a los trabajos en beneficio de la comunidad en supuestos más raros[362]. Por su parte, la LO 5/2010 aumentó su límite máximo de duración hasta los seis meses, posibilitó que el juez acordase su cumplimiento en el centro penitenciario más próximo al domicilio del penado durante los sábados, domingos y días festivos en caso de faltas reiteradas de hurto[363], y le otorgó además un mayor protagonismo en el ámbito de las penas alternativas a la prisión, al convertirse en pena sustitutiva de la pena

---

[362] Vid. las cuentas en concreto en ABEL SOUTO, M., *La pena*, cit., pp. 78 y ss., o POLAINO NAVARRETE, M., *La reforma penal española de 2003*, cit., pp. 72-73.

[363] De acuerdo con la nueva redacción que se dio entonces al art. 37 CP, "en los casos en que la localización permanente esté prevista como pena principal, atendiendo a la reiteración en la comisión de la infracción y siempre que así lo disponga expresamente el concreto precepto aplicable" (como sucedía, de hecho, en el art. 623.1 CP, donde se tipificaba la falta de hurto), "el Juez podrá acordar en sentencia que la pena de localización permanente se cumpla los sábados, domingos y días festivos en el centro penitenciario más próximo al domicilio del penado". Esto suponía una vuelta encubierta al arresto de fin de semana para las faltas reiteradas de hurto, agravando las penas previstas hasta el momento. La explicación que al respecto se contenía en el Preámbulo de la LO 5/2010 era la siguiente: "Por una parte, se trata del supuesto que, sobre todo en los núcleos urbanos más importantes, ha generado la mayor preocupación ciudadana y es el que a día de hoy realmente requiere la adopción de esta medida. Por otro, la restricción de esta modalidad de localización permanente a un supuesto puntual permitirá aprovechar adecuadamente los recursos disponibles en el sistema penitenciario". Véase al respecto FARALDO CABANA, P., "Los delitos contra el patrimonio", cit., pássim; NISTAL BURÓN, J., "La pena de localización permanente de cumplimiento en centro penitenciario: su difícil papel de alternativa real a las penas cortas de prisión", *La Ley* 2012-2, pp. 1542-1546; SUÁREZ LÓPEZ, J. M., "La reintroducción en el texto punitivo de la pena de arresto domiciliario y fin de semana a través de la localización permanente", *RECPC* núm. 14, 2012, pp. 1-24. Señalaba que "no se prevé especial éxito" para esta posibilidad de cumplimiento en centro penitenciario CUGAT MAURI, M. (Coord.), *Objetivos*, cit., p. 16.

de prisión de hasta seis meses[364]. Aun así, en la doctrina se reconocía que desempeñaba una función "residual" en el sistema de penas[365]. De hecho, ya entonces se advertía que "sólo el tiempo dirá si en breve no será también ésta la que requiera de un reemplazo ante los problemas de cumplimiento que se le avecinan, si, como viene siendo habitual, se confía la virtualidad de las penas alternativas a la prisión a las palabras del legislador sin el correspondiente apoyo de medios que garanticen su feliz aterrizaje en la realidad"[366].

Tras la reforma de 2015 aparece en el catálogo del art. 33 CP exclusivamente como pena leve, con una duración de un día a tres meses[367]. Al mismo tiempo, desaparece como pena principal para la mayoría de las infracciones leves.

Esta desaparición no se sentirá mucho en el sistema penal, pues el porcentaje de casos en que se aplicaba realmente la localización permanente era muy bajo, rondando el 0,1%[368]. Esto significa que, de hecho, las infracciones leves ya estaban siendo castigadas principalmente con pena de multa.

Solo se mantiene (ya estaba prevista antes para estas infracciones) en los delitos de amenazas y coacciones leves, e injurias y vejaciones injustas

---

364 Cfr. TORRES ROSELL, N., "Contenido", cit., pp. 10-13.

365 BARQUÍN SANZ, J./ LUNA DEL CASTILLO, J. D., "En los dominios de la prisión. Distribución numérica de las penas en el código y en la justicia penal", *RECPC* núms. 14-16, 2012, p. 27.

366 GONZÁLEZ TASCÓN, M. M., "La pena de localización permanente (art. 37)", en ÁLVAREZ GARCÍA, F. J./ GONZÁLEZ CUSSAC, J. L. (Dirs.), *Comentarios a la reforma penal de 2010*, Tirant lo Blanch, Valencia, 2010, p. 95.

367 Pese a ello, no se ha modificado el art. 37.1 CP, según el cual "1. La localización permanente tendrá una duración de hasta seis meses. Su cumplimiento obliga al penado a permanecer en su domicilio o en lugar determinado fijado por el Juez en sentencia o posteriormente en auto motivado.
No obstante, en los casos en los que la localización permanente esté prevista como pena principal, atendiendo a la reiteración en la comisión de la infracción y siempre que así lo disponga expresamente el concreto precepto aplicable, el Juez podrá acordar en sentencia que la pena de localización permanente se cumpla los sábados, domingos y días festivos en el centro penitenciario más próximo al domicilio del penado".
Se produce una descoordinación con lo señalado en el art. 33.4 h) CP. Además, carece de sentido el mantenimiento del segundo párrafo, pues ya no hay ningún caso en que la localización permanente esté prevista como pena principal y el precepto disponga la posibilidad de que el juez acuerde su cumplimiento en centro penitenciario. Lo apunta TORRES ROSELL, N., "Trabajos en beneficio de la comunidad y localización permanente", en QUINTERO OLIVARES, G. (Dir.), *Comentario a la reforma penal de 2015*, Thomson Reuters Aranzadi, Cizur Menor, 2015, pp. 111-112.

368 Ofrecen el dato BARQUÍN SANZ, J./ LUNA DEL CASTILLO, J. D., "En los dominios de la prisión", cit., p. 46; MORILLAS CUEVA, L./ BARQUÍN SANZ, J. (Dirs.), *La aplicación de las alternativas a la pena de prisión en España*, Defensor del Pueblo, Madrid, 2013, p. 129.

de carácter leve contra las personas mencionadas en el art. 173.2 CP, exceptuada la violencia de género.

Como veremos, su mantenimiento precisamente en estas infracciones se relaciona no tanto con eventuales ventajas que pueda tener su imposición, en sí misma considerada, cuanto con la preocupación por limitar la aplicación de la multa en contextos de violencia doméstica, como señala Brandariz García[369].

Además, también desaparece como pena sustitutiva de la pena de prisión, salvo en el caso de sustitución de penas de prisión inferiores a tres meses resultantes de una bajada en grado (supuesto previsto en el art. 71.2 CP[370]). Su función queda, pues, prácticamente limitada a una forma de cumplimiento de la responsabilidad personal subsidiaria por impago de multa[371].

Había muchas voces críticas con esta pena, que alegaban desde una perspectiva teórica centrada en los fines de la pena que no era posible que la localización permanente tuviera una finalidad de reeducación o adaptación del penado a la sociedad, ya que no producía ningún efecto preventivo-especial[372], y que resultaba ineficaz también desde el punto de

369 Cfr. BRANDARIZ GARCÍA, J. A., "Las penas de trabajos en beneficio de la comunidad y localización permanente (arts. 40, 48 y 35)", en GONZÁLEZ CUSSAC, J. L. (Dir.), *Comentarios a la reforma del Código Penal de 2015*, 2ª ed. Tirant lo Blanch, Valencia, 2015, p. 256.

370 Art. 71 CP: "...2. No obstante, cuando por aplicación de las reglas anteriores proceda imponer una pena de prisión inferior a tres meses, ésta será en todo caso sustituida por multa, trabajos en beneficio de la comunidad, o localización permanente, aunque la ley no prevea estas penas para el delito de que se trate, sustituyéndose cada día de prisión por dos cuotas de multa o por una jornada de trabajo o por un día de localización permanente".

371 Cfr. BRANDARIZ GARCÍA, J. A., "Las penas", cit., pp. 253-255.

372 Cfr. CEREZO MIR, J., "Los fines de la pena en el Código penal después de las reformas del año 2003", *RDPC* núm. extraordinario 2, 2004, p. 24, para quien la localización permanente "no permite forma alguna de tratamiento". También FERNÁNDEZ RODRÍGUEZ, M. D., "La "nueva" pena de localización permanente", en MUÑOZ CONDE, F., y otros (Dirs.), *Un derecho penal comprometido. Libro homenaje al prof. Dr. Gerardo Landrove Díaz*, Tirant lo Blanch, Valencia, 2011, p. 389, donde indicaba que "parece difícil, en cualquier caso, atribuir a la pena de localización permanente otras finalidades que las estrictamente retributivas". En el mismo sentido, BOLDOVA PASAMAR en GRACIA MARTÍN, L. (Coord.), *Tratado de las consecuencias jurídicas del delito*, Tirant lo Blanch, Valencia, 2006, p. 116; CARDENAL MONTRAVETA, S., "Alternativas a la pena de prisión. Especial consideración de la suspensión de la ejecución y la sustitución", en MIR PUIG, S./ CORCOY BIDASOLO, M. (Dirs.), *Nuevas tendencias en política criminal. Una auditoría al Código penal español de 1995*, Reus/ Bdef, Madrid-Buenos Aires-Montevideo, 2006, p. 46; LANDROVE DÍAZ, G., *Las consecuencias jurídicas del delito*, 6ª ed. Tecnos, Madrid, 2005, p. 64.

vista preventivo-general[373], mientras que desde una perspectiva práctica se lamentaba que no se estuviera controlando su cumplimiento[374] ni las desigualdades a que podía dar lugar[375]. Lo cierto es que la única ventaja de esta pena se expresaba en términos negativos: con ella "se evitan los efectos perjudiciales de la reclusión en establecimientos penitenciarios", decía el apartado II d) de la Exposición de Motivos de la LO 15/2003, hasta el punto de que a la hora de regular su ejecución simplemente se indicaba que "se buscará que el cumplimiento de la pena no perjudique la situación personal, familiar y laboral del penado" (según decía el art. 13.2 del ya derogado Real Decreto 515/2005, de 6 de mayo, por el que se establecen las circunstancias de ejecución de las penas de trabajos en beneficio de la comunidad y de localización permanente, de determinadas medidas de seguridad, así como de la suspensión de la ejecución de las penas privativas de libertad). También en la doctrina se destacaba este aspecto[376]. Ahora bien, no faltaban voces que indicaban que algunas de las insuficiencias de la localización permanente, sobre todo en cuanto a su eficacia intimidatoria, en parte se justificaban porque su ámbito de aplicación se reducía a las infracciones leves[377]. Y en efecto, como hemos visto, el objetivo de las penas leves nunca ha sido castigar ni reformar, sino amonestar y advertir. En este sentido, la localización permanente podía desempeñar una función importante. Esta posibilidad se vio frustrada, como en otras

---

373 Vid. la amplia bibliografía al respecto citada por ABEL SOUTO, M., *La pena*, cit., pp. 37-39, además de su propia posición al respecto.

374 Cfr. MAGRO SERVET, V., "La derogación", cit., pp. 1863-1865, que se lamentaba de la "nula constatación en la ejecución penal acerca de su grado de cumplimiento, ya que no llegamos a saber si el penado a esta pena, ciertamente ha estado en su domicilio por el período impuesto en la sentencia".

375 Como señalaba MANZANARES SAMANIEGO, J. L., "La pena de localización permanente", *La Ley Penal* núm. 25, 2006, p. 53, "la residencia en una finca señorial, con jardín, piscina y cancha de tenis no podrá compararse nunca con la habitación humilde de un realquilado". Se hace eco de esta crítica, entre otros, ROCA AGAPITO, L., *El sistema de sanciones en el Derecho penal español*, Bosch, Barcelona, 2007, p. 146.

376 Así, entre otros, ABEL SOUTO, M., *La pena*, cit., pp. 39 y ss.; CEREZO MIR, J., "Los fines", cit., p. 24; MANZANARES SAMANIEGO, J. L., "La pena", cit., p. 49; ROCA AGAPITO, *El sistema*, cit., p. 145; VÁZQUEZ GONZÁLEZ, C., "La reforma del sistema de penas por la LO 15/2003. (Especial referencia a la supresión de la pena de arresto de fin de semana y su sustitución por la nueva pena de localización permanente)", *RDPC* núm. extraordinario 2, 2004, p. 540.

377 En este sentido, ABEL SOUTO, M., *La pena*, cit., p. 39; BOLDOVA PASAMAR en GRACIA MARTÍN, L. (Coord.), *Tratado*, cit., p. 116; ROCA AGAPITO, L., *El sistema*, cit., p. 145; VÁZQUEZ GONZÁLEZ, C., "La reforma", cit., p. 541.

ocasiones (solo es necesario recordar a estos efectos el arresto de fin de semana), por la falta de medios para controlar su ejecución.

3. *¿Por qué se mantiene la multa como la pena leve por excelencia?*

La pena leve más utilizada era y sigue siendo la multa, sea como pena única o como pena alternativa. En la reforma de 2015, probablemente para compensar la desaparición de la localización permanente, aumenta en todos los casos la duración de la pena de multa. Ello no quiere decir que aumente necesariamente su cuantía. Como es sabido, la cuantía de la cuota diaria, que se ha de fijar entre 2 y 400 euros, se debe basar exclusivamente en la capacidad económica del reo.

El hecho de que en la aplicación de las penas del Libro III los jueces y tribunales pudieran actuar según su prudente arbitrio, dentro de los límites de cada una, atendiendo a las circunstancias del caso y del culpable, pero sin necesidad de ajustarse a las reglas de los arts. 61 a 72 CP (según se indicaba en el art. 638 CP), llevó a plantearse si también la fijación de la cuantía de la cuota diaria podía fijarse de manera discrecional. La respuesta fue que no. La fijación de la cuantía de la cuota diaria debía basarse exclusivamente en las circunstancias económicas del condenado y demás elementos aludidos en el art. 50.5 CP, esto es, "teniendo en cuenta para ello exclusivamente la situación económica del reo, deducida de su patrimonio, ingresos y cargas familiares y demás circunstancias personales del mismo". Lo mismo cabe sostener tras la reforma de 2015.

La previsión de la multa como la pena leve por excelencia elude algunos de los problemas que condicionan su uso en los delitos graves y, en parte, también en los delitos menos graves.

En delitos de cierta gravedad se considera que la multa, incluso en cuantías muy elevadas, es una pena inapropiada, lo que deja en evidencia que la multa no es equiparable ni puede servir de alternativa a cualquier pena privativa de libertad, sino solo a las cortas. Sin embargo, pocas veces se ha intentado explicar el por qué. Desde luego, no cabe alegar que "todavía hay algunas cosas que se sitúan más allá del alcance del intercambio dinerario"[378], ni que "todo el desarrollo del valor de la vida a partir de la doctrina predominantemente cristiana se basa en la idea de que el hombre tiene un valor absoluto...", que "no puede medirse por ningún estándar cuantitativo y no puede compensarse simplemente con más o menos de otro valor"[379]. En mu-

---

378 YOUNG, P., "Punishment, money and a sense of justice", en CARLEN, P./ COOK, D. (eds), *Paying for crime*, Open University Press, Milton Keynes, 1989, p. 65.

379 SIMMEL, G., *The Philosophy of Money*, Routledge, New York, 1990 (1907), p. 360.

> chas ramas del derecho, la vida humana, la salud, la libertad, el honor — los valores humanos más importantes — se convierten de manera rutinaria en cantidades de dinero. "Es decir, incluso lo que no tiene precio se rinde al precio"[380]. Solo en el Derecho Penal se considera que la prisión es el único castigo apropiado cuando se trata de delitos que afectan a los valores más importantes de la vida humana. El motivo es la falta de significado del dinero en contraste con el valor que, desde la Ilustración, otorgamos a la libertad. Esta característica, combinada con la fungibilidad del dinero, que hace imposible saber de quién es el dinero que paga una multa, ha hecho que se considere imposible castigar delitos de cierta entidad solo con pena de multa.

Los problemas que se plantean a la hora de aplicar la multa a los delitos leves son de otra naturaleza. Dada la rapidez del juicio de faltas, generalmente no se produce una investigación de la capacidad económica del reo, lo que lleva a fijar cuotas diarias con importes muy bajos, y, por tanto, a la imposición de multas de cuantía muy reducida, que acaban resultando muy poco intimidatorias. La duración de la multa es de hasta tres meses, de manera que también es de corta duración la responsabilidad personal subsidiaria en caso de impago: de acuerdo con el módulo de conversión de un día de privación de libertad por cada dos cuotas diarias no satisfechas, apenas un mes y medio como máximo. Además, en los delitos leves no hace falta ingresar en prisión para el cumplimiento continuado en caso de insolvencia: la responsabilidad personal subsidiaria "podrá cumplirse mediante localización permanente" en el propio domicilio del penado (art. 53.1 CP). Precisamente la improbabilidad de que haya que acudir a la responsabilidad personal subsidiaria por impago de multa en delitos leves castigados con penas leves de multa es uno de los motivos que justifica la rapidez y relativa falta de garantías del juicio de faltas. Como regla general, no está en juego la libertad del condenado. En este aspecto se produce, de nuevo, una clara aproximación entre el Derecho Penal y el Derecho Administrativo sancionador.

Si a ello sumamos que la multa carece del efecto estigmatizador de la pena de prisión, nos acercamos a la respuesta a la pregunta planteada en el título de este apartado. La comparación entre los efectos perniciosos de las penas cortas de prisión y la neutralidad de la multa, una vez superada la injusticia que suponía el sistema de multas fijas entre un máximo y un mínimo, lleva a que exista una visión si no exactamente resocializadora de la pena pecuniaria, sí al menos no muy negativa. La idea básica es que la multa, al contrario que la pena corta de prisión, al menos carece de efectos

---

380 ZELIZER, V., *The Social Meaning of Money*, Princeton University Press, Princeton, 1997, p. 8.

desocializadores. Como indicaba hace años Cuello Calón, "[la multa] no degrada al penado, ni es obstáculo a su rehabilitación social ni deshonra a su familia a diferencia de la pena de prisión que origina tan graves males"[381]. Así, con carácter general se reconoce que la multa desocializa menos al delincuente y desintegra menos a la familia que la prisión.

Incluso ha habido una corriente doctrinal que afirmaba que también resultaba adecuada en los reincidentes, que no podrían habituarse a la multa pero sí a la prisión[382], a lo que se opuso que la capacidad intimidatoria de la multa varía notablemente según la personalidad del delincuente: "los ya profesionalizados en el crimen no sentirán el aguijón de la multa. Sí, en cambio, los que viven en condiciones ordenadas y con cierto prestigio social"[383]. Como hemos visto, nuestro legislador ha optado por respuestas más contundentes contra la delincuencia habitual y profesional, basadas en el incremento de la pena de prisión.

En resumen, la multa es la pena leve por excelencia porque no cuestiona el carácter moral del condenado ni le estigmatiza como lo hace la prisión, porque se prevé para sancionar infracciones cuya comisión hay que desincentivar, regulando su nivel de incidencia, pero sin pretender una erradicación de todo punto imposible. Ello justifica que sea la superviviente más longeva del amplio catálogo de penas leves que se han ido abandonando por diversas razones a lo largo de la historia del Derecho Penal codificado: de la reprensión pública o privada al arresto menor[384], pasando por la caución de conducta[385], el arresto domiciliario (que más que una pena fue una forma privilegiada de cumplimiento en casa de las penas cortas privativas de libertad para determinadas personas)[386] y, más recientemente, el arresto de fin de semana[387].

---

381 CUELLO CALÓN, E., *El nuevo Código penal español (Exposición y comentario)*, Bosch, Barcelona, 1929, p. 202.

382 Cfr. RANIERI, S., "Pene pecuniarie e rieducazione del condannato", *La Scuola Positiva* 1966, pp. 266 y ss.; NOWAKOWSKI, F., "Die Zurückdrängung der kurzen Freiheitsstrafe in der RV 1971", *Österreichische Juristen-Zeitung* 1973, pp. 34-40.

383 BERISTAIN IPIÑA, A., "La multa penal y la administrativa en relación con las sanciones privativas de libertad", en AA.VV., *III Jornadas de Profesores de Derecho Penal*, Universidad de Santiago de Compostela, Madrid, 1976, pp. 11-56.

384 Penas que CUELLO CALÓN, E., *La moderna penología. Tomo I*, Bosch, Barcelona, 1958, p. 597, consideraba "de escaso valor", "corta trascendencia y muy limitada aplicación".

385 ""Rara avis" de difícil defensa", en palabras de MANZANARES SAMANIEGO, J. L., "Consideración especial de la caución española", *ADPCP* Tomo XXIX, 1976, p. 533.

386 Véase su evolución histórica en FERNÁNDEZ RODRÍGUEZ, M. D., "La "nueva" pena", cit., pp. 393-401.

387 La pena de arresto de fin de semana se introdujo como gran novedad en el Código Penal de 1995. Fue eliminada por la LO 15/2003, de 25 de noviembre, sobre la ba-

4. *¿Es justificable un régimen penológico distinto para los delitos relacionados con la violencia doméstica?*

Las penas previstas para los delitos leves relacionados con la violencia doméstica difieren notablemente de las que se utilizan con carácter general para castigar las mismas conductas dirigidas contra otras personas. Si normalmente la multa es la pena por excelencia, como acabamos de ver, el régimen sancionador para este tipo de delitos gira, por el contrario, en torno a la localización permanente, siempre en domicilio diferente y alejado del de la víctima, y a los trabajos en beneficio de la comunidad como penas principales alternativas, a las que desde la reforma de 2015 se añade la multa. Como veremos, constituye una excepción la previsión como penas principales tanto de la localización permanente como de los trabajos, mientras que la multa se contempla con ciertas especialidades.

Las amenazas leves en el contexto de la violencia doméstica, esto es, contra las personas a que se refiere el art. 173.2 CP exceptuada la violencia de género[388], se castigan con pena de localización permanente de cinco

---

se de que su aplicación práctica "no ha sido satisfactoria" (según la Exposición de Motivos), con la idea de que fuera sustituida por la localización permanente. Sobre ella, vid. CASTRO ANTONIO, J. L. de, "Posibles causas que condujeron al fracaso de la pena de arresto fin de semana en el Derecho español", *La Ley Penal* núm. 21, 2005, pp. 26-37; MUÑOZ CUESTA, J., "La nueva pena de localización permanente introducida en la LO/ 15/2003 y el fracaso de la pena de arresto de fin de semana", *Repertorio de Jurisprudencia Aranzadi* núm. 6, 2004, pp. 73-76; VARONA GÓMEZ, D., "El arresto de fin de semana: lecciones a aprender de su breve historia (sobre las razones y excusas para su reforma)", *RDPC* núm. 13, 2004, pp. 47-80; VÁZQUEZ GONZÁLEZ, C., "La reforma", cit., pp. 527-552. Más ampliamente GONZÁLEZ TASCÓN, M. M., *Pasado, presente y futuro de la pena de arresto de fin de semana: un estudio dogmático y de política criminal*, Universidad de Oviedo, Oviedo, 2007.

388 Las penas de los delitos relacionados con la violencia de género son siempre menos graves, incluso en el caso de lesiones de menor gravedad y maltrato de obra sin causar lesión y de las amenazas y coacciones leves: véanse los arts. 153.1, 171.4 y 172.2 CP, que prevén en los tres casos "pena de prisión de seis meses a un año o de trabajos en beneficio de la comunidad de treinta y uno a ochenta días y, en todo caso, privación del derecho a la tenencia y porte de armas de un año y un día a tres años, así como, cuando el juez o tribunal lo estime adecuado al interés del menor o persona con discapacidad necesitada de especial protección, inhabilitación especial para el ejercicio de la patria potestad, tutela, curatela, guarda o acogimiento hasta cinco años".

También se imponen penas menos graves por lesiones de menor gravedad y maltrato de obra sin causar lesión, así como por amenazas leves con armas u otros instrumentos peligrosos a alguna de las personas a que se refiere el art. 173.2, exceptuada la violencia de género: prisión de tres meses a un año o trabajos en beneficio de la comunidad de treinta y uno a ochenta días y, en todo caso, privación del derecho a la tenencia y porte de armas de uno a tres años, así como, cuando el juez o tribunal lo estime adecuado al interés del menor o persona con discapacidad necesitada de espea treinta días o trabajos en beneficio de la comunidad también de cinco a treinta días, o multa de uno a cuatro meses, "ésta última únicamente en los supuestos en que concurran las circunstancias expresadas en el apartado 2 del artículo 84" (art. 171.7 CP). La misma pena se impone por coacciones leves (art. 172.3 CP) y por injurias o vejaciones injustas de carácter leve contra las mismas personas (art. 173.4 CP), siempre con la excepción de la violencia de género.

En los delitos relacionados con la violencia de género y doméstica había desaparecido la pena de multa a raíz de los cambios introducidos por las LO 15/2003, de 25 de noviembre, por la que se modifica la LO 10/1995, de 23 de noviembre, del Código Penal, y 1/2004, de 28 de diciembre, sobre medidas de protección integral contra la violencia de género. Esta desaparición de la multa se justificó en su día alegando la tutela de los intereses de la víctima: la multa afectaría a la capacidad económica de la unidad familiar, y no solo al autor, de ahí que no fuera adecuado imponerla en estos casos[389]. Entonces señalé que esta justificación partía de

---

cial protección, inhabilitación especial para el ejercicio de la patria potestad, tutela, curatela, guarda o acogimiento por tiempo de seis meses a tres años (arts. 153.2 y 171.5 CP, primer inciso).

Igualmente son penas menos graves las que se imponen por violencia habitual de género o doméstica: según el art. 173.2 CP, pena de prisión de seis meses a tres años, privación del derecho a la tenencia y porte de armas de tres a cinco años y, en su caso, cuando el juez o tribunal lo estime adecuado al interés del menor o persona con discapacidad necesitada de especial protección, inhabilitación especial para el ejercicio de la patria potestad, tutela, curatela, guarda o acogimiento por tiempo de uno a cinco años.

389 Véase, entre otros, ACALE SÁNCHEZ, M., *La discriminación*, cit., p. 343; BLAY GIL, E., "El trabajo en beneficio de la comunidad como pena para la violencia familiar", *RDPC* núm. 19, 2007, pp. 408 y ss., quien señala también que la multa podría afectar al abono de las pensiones compensatorias o alimenticias, pudiendo incluso dar lugar al embargo de la vivienda familiar (p. 408, nota núm.16); LARRAURI PIJOÁN, E., "¿Es posible el tratamiento de los agresores de violencia doméstica?", en LÓPEZ BARJA DE QUIROGA, J./ ZUGALDÍA ESPINAR, J. M. (Coords.), *Dogmática y Ley Penal. Libro Homenaje a Enrique Bacigalupo*, Marcial Pons, Madrid-Barcelona, 2004, p. 377; MEDINA ARIZA, J., "El tratamiento al maltratador en el contexto comunitario como respuesta penal: Consideraciones político criminales", en AA.VV., *La ley de medidas de protección integral contra la violencia de género*, Cuadernos penales José María Lidón núm.2, Universidad de Deusto, Bilbao, 2005, p. 199. Ya hace años señalaba que pedir penas de multa era algo que habría de producir desazón en las víctimas MERLOS CHICHARRO, J. A., "Algunas cuestiones de las diligencias de prueba. Las frecuentes retractaciones de la víctima. La protección de la víctima en el proceso", en AA.VV., *Estudios sobre violencia familiar y agresiones sexuales. II 2000. Violencia física y psíquica en el ámbito familiar (1ª reunión de Fiscales encargados del Servicio de Violencia Familiar). Violencia habitual en el ámbito familiar*, Ministerio de Justicia/ Ministerio de Trabajo y Asuntos Sociales, Madrid, 2000, p. 88.

la tradicional visión de la mujer como económicamente dependiente del hombre, sin tener en cuenta que puede existir violencia de género contra una mujer económicamente independiente. Suponía la perpetuación de un prejuicio tradicional[390], aunque sin duda con buena intención.

Pues bien, en la reforma de 2015 se establece, con mejor criterio, que la multa podrá imponerse "únicamente en los supuestos en que concurran las circunstancias expresadas en el apartado 2 del artículo 84"[391]. Este precepto, a su vez, dispone que "si se hubiera tratado de un delito cometido sobre la mujer por quien sea o haya sido su cónyuge, o por quien esté o haya estado ligado a ella por una relación similar de afectividad, aun sin convivencia, o sobre los descendientes, ascendientes o hermanos por naturaleza, adopción o afinidad propios o del cónyuge o conviviente, o sobre los menores o personas con discapacidad necesitadas de especial protección que con él convivan o que se hallen sujetos a la potestad, tutela, curatela, acogimiento o guarda de hecho del cónyuge o conviviente, el pago de la multa a que se refiere la medida 2.ª del apartado anterior solamente podrá imponerse cuando conste acreditado que entre ellos no existen relaciones económicas derivadas de una relación conyugal, de convivencia o filiación, o de la existencia de una descendencia común". De esta manera se consigue proteger a la víctima que dependa económicamente del autor, sin dejar de aplicar la multa cuando no exista esa dependencia.

Por su parte, la previsión de la pena de trabajos en beneficio de la comunidad como pena principal alternativa en los delitos relacionados con la violencia doméstica y de género responde a la idea generalizada de

---

390 Al respecto, FARALDO CABANA, P., "Las penas previstas por delitos relacionados con la violencia de género. Especial referencia a la prohibición de aproximación y su quebrantamiento", *Abogacía* núm.0, 2008, pp. 231-268; de la misma autora, "Las penas principales de los delitos relacionados con la violencia de género", en AA.VV., *Constitución, derechos fundamentales y sistema penal (Semblanzas y estudios con motivo del setenta aniversario del profesor Tomás Salvador Vives Antón). Tomo I*, Tirant lo Blanch, Valencia, 2009, pp. 569-590; de la misma autora, "Las penas de los delitos relacionados con la violencia de género. Especial referencia a la prohibición de aproximación y su quebrantamiento", en PUENTE ABA, L. M. (Dir.), *La respuesta penal a la violencia de género. Lecciones de diez años de experiencia de una política criminal punitivista*, Comares, Granada, 2010, pp. 153-212.

391 Critican esta previsión, sin embargo, CERVELLÓ DONDERIS, V./ CHAVES PEDRÓN, C., "Violencia de género", cit., pp. 506 y 518-519, con el argumento de que, "dadas las dificultades que en ocasión se presentan para determinar las relaciones económicas recíprocas y con el fin de evitar en todo caso que la carga de la multa acabe recayendo sobre la mujer víctima de violencia, quizá era preferible la prohibición anterior lo que además favorecía la opción por la pena de trabajos en beneficio de la comunidad, cuyo contenido resocializador es mayor que el de la multa".

que tiene un mayor potencial resocializador que otras[392]. Ahora bien, en relación con los maltratadores hay que advertir que "no hay investigación comparada experimental o cuasi-experimental que evalúe, y ciertamente no la hay que demuestre, alguna ventaja comparativa de este tipo de sanción para tratar este tipo de población"[393].

En su origen, la posición favorable a esta pena se asienta sobre la interacción entre trabajo y criminalidad, "ya que si la falta de un puesto de trabajo remunerado es uno de los factores que en mayor medida determinan la desviación criminal del sujeto, el desarrollo de una actividad laboral retribuida tiene una importancia trascendental en nuestro modelo social, de modo que facilita una socialización que aleje al sujeto de la referida desviación delictiva... Y tal consideración axiológica del trabajo también se proyecta — quizá con menor intensidad — sobre una actividad no retribuida como son los servicios comunitarios"[394]. Sin necesidad de repetir las críticas que se han formulado al carácter utópico y mesocrático que subyace a la idea de la resocialización mediante el trabajo[395], en relación con la violencia doméstica y de género hay que tener en cuenta que el paro no es más que uno de los muchos factores desencadenantes del fenómeno, no el único ni el más importante.

---

392 Vid. entre otros ASÚA BATARRITA, A., "El trabajo al servicio de la comunidad como alternativa a otras penas", *Estudios de Deusto* 1984, pp. 318 y ss.; CUESTA ARZAMENDI, J. L. de la, "La sanción de trabajo en provecho de la comunidad", *La Ley* 1985, p. 1068; GARCÍA ARÁN, G., "El trabajo en beneficio de la comunidad. Una pena alternativa a la prisión", *Cuadernos Jurídicos* núm. 38, 1996, p. 39; JAREÑO LEAL, A., "La pena de multa y las penas privativas de derechos", en AA.VV., *Estudios jurídicos en memoria del Profesor Dr. D. José Casabó Ruiz. Tomo II*, Universidad de Valencia, Valencia, 1997, p. 81; MAGRO SERVET, V., *Soluciones de la sociedad española ante la violencia que se ejerce sobre las mujeres*, La Ley, Madrid, 2005, p. 281; POZUELO PÉREZ, L., "La pena de trabajos en beneficio de la comunidad", *ICADE* sept-dic. 1997, pp. 334 y 338; SANZ MULAS, N., "Penas alternativas a la prisión", en DIEGO DÍAZ SANTOS, M. R./ SÁNCHEZ LÓPEZ, V. (Coords.), *Hacia un Derecho penal sin fronteras*, Colex, Madrid, 2000, p. 102; de la misma autora, *Alternativas a la pena privativa de libertad*, Colex, Madrid, 2000, pp. 344 y ss.; VALMAÑA OCHAÍTA, S., *Sustitutivos y proyectos de reforma en el Derecho Penal español*, Ministerio de Justicia, Madrid, 1990, p. 177.
En contra, partiendo de un concepto de resocialización cuando menos cuestionable y ya superado, MANZANARES SAMANIEGO, J. L./ ORDÓÑEZ SÁNCHEZ, B., "La ejecución de las penas de trabajo en beneficio de la comunidad y el arresto de fin de semana: el Real Decreto 690/1996, de 26 de abril", *Actualidad Penal* 1996-2, marg. 487.

393 MEDINA ARIZA, J., "El tratamiento al maltratador", cit., p. 199.

394 BRANDARIZ GARCÍA, J. A., *El trabajo en beneficio de la comunidad como sanción penal*, Tirant lo Blanch, Valencia, 2002, pp. 83-84.

395 Sobre ellas vid. BRANDARIZ GARCÍA, J. A., *El trabajo*, cit., p. 84, citando a FEUERHELM y TAYLOR.

Además, el efecto resocializador del trabajo depende en gran medida de que fomente en el penado una reflexión sobre el daño causado por su delito, a lo que contribuye no poco la participación en un procedimiento de conciliación o mediación con la víctima. Ahora bien, en el tratamiento penal de la violencia de género en España no se apuesta por dichos procedimientos, antes al contrario, se prohíbe la mediación en violencia de género[396].

> Se excluye por ley la mediación en casos de violencia de género, tanto en asuntos penales como civiles (art. 87 *ter* 5 de la LO 6/1985, de 1 de julio, del Poder Judicial[397], en adelante LOPJ, añadido por el art. 44 de la LO 1/2004, de 28 de diciembre, de Medidas de Protección Integral contra la Violencia de Género)[398]. Esta prohibición de acudir a la mediación ha suscitado todo tipo de opiniones, tanto a favor como en contra[399], pero últimamente se están haciendo oír más los partidarios de su eliminación[400].

---

396 Probablemente por temor a que se utilicen como alternativa a la solución penal.

397 Art. 87 *ter* LOPJ: "... 5. En todos estos casos está vedada la mediación".

398 Se siguió así la posición contraria a la mediación en temas de violencia doméstica adoptada en las Estrategias para luchar contra la Violencia Doméstica elaboradas por las Naciones Unidas en 1997. Sin embargo, en documentos posteriores las Naciones Unidas omiten mencionar los mecanismos de justicia reparadora para la violencia doméstica y de género, aunque en alguna ocasión se insiste en el derecho de las víctimas a la reparación del daño, la restitución, la compensación, la satisfacción, la rehabilitación y la prestación de garantías de no repetición y de prevención. Por ej., el Informe del Secretario General de las Naciones Unidas titulado "Estudio a fondo sobre todas las formas de violencia contra la mujer", de 6 de julio de 2006, A61/122/Add.1, p. 89.

399 Se ofrece una panorámica general de los problemas que plantea la mediación en estos casos, y de las soluciones que se pueden adoptar para solucionarlos, con amplia bibliografía, en ESQUINAS VALVERDE, P., *Mediación entre la víctima y el agresor en la violencia de género*, Tirant Lo Blanch, Valencia, 2008. Más sintéticas, entre otros, ALONSO SALGADO, C./ TORRADO TARRÍO, C., "Violencia de género, justicia restaurativa y mediación. ¿Una combinación posible?", en CASTILLEJO MANZANARES, R. (Dir.), *Violencia de género, justicia restaurativa y mediación*, La Ley, Madrid, 2011, pp. 567-606; CASTILLEJO MANZANARES, R., "Mediación en violencia de género: una solución o un problema", en GONZÁLEZ-CUÉLLAR SERRANO, N., y otros (Coords.), *Mediación. Un método de? conflictos. Estudio interdisciplinar*, Colex, Madrid, 2010, pp. 193-205; GUARDIOLA LAGO, M. J., "La víctima de violencia de género en el sistema de justicia y la prohibición de mediación penal", *RGDP* núm.12, 2009, pp. 1-41.

A favor de la exclusión de la mediación en estos casos MARTÍN DIZ, F., "Mediación en materia de violencia de género: análisis y argumentos", en HOYOS SANCHO, M. de (Dir.), *Tutela jurisdiccional frente a la violencia de género. Aspectos procesales, civiles, penales y laborales*, Lex Nova, Valladolid, 2009, pássim.

400 Cfr., entre otros, ALONSO SALGADO, C./ TORRADO TARRÍO, C., "Violencia de género", cit., pássim; CERVELLÓ DONDERIS, V./ CHAVES PEDRÓN, C., "Violencia de género", cit., pp. 519-520; ESQUINAS VALVERDE, P., "Capacitación de la mujer ("empowerment") y mediación en la violencia de género", en PUENTE ABA, L.

Tampoco parece factible por el momento implementar formas de reparación directa a la víctima consistentes en que los trabajos se desarrollen en su particular beneficio[401], debido no solo a la necesaria orientación a la comunidad[402], sino también a la naturaleza violenta del delito cometido[403] y a la imposición de penas y reglas basadas en el alejamiento forzoso. Sin embargo, nada impide que el trabajo se configure como una forma de reparación simbólica a la víctima y a la comunidad, en la que se busque ante todo una relación entre el bien jurídico afectado por el delito y el contenido de la prestación, al igual que se hace en la LO 5/2000, de 12 de enero, reguladora de la responsabilidad penal de los menores (art. 7.1 j). En esta dirección, en el marco del Derecho Penal de adultos, la LO 15/2003 modificó el art. 49 CP para señalar que los trabajos en beneficio de la comunidad "obligan (al penado) a prestar su cooperación no retribuida en determinadas actividades de utilidad pública, que podrán consistir, en relación con delitos de similar naturaleza al cometido por el penado, en labores de reparación de los daños causados o de apoyo o asistencia a las víctimas". De esta manera se enlaza, además, con la tendencia del trabajo en beneficio de la comunidad a servir de reparación de los daños causados o de apoyo o asistencia a las víctimas[404]. Se acoge con ello la posibilidad de que los trabajos en beneficio de la comunidad se

---

M. (Dir.), *La respuesta penal a la violencia de género. Diez años de experiencia de una política criminal punitivista*, Comares, Granada, 2010, p. 324; GUARDIOLA LAGO, M. J., "La víctima", cit., pássim; MANZANARES SAMANIEGO, J. L., *Mediación, reparación y conciliación en el Derecho Penal*, Comares, Granada, 2007, pp. 126-133.

401 Sobre las limitaciones de los trabajos en beneficio de la víctima vid. BRANDARIZ GARCÍA, J. A., *El trabajo*, cit., p. 101; ROIG TORRES, M., *La reparación del daño causado por el delito (Aspectos civiles y penales)*, Tirant lo Blanch, Valencia, 2000, p. 557. Señala que "es impensable entender que una persona que ha sido condenada por un delito de maltrato cumpla la pena de TBC en una oficina de atención a las víctimas del delito, ya que sería un gravísimo error", MAGRO SERVET, V., *Soluciones*, cit., p. 285, nota núm.101.

402 En este sentido, entre otros, ARÁNGUEZ SÁNCHEZ, C., "La pena de trabajo en beneficio de la comunidad", *CPC* núm.70, 2000, p. 21.

403 En general se afirma que para delincuentes violentos no resulta apropiada esta sanción. Vid., entre otros, ARÁNGUEZ SÁNCHEZ, C., "La pena de trabajo", cit., p. 37; CUESTA ARZAMENDI, J. L. de la, "La sanción de trabajo", cit., p. 1069; POZUELO PÉREZ, L., "La pena de trabajos", cit., p. 338. A ello se añade que las víctimas de delitos violentos son las más vulnerables y también las que muestran mayor reluctancia a participar en programas basados en la justicia restauradora. En la violencia de género, sin embargo, la relación previa con el agresor puede ser un factor de atracción y de repulsión, según los casos, para que la víctima se involucre.

404 Sobre el trabajo en beneficio de la comunidad como reparación, y su contribución al cumplimiento de fines de prevención general positiva vid. BRANDARIZ GARCÍA, J. A., *El trabajo*, cit., pp. 97 y ss.

configuren como programas de confrontación del delincuente con el daño ocasionado, lo que desde una perspectiva criminológica debe ser acogido positivamente.

> Ahora bien, el objeto del trabajo comunitario no puede coincidir simplemente con la reparación como forma de satisfacción de la responsabilidad civil derivada del delito. La ayuda o asistencia a las víctimas debe enmarcarse en un programa específico, "sin que sean valorables como tales iniciativas particulares del penado ajenas a dichos programas o destinados no a víctimas de semejantes delitos al cometido sino la de la víctima concreta del ilícito por el que el sujeto ha sido penado"[405]. "Otra cosa será que llegado el momento existan realmente los citados programas, y que, por tanto, la previsión legal no quede en un mero *flatus vocis* que impida hacer efectiva una respuesta penal que puede tener unos buenos resultados"[406].

Por otro lado, la previsión de la localización permanente como alternativa a la pena de trabajos en beneficio de la comunidad tiene en cuenta que la pena de trabajos solo puede imponerse con el consentimiento del penado, según dispone el art. 49 CP, consentimiento que deja de responder a una voluntad real cuando la única alternativa es el cumplimiento de una pena de prisión, y no de otra pena de distinta naturaleza[407], lo que pone en peligro las expectativas de resocialización que suscita esta pena[408]. Cabe aplaudir su previsión como alternativa a los trabajos por el motivo expuesto. En sí misma considerada, no obstante, ya hemos visto que no merece un juicio muy positivo, por su carencia de efectos resocializadores.

---

405 TÉLLEZ AGUILERA, A., *Nuevas penas y medidas alternativas a la prisión*, Edisofer, Madrid, 2005, p. 131. En este sentido también se ha manifestado la Circular 2/2004, de 22 de diciembre, de la Fiscalía General del Estado, sobre aplicación de la reforma del Código Penal operada por la LO 15/2003, de 24 de noviembre, que señala que "debe excluirse la interpretación del precepto en el sentido de orientarlo hacia una específica reparación del daño causado a la concreta víctima. Teleológicamente está el precepto orientado al interés social y no al interés propio de la víctima de la infracción, como por lo demás se infiere de la propia función que se asigna a los trabajos "en beneficio de la comunidad".

406 TÉLLEZ AGUILERA, A., "La reforma del Código Penal y sus implicaciones penológicas", *La Ley Penal* núm.1, 2004, pp. 30 y ss., recogiendo un sentir general.

407 El sentido fundamental de la previsión de una alternativa que no sea la prisión es evitar la colisión con el art. 25.2 CE, que prohíbe los trabajos forzados, si bien no se olvida que la orientación resocializadora de esta pena depende fundamentalmente de la cooperación del penado. Sobre ello vid. ya ASÚA BATARRITA, A., "El trabajo", cit., p. 324; BRANDARIZ GARCÍA, J. A., *El trabajo*, cit., p. 222; SANZ MULAS, N., *Alternativas*, cit., p. 346. En relación con la discutida "libertad" en la decisión individual de aceptar el trabajo, vid. CUESTA ARZAMENDI, J. L. de la, "La sanción de trabajo", cit., p. 1071.

408 Cfr. BRANDARIZ GARCÍA, J. A., *El trabajo*, cit., p. 90.

> El grupo de expertos y expertas en violencia de género del Consejo General del Poder Judicial también la critica, pero por su falta de eficacia intimidatoria: "No se entiende acertado, sin embargo, acudir en la lucha contra la violencia de género a una medida que no provoca en el agresor casi ningún tipo de eficacia sancionadora al quedar reducida la pena a permanecer en el lugar indicado. Parece, frente a ello, preferible volver a la anterior redacción, que permitía exclusivamente la sustitución de la pena de prisión por la de trabajos en beneficio de la comunidad, obligando al penado a llevar a cabo trabajos sociales tendentes a rehabilitarle de su conducta"[409].

Además, la alusión expresa que la ley hace a que se cumpla "en lugar distinto y separado del domicilio de la víctima" es redundante, visto que es obligatoria la aplicación de las prohibiciones de aproximación y comunicación con la víctima como penas accesorias[410].

En resumen, la previsión de un régimen penológico excepcional para hacer frente a los delitos leves relacionados con la violencia doméstica podría estar justificada por las peculiaridades de esta forma de violencia. De ellas derivan ciertas características del maltrato en el ámbito familiar que deben tenerse en cuenta en el diseño de medidas de prevención extrapenales y de pautas político-criminales de actuación[411]. Evidentemente se trata de peculiaridades asociadas a las vicisitudes de la relación familiar, ámbito que es difícilmente compatible con la imposición por ley de una ruptura no deseada de dicha relación (recuérdese la obligatoria imposición de la pena accesoria de alejamiento, vía art. 57.2 CP). Esto genera un

---

409 *Informe del grupo de expertos y expertas en violencia de género del Consejo General del Poder Judicial acerca de los problemas técnicos detectados en la aplicación de la Ley Orgánica 1/2004, de medidas de protección integral contra la violencia de género y en la de la normativa procesal, sustantiva u orgánica relacionada, y sugerencias de reforma legislativa que los abordan*, de enero de 2011, p. 12.

410 Lo apunta también TAMARIT SUMALLA, J. M., "La sustitución de las penas de prisión (art. 88)", en ÁLVAREZ GARCÍA, F. J./ GONZÁLEZ CUSSAC, J. L. (Dir.), *Comentarios a la reforma penal de 2010*, Tirant lo Blanch, Valencia, 2010, p. 129.

411 Apuntadas por ASÚA BATARRITA, A., "Los nuevos delitos de "violencia doméstica" tras la reforma de la LO 11/2003, de 29 de septiembre", en DÍEZ RIPOLLÉS, J. L. y otros (eds.), *Las recientes reformas penales. Algunas cuestiones*, Universidad de Deusto, Bilbao, 2004, pp. 206-207. Como pone de relieve LAURENZO COPELLO, P., "El modelo de protección reforzada de la mujer frente a la violencia de género: valoración político-criminal", en AA.VV., *La ley de medidas de protección integral contra la violencia de género*, Cuadernos penales José María Lidón núm.2, Universidad de Deusto, Bilbao, 2005, p. 95, "cuando se reivindica un tratamiento jurídico independiente para esta clase específica de violencia no se trata —sólo— de desvelar la radical injusticia que ella entraña. Se trata, sobre todo, de orientar la política legislativa hacia las auténticas causas del problema, única garantía del desarrollo de estrategias mínimamente aceptables para combatirlo".

problema de imposible resolución desde parámetros estrictamente punitivos. La opción por medidas de justicia restaurativa podría ser mucho más útil en numerosos casos leves.

9. NOVEDADES EN EL PROCEDIMIENTO POR DELITOS LEVES

1. *Determinaciones previas*

En principio, las consecuencias procesales de la reforma son pocas, al menos en lo referente al procedimiento aplicable, pues de acuerdo con la disposición adicional segunda de la LO 1/2015[412] se mantiene, con algunos retoques, el juicio de faltas para el enjuiciamiento de los delitos leves.

En el último momento se dio marcha atrás a la propuesta inicial, que consistía en que se preveía un modelo de tratamiento dual de los delitos leves: hasta la entrada en vigor de la nueva Ley de Enjuiciamiento Criminal[413], cuyo proyecto se encontraba también en tramitación, para las infracciones de esa naturaleza de más frecuente comisión (las tipificadas en los arts. 147.2, 147.3, 171.7, 172.3, 234.2, 249, 263, 274.2 párrafo 2°, y 270.1 párrafo 2° CP) se mantenía el régimen jurídico previsto para las faltas, tanto a efectos procedimentales como de determinación de la competencia, mientras que para el resto de infracciones leves implícitamente se preveía la aplicación de lo previsto, con carácter general, para la instrucción y enjuiciamiento de delitos. Dicha propuesta recibió una crítica generalizada[414], tanto por la perplejidad que suscitaba mantener el juicio de faltas para algunos de los nuevos delitos,

412 Disposición adicional segunda de la LO 1/2015: "La instrucción y el enjuiciamiento de los delitos leves cometidos tras la entrada en vigor de la presente Ley se sustanciarán conforme al procedimiento previsto en el Libro VI de la vigente Ley de Enjuiciamiento Criminal, cuyos preceptos se adaptarán a la presente reforma en todo aquello que sea necesario. Las menciones contenidas en las leyes procesales a las faltas se entenderán referidas a los delitos leves".

413 En la cual los arts. 962 y 964 dividían los delitos leves en dos clases: los delitos leves de hurto flagrante del art. 234.2 CP, y el resto de delitos leves, todos ellos a tramitar por juicio inmediato de faltas.

414 El Informe del Consejo General del Poder Judicial sobre el Anteproyecto, p. 20, calificó el modelo que resultaba de la reforma procesal proyectada de "extravagante", término empleado también por algunos autores. Por ejemplo, JIMÉNEZ SEGADO, C., "Eliminar las faltas", cit., p. 1233; LÓPEZ PEREGRÍN, M. C., "La (supuesta) supresión", cit., pp. 118-119. Por su parte, el Consejo Fiscal, en su Informe al Anteproyecto, advirtió que pese a los efectos que pretendidamente deseaba producir el prelegislador, en realidad supondría, aunque fuese provisionalmente, "el mantenimiento de la situación actual en los Juzgados de Instrucción". El Dictamen 358/2013, de 27 de junio, del Consejo de Estado puso de manifiesto que "debería ser el tipo de delito o su gravedad el factor relevante para determinar la competencia y el procedimiento procedente, con establecimiento de un régimen uniforme para los delitos leves o, al menos, sin que las diferencias en esta materia se funden en la mayor o menor frecuencia de su comisión". Vid. también en sentido crítico ARMENTEROS LEÓN, M., "Aproximación", cit., pp. 1573-1574.

pero no para todos[415], sin que el pre-legislador explicara en ningún momento el motivo, como por las paradojas que creaba[416], sin olvidar el peligro de sobrecarga de los juzgados de lo penal, que presumiblemente pasarían a ocuparse de los delitos leves y menos graves no mencionados expresamente. Además, se calificó como "fraude de etiquetas" la supresión, al menos nominal, del Libro III del Código Penal, "para conservar el procedimiento vigente y lo que es más grave, para acabar dejando subsistentes la mayor parte de las faltas bajo el ropaje de "delitos leves" que serán enjuiciados por los mismos órganos judiciales —los jueces de instrucción— en el mismo cauce procesal —de faltas—"[417].

Resulta evidente que en la reforma no se quiso prescindir de un sistema como el actual, sencillo y rápido, en el que no es obligatoria la intervención de abogado o procurador, y que se concluye generalmente en un solo acto, esto es, en una vista en la que, normalmente sin una fase instructora, se detallan los hechos, se celebran las pruebas y se exponen las conclusiones quedando el juicio pendiente de sentencia[418].

No obstante mantenerse el diseño general del juicio de faltas, se modifican los arts. 14.1 y 5 d), 962.1, 963, 964, 965.1, 966, 967.1, 969.2,

---

415 Algunos autores consideraban aplicable el juicio de faltas, pese a esta regulación, a todos los delitos leves en la medida en que, de la modificación de los arts. 962 y 964 LECrim contenida en la Disposición Final Segunda, se deduciría sistemáticamente que el procedimiento sería común a todos ellos, al hacer desaparecer la competencia penal de los Juzgados de Paz y mantener únicamente la de los Juzgados de Instrucción y los de Violencia sobre la Mujer. Cfr. en este sentido MUERZA ESPARZA, J. J., "Aspectos procesales", cit., pp. 1559-1560.

416 Como apunta el Informe del Consejo General del Poder Judicial, p. 266, "el mantenimiento de ese criterio daría lugar a situaciones verdaderamente paradójicas, ya que el Juez de Instrucción enjuiciaría delitos leves cuya pena podría alcanzar seis meses de prisión, sesenta días de trabajos en beneficio de la comunidad o seis meses de multa, mientras que, por ejemplo, el delito leve previsto en el artículo 254 (apropiación indebida residual), sancionado con pena de uno a dos meses de multa, deberá sustanciarse conforme a las pautas establecidas para el procedimiento abreviado o, en su caso, para el procedimiento rápido para el enjuiciamiento de determinados delitos", una situación que "carece de justificación".

417 Cfr. el Informe del Consejo Fiscal al Anteproyecto, pp. 331-332 (Disposición Transitoria Cuarta).

418 La descripción del juicio de faltas como un procedimiento simple y rápido es un lugar común en la doctrina. Véase, entre otros, ARMENTEROS LEÓN, *Juicio de Faltas*, cit., p. 63; CASTILLEJO MANZANARES, R., *El juicio de faltas*, cit., p. 104; DELGADO MARTÍN, J., *El juicio de faltas*, cit., p. 18; o FERREIRO BAAMONDE, X., "El juicio de faltas", en PÉREZ-CRUZ MARTÍN, A., *et al.*, *Derecho Procesal Penal*, 3ª ed. Civitas Thomson Reuters, Cizur Menor, 2014, pp. 900-901. Sin embargo, los problemas que plantea son múltiples. Ofrecen una visión sucinta de los vicios de un procedimiento que califican de "ruinógenos", HERNÁNDEZ GARCÍA, J./ RAMÍREZ ORTIZ, J. L., "Las consecuencias procesales", cit., pp. 245-254.

973.2 y 976.3 LECrim. Cabe señalar que, con carácter general, se mantienen los requisitos de competencia objetiva y territorial, legitimación y postulación, sus características de oralidad y concentración,

> Desaparece, eso sí, la competencia penal de los juzgados de paz, que ya no podrán conocer de las causas por delito leve[419]. Consecuentemente, los juzgados de instrucción también pierden la competencia para conocer de los recursos de apelación interpuestos contra las sentencias de los juzgados de paz.

También se mantienen las tres modalidades de tramitación que regían para el enjuiciamiento de las faltas desde la entrada en vigor de la Ley 38/2002, de 24 de octubre, de reforma parcial de la Ley de Enjuiciamiento Criminal, sobre procedimiento para el enjuiciamiento rápido e inmediato de determinados delitos y faltas, y de modificación del procedimiento abreviado. Esto es, el enjuiciamiento en el servicio de guardia mediante convocatoria policial cursada por medio de la agenda programada de citaciones (arts. 962 y 963 LECrim), el enjuiciamiento en el servicio de guardia por convocatoria judicial (art. 964 LECrim) y el enjuiciamiento fuera del servicio de guardia mediante señalamiento judicial en el plazo de siete días desde la recepción del atestado o denuncia de parte (art. 965 LECrim).

Ahora bien, según se dispone en el art. 13.4 inciso final CP, las infracciones penales se habrán de calificar como delitos leves siempre que la pena, por su extensión, pueda considerarse a la vez leve y menos grave. En muchas ocasiones los nuevos tipos delictivos procedentes de la reconversión de faltas tienen prevista una pena con tramos propios de los delitos menos graves, fundamentalmente multas que superan los tres meses. Sin embargo, van a seguir sustanciándose conforme al procedimiento previsto para el juicio de faltas en el Libro VI de la vigente Ley de Enjuiciamiento Criminal, manteniendo los Juzgados de Instrucción y los Juzgados de Violencia de Género la competencia para el conocimiento y fallo de estos delitos. Como hemos visto, se sigue el criterio opuesto al que rige cuando la pena, por su extensión, pueda incluirse a la vez entre las penas graves y menos graves, en cuyo caso se dispone que "el delito se considerará, en todo caso, como grave" (art. 13.4 CP). El motivo es, sin duda, el deseo de

---

419 La Disposición final segunda de la LO 1/2015 dispone que "se modifican el número 1 y la letra d) del número 5 del artículo 14, que pasan a tener la siguiente redacción. "1. Para el conocimiento y fallo de los juicios por delito leve, el Juez de Instrucción, salvo que la competencia corresponda al Juez de Violencia sobre la Mujer de conformidad con el número 5 de este artículo". Se suprime la competencia penal de los juzgados de paz.

no cargar a los juzgados de lo penal, en los que la duración del procedimiento ya es muy superior a la de cualquier otro órgano de la jurisdicción penal, incluido el Tribunal Supremo, con el enjuiciamiento masivo de conductas que coinciden con las de algunas de las faltas cometidas con más frecuencia, como son las de hurto o daños. En el caso de los delitos castigados con penas con una extensión a la vez leve y menos grave, el resultado es que con el mismo procedimiento se impondrán penas más elevadas por infracciones que sustancialmente siguen siendo las mismas. Y salvo que mejoren los medios personales y materiales, es probable que no se consiga evitar la sobrecarga de los juzgados de lo penal, pues estos sí pasarán a ocuparse de los nuevos delitos menos graves resultantes de la conversión de las faltas que no prevén tipos atenuados.

> Se trata de las antiguas faltas contra la propiedad intelectual y parcialmente también contra la propiedad industrial (parte del art. 623.5 CP), atribución de cualidad profesional de la que se carece (parte del art. 637 CP) y defraudación a la Hacienda de la Unión Europea entre 4.000 y 50.000 euros (arts. 627 y 628 CP), que ya fueron eliminadas en 2012.

A ello cabe añadir que será difícil determinar la competencia entre el juzgado de instrucción y el de lo penal en aquellos casos en los que sea necesario precisar, sobre la base de conceptos jurídicos indeterminados, si nos encontramos ante tipos básicos o agravados o ante el tipo atenuado configurado como delito leve.

> "Claro ejemplo de ello es la sutil utilización de conceptos jurídicos indeterminados en alguno de estos preceptos"[420], como son "las circunstancias personales del autor y las concurrentes en la realización del hecho" (arts. 171.6 y 172.2 CP, en las amenazas y coacciones), la levedad (arts. 171.7 y 172.3 CP, también en las amenazas y coacciones), "las características del culpable y la reducida cuantía del beneficio económico obtenido o que se hubiera podido obtener" (arts. 270.4 y 274.3 CP, en los delitos contra la propiedad intelectual e industrial), "la gravedad del hecho y sus circunstancias, las condiciones del culpable y la finalidad perseguida por éste" (art. 318 *bis* 5 CP, en los delitos contra los derechos de los ciudadanos extranjeros), etc.

Quizá contribuya a estabilizar la situación la inesperada derivación de un importante conjunto de delitos que antes eran menos graves, y ahora pasan a ser leves, a los juzgados de instrucción o de violencia sobre la mujer, en función de la materia. Pero ello no deja de suponer un problema,

---

420 RODRÍGUEZ LAINZ, J. L., "Los nuevos delitos leves", cit., p. 1395.

ya que muchos de estos delitos exigen una instrucción previa a su enjuiciamiento que no es compatible con el juicio de faltas[421].

Recordemos que se trata de los delitos de homicidio por imprudencia menos grave (art. 142.2); lesiones de los arts. 149 y 150 por imprudencia menos grave (art. 152.2); detención ilegal de una persona para presentarla a la autoridad (art. 163.4); hurto de la posesión (art. 236.1); ocupación no violenta de inmuebles (art. 245.2); alteración de términos o lindes (art. 246.1); distracción de aguas (art. 247.1); apropiación indebida (art. 254.1); defraudación de energía eléctrica y análogas (art. 255.1); utilización no autorizada de terminales de telecomunicación (art. 256); daños por imprudencia grave (art. 267); daños por imprudencia grave en archivos, registros, etc. (art. 324); libramiento de certificados falsos por facultativo (art. 397); falsificación de certificados por particular (art. 399.1); fabricación y tenencia de útiles o medios idóneos para cometer dichas falsedades (art. 400); aceptación por el particular de propuesta, nombramiento o toma de posesión de un cargo público con conocimiento de su ilegalidad (art. 406); acusación y denuncia falsa de un delito leve (art. 456.1.3°); destrucción de documentos o actuaciones por particular (art. 465.2); y evasión del condenado realizada por pariente (art. 470.3 CP).

En cualquier caso, seguramente porque el legislador es consciente de la escasa potencialidad de la reforma en términos de descarga de trabajo de la Administración de Justicia, se introducen algunas novedades de índole procesal que pueden producir ese efecto liberador que se busca[422]. Se trata, fundamentalmente, de la exigencia de denuncia para proceder por infracciones que antes eran perseguibles de oficio, por un lado[423], y de la concesión al Ministerio Fiscal de un criterio de oportunidad, por otro. Como veremos, ambos aspectos están íntimamente relacionados.

---

421 Cfr. HERNÁNDEZ GARCÍA, J./ RAMÍREZ ORTIZ, J. L., "Las consecuencias procesales", cit., pp. 242-243 y 256, muy críticos.

422 Cfr. LÓPEZ PEREGRÍN, M. C., "La (supuesta) supresión", cit., p. 119.

423 Un sector doctrinal incluye la introducción de condiciones de procedibilidad entre las medidas de Derecho Penal, no Procesal, que se utilizan para producir efectos descriminalizadores de la criminalidad leve, sobre la base de que inciden en la punibilidad del hecho. Cfr. ARMENTA DEU, M. T., *Criminalidad de bagatela*, cit., p. 27. Aquí partimos de que las condiciones de procedibilidad no son elementos de la punibilidad, aunque a veces se estudien conjuntamente por razones de claridad expositiva. Ampliamente FARALDO CABANA, P., *Las causas de levantamiento de la pena*, Tirant lo Blanch, Valencia, 2000, pp. 162-169.

2. *La exigencia de denuncia para proceder por algunos delitos leves*

Así, algunas conductas que antes eran perseguibles de oficio pasan a serlo únicamente previa denuncia de la persona agraviada o de su representante legal. Es el caso, por ejemplo, de los delitos de lesiones leves y maltrato de obra sin causar lesión. El legislador explica que "con ello se evita la situación actual, en la que un simple parte médico de lesiones de escasa entidad obliga al juez de instrucción a iniciar todo un proceso judicial y a citar al lesionado para que acuda obligatoriamente al juzgado a fin de hacerle el ofrecimiento de acciones como perjudicado, con los inconvenientes que ello le ocasiona. Parece más adecuado que sólo se actúe cuando el perjudicado interponga denuncia. Ahora bien, en los casos de violencia de género no se exigirá denuncia previa para perseguir las lesiones de menor gravedad y el maltrato de obra" (apartado XXXI del Preámbulo de la LO 1/2015).

Culmina así un proceso de privatización del ejercicio de la acción penal que se inició con la LO 3/1989, de 21 de junio, de actualización del Código Penal, y que desde entonces había experimentado varios altibajos. Antes de la entrada en vigor de la LO 3/1989, solo se exigía denuncia para proceder por una falta, la prevista en el art. 586.1 CP 1944/73. La LO 3/1989, además de llevar a cabo una importante labor de descriminalización y despenalización de conductas antes constitutivas de faltas, introdujo la exigencia de denuncia en otras, en concreto las previstas en los arts. 585[424], 586[425], 586

---

424 Art. 585 CP 1944/73: "Serán castigados con la pena de uno a cinco días de arresto menor o multa de 5.000 a 25.000 pesetas:

1º Los que, de modo leve, amenazaren a otro con armas o las sacaren en riña, como no sea en justa defensa.

2º Los que de palabra y en el calor de la ira amenazaren a otro con causarle un mal que constituya delito, y con sus actos posteriores demostraren que no persistieron en la idea que significaban con su amenaza.

3º Los que de palabra amenazaren a otro con causarle algún mal que no constituya delito.

4º Los que causaren a otro una coacción o vejación injusta de carácter leve.

Los hechos descritos en este artículo sólo serán perseguibles mediante denuncia del ofendido".

425 Art. 586 CP 1944/73: "Serán castigados con multa de 25.000 a 100.000 pesetas:

1º Los que injuriaren livianamente a otro de palabra o de obra, si reclamare el ofendido, cuyo perdón extinguirá la pena.

2º Los que, requeridos por otro para evitar un mal mayor, dejaren de prestar el auxilio solicitado, siempre que no hubiere de resultarles perjuicio alguno y si reclamare el ofendido".

bis[426], 589[427], 590[428], 594[429] y 600[430] CP 1944/73 (aproximadamente un tercio del total). La Exposición de Motivos explicaba que su introducción era uno de los instrumentos utilizados para "reducir la intervención penal... pues la persecución de oficio... contribuía a una innecesaria acumulación de causas penales... Con ello no se pretende limitar el acceso a los Tribunales de Justicia, sino evitar una actuación de éstos innecesaria por no requerida, no dándose un interés general suficiente que aconseje mantener el sistema hasta ahora vigente". En la doctrina se explicaba que la reforma de 1989 dio lugar a "la radical despenalización de unas conductas y la eventual despenalización de otras. Hay una despenalización de alcance necesario, y además una facultativa descriminalización que, ligada a la voluntad del perjudicado, se produce por la vía de la pasividad o por el cauce del perdón"[431].

---

426 Art. 586 *bis* CP 1944/73: "Los que, por simple imprudencia o negligencia, causaren un mal a las personas que, de mediar dolo, constituiría delito, serán castigados con la pena de arresto menor y multa de 50.000 a 100.000 pesetas, siempre que concurriere infracción de reglamentos y, cuando ésta no concurriere, con la de uno a quince días de arresto menor o multa de 50.000 a 100.000 pesetas.
Si el hecho se cometiere con vehículo de motor podrá imponerse, además, la privación del permiso de conducir por tiempo de uno a tres meses.
Las infracciones penadas en este artículo sólo serán perseguibles previa denuncia del ofendido".

427 Art. 589 CP 1944/73: "El que ejecutare los actos comprendidos en el artículo 518 será castigado con multa de 5.000 a 50.000 pesetas, si la utilidad no excediere de 30.000 pesetas o no fuere estimable, siempre que mediare denuncia del perjudicado".
Art. 518 CP 1944/73: "El que alterare términos o lindes de pueblos o heredades o cualquier clase de señales destinadas a fijar los límites de propiedades o demarcaciones de predios contiguos, tanto de propiedad particular como de dominio público, o distrajere el curso de aguas públicas o privadas será castigado con una multa del cincuenta al cien por ciento de la utilidad reportada o debido reportar con ello, siempre que dicha utilidad exceda de 30.000 pesetas, sin que la mencionada multa pueda bajar de 100.000 pesetas".

428 Art. 590 CP 1944/73: "El que entrare en heredad murada o cercada sin permiso del dueño, será castigado con multa de 5.000 a 25.000 pesetas, siempre que mediare denuncia del perjudicado".

429 Art. 594 CP 1944/73: "El encargado de la custodia de ganados que entraren en heredad ajena sin causar daño, no teniendo derecho o permiso para ello, será castigado con la multa de 5.000 a 25.000 pesetas, siempre que mediare denuncia del perjudicado".

430 Art. 600 CP 1944/73: "Serán castigados con multa de 25.000 a 100.000 pesetas los que por simple imprudencia, con infracción de los reglamentos, causen daños en las cosas cuyo importe exceda de la cuantía del Seguro Obligatorio.
Si el hecho se hubiere cometido con vehículo de motor podrá imponerse, además, la privación del permiso de conducir por tiempo de hasta tres meses.
Las infracciones previstas en este artículo sólo serán perseguibles mediante denuncia del perjudicado".

431 MEDINA CRESPO, M., *Las nuevas figuras de la imprudencia punible y el perdón*, Artes Gráficas Suárez Barcala, Madrid, 1989, pp. 22-23. En el mismo sentido, ROMEO CASABONA, C. M., "Los delitos culposos en la reforma penal", *ADPCP* Tomo XLIII,

Por su parte, en su versión original, el Código Penal de 1995 solo exigió denuncia para proceder en tres preceptos: los arts. 620, 621 y 624.1 CP. Esta limitación, frente a la situación anterior, de perseguibilidad de oficio, se explicó por la desaparición de algunas faltas[432]. Sin embargo, a ello se opuso que, si bien la reducción del número de faltas no fue muy significativa, pues solo se dedicaron a ellas dos preceptos menos que en el Código Penal de 1944/73, el porcentaje de faltas perseguibles a instancia de parte sí disminuyó sustancialmente: se pasó del 30% al 14% del total de faltas[433]. Reformas posteriores llevaron a la conversión de faltas perseguibles a instancia de parte en faltas públicas. Esta marcha atrás en el proceso de ampliación del principio dispositivo se produjo al hilo de la lucha contra la violencia doméstica y de género. Baste señalar a estos efectos que la LO 14/1999, de 9 de junio, de modificación del Código Penal en materia de protección a las víctimas de malos tratos y de la Ley de Enjuiciamiento Criminal, añadió un último inciso al art. 620 CP, con el fin de convertir en faltas públicas los hechos descritos en los dos números anteriores (amenazas leves con armas u otros instrumentos peligrosos y sacar armas en riña, y amenazas, coacciones y vejaciones injustas de carácter leve), "cuando el ofendido fuere alguna de las personas a las que se refiere el artículo 153". Se inicia así un proceso de expropiación del principio dispositivo a las víctimas de los delitos relacionados con la violencia doméstica y de género, que se ha justificado con el argumento de la protección de la mujer. Se trata del punto de arranque en nuestro país de las llamadas *no drop policies*, basadas en marginar la voluntad de la víctima de violencia doméstica y de género en la decisión sobre el inicio, la continuación o la finalización del procedimiento penal, así como sobre las medidas cautelares y penas a imponer. El objetivo es transmitir la idea de que los malos tratos son un problema público que ha de resolver el Derecho Penal, y no una mera cuestión privada[434]. Además, se pretende eludir de esta forma

---

pp. 244 y 272-274; VIVES ANTÓN, T. S., et al., *La reforma penal*, cit., pp. 34-35. Lo confirma ALONSO RIMO, A., *Víctima y sistema penal: las infracciones no perseguibles de oficio y el perdón del ofendido*, Tirant lo Blanch, Valencia, 2002, pp. 476 y ss.

432 Así, MARCOS AYJÓN, M., "Una nueva concepción del principio de oportunidad: la denuncia en el Código Penal de 1995", *Tribunales de Justicia* núm. 6, 1997, p. 646.

433 Cfr. LIBANO BERISTAIN, A., *Los delitos semipúblicos y privados. Aspectos sustantivos y procesales*, Bosch, Barcelona, 2011, p. 181, nota núm. 594.

434 Alude a esta fundamentación la Circular 4/2003, de 30 de diciembre, de la Fiscalía General del Estado, sobre nuevos instrumentos jurídicos en la persecución de la violencia doméstica, que también alega como justificación de la nueva regulación de estas medidas que la agresión a un miembro de la familia acaba afectando a todos: "determinados actos por su propia dinámica y naturaleza, pese a que producen un resultado que recae sobre un miembro concreto del grupo familiar, afectan a todos los miembros del mismo que han de ser considerados víctimas del delito en su conjunto. La anterior consideración es importante a efectos de la fijación de la responsabilidad civil y de la adopción de medidas cautelares. Asimismo, esta consideración deviene esencial para impedir que la actitud de retractación (frecuente y humanamente explicable) de determinados denunciantes adquiera eficacia: no sólo se trata de un delito público en el que no cabe ninguna figura de perdón o de renuncia a la acción penal, sino que, además, la

tanto la presión sobre la víctima por parte del agresor como el surgimiento de sentimientos de culpabilidad en la mujer[435].

A la hora de analizar la conveniencia de introducir o mantener la exigencia de denuncia para proceder en las infracciones leves y menos graves contra las personas procedentes de la reconversión de las faltas hay que tener en cuenta que, con carácter general, la exigencia de denuncia produce una subordinación del interés público, del que es titular el Estado, al privado, del que es titular el particular ofendido por el delito[436]. Esta subordinación puede dar lugar a un tráfico inmoral, en el que la amenaza de interposición de la denuncia sirva como instrumento de chantaje para llegar a arreglos económicamente satisfactorios para el potencial denunciante. Sin olvidar que el régimen de denuncia previa provoca en muchos casos una situación de indefensión fáctica del particular, que no insta la persecución por ignorancia, por desconocimiento del peligro sufrido o por falta de medios, no pudiendo ejercer su derecho a la tutela judicial efectiva. Y frente al argumento de la escasa lesividad de las conductas sometidas al principio dispositivo, utilizado siempre que se trata de infracciones leves[437], hay que tener presente que la vida, la salud o la libertad no son bienes jurídicos disponibles o plenamente disponibles por su titular, lo que es indicio de la presencia de un interés público en la persecución de las conductas que los atacan, difícil de conciliar con el principio dispositivo en esta materia.

En efecto, puede resultar difícil coordinar la exigencia de denuncia para proceder por algunos delitos leves de lesiones con la regulación de los efectos del consentimiento del sujeto pasivo en estos delitos, que solo da lugar a la imposición de la pena inferior en uno o dos grados (art. 155 CP)[438]. Al respecto ha de tenerse en cuenta que la cláusula reguladora del consentimiento en los delitos de lesiones, antes solo aplicable a los delitos, esto es, a las

---

víctima frecuentemente no sólo es el sujeto pasivo de la acción violenta que manifiesta la retractación sino todos los restantes integrantes del núcleo de convivencia familiar" (apartado II.5).

435 Vid. ampliamente FARALDO CABANA, P., *Las prohibiciones de residencia, aproximación y comunicación en el Derecho penal*, Tirant lo Blanch, Valencia, 2008, pp. 133 y ss., con extensa bibliografía española y extranjera.

436 Vid., con amplia argumentación ALONSO RIMO, A., *Víctima*, cit., pp. 343 y ss.

437 Así, entre otros, FERNÁNDEZ, M. A., "Nuevo panorama de los delitos perseguibles de oficio y de los delitos perseguibles sólo a instancia de parte", *RJC* Vol. 78, núm. 2, 1979, p. 347; GÓMEZ ORBANEJA, E., *Comentarios a la Ley de Enjuiciamiento Criminal. Tomo II. Volumen I*, Bosch, Barcelona, 1951, p. 247.

438 El Informe del Consejo General del Poder Judicial sobre el Anteproyecto, pp. 156-158, critica la exigencia de denuncia con base tanto en la importancia del bien jurídico protegido en las lesiones como en su carácter indisponible.

infracciones graves y menos graves, se extiende ahora a los delitos leves procedentes de la reconversión de faltas. En efecto, antes de la reforma, de una interpretación *a sensu contrario* del art. 155 CP se deducía que eran impunes las lesiones consentidas constitutivas de falta. Y es que el art. 155 CP se refería y se refiere solo a los delitos de lesiones, pero no a las faltas: de ahí que una argumentación *a sensu contrario* abriera paso a la plena disponibilidad del titular del bien jurídico en ellas, ya que extender a las faltas esta disposición que regulaba una eficacia limitada del consentimiento suponía una analogía *in malam partem*. Ahora, por el contrario, resulta claro que las lesiones leves consentidas ya no son impunes. Sin embargo, este cambio se ve compensado por el hecho de que es necesaria la denuncia de la persona agraviada para proceder, con lo que a efectos prácticos el resultado final es parecido, que no idéntico.

A ello se suma que estamos ante bienes jurídicos individuales de primer orden, de forma que su protección, incluso frente a ataques leves, no debería quedar a merced de que el perjudicado logre o no resarcirse económicamente por medios extrajudiciales.

En resumen, hay que reconocer que la decisión de prescindir del principio de oficialidad en la persecución de algunas infracciones corresponde al legislador, que goza de un considerable ámbito de discrecionalidad a la hora de precisar qué delitos deben someterse a la denuncia como condición de procedibilidad. No obstante, dada la importancia de los bienes jurídicos en juego, dicha decisión debería resultar justificable tras una valoración de los distintos intereses en conflicto. Evidentemente, en la valoración que ha conducido a la reforma de 2015 se ha tenido en cuenta no tanto la relevancia de los bienes jurídicos afectados, cuanto el interés, ciertamente público pero instrumental, en el mejor aprovechamiento de los medios con que cuenta la Administración de Justicia.

Precisamente teniendo en cuenta este objetivo de aligerar la carga de trabajo de jueces y tribunales puede resultar llamativo que no se haya optado por introducir la perseguibilidad a instancia de parte en las infracciones leves contra el patrimonio. En cualquier caso, como veremos, en ellas la perseguibilidad de oficio se ve compensada por la concesión del criterio de oportunidad al Ministerio Fiscal, que de hecho va a significar la no persecución de los delitos leves contra el patrimonio en los que la víctima no impulse la acusación, salvo que el autor sea habitual o reincidente.

Analizando ya las reacciones frente a la introducción de la exigencia de denuncia para proceder en el delito de lesiones leves, hay que señalar que algunos autores se han manifestado a favor de esta previsión, sobre la base de que “es una realidad incuestionable que buena parte de estas situaciones de agresión física, generalmente fruto del acaloramiento, acababa en sentencia absolutoria; ante la no presentación a juicio de ninguna de las partes o del denunciante... de este modo dejamos que sean las víctimas quienes tomen la decisión de verse amparadas por el Derecho cuando consideran haber sido objeto de una afrenta digna de reproche penal"[439]; o de que "esta decisión del legislador tendrá indudables y evidentes efectos beneficiosos, ya que se verá reducido el número de delitos leves y diligencias previas sobre la materia, descargando al Ministerio Fiscal de la obligación de perseguir de oficio este tipo de delitos, en casos en los que (como sucedía hasta la fecha) se continuaba con el procedimiento y se llegaba al juicio oral, sin denuncia del perjudicado y en ocasiones incluso sin la colaboración del mismo"[440]. Sin embargo, se trata de una posición minoritaria. La exigencia de denuncia del agraviado o de su representante legal en los delitos de lesiones leves ha suscitado más críticas que parabienes. El Informe del Consejo General del Poder Judicial, por ejemplo, lo interpreta como una muestra de la "inhibición del Estado" ante ataques a bienes jurídicos fundamentales como es el protegido por el delito de lesiones, para concluir estimando "imprescindible" la supresión de la exigencia de denuncia previa para la persecución de los delitos leves de lesiones[441]. A ello se añade que no es fácil distinguir las lesiones leves de otros delitos de lesiones, no pudiendo saberse, por tanto, desde un principio si estamos ante un delito leve o menos grave[442], lo que obliga a una instrucción poco compatible con el juicio de faltas.

Por el contrario, en el delito de maltrato de obra sin causar lesión hay cierto acuerdo en que la exigencia de denuncia es razonable, dadas la levedad del ataque al bien jurídico y la inexistencia de un resultado lesivo[443].

Por otra parte, como hemos visto, el homicidio por imprudencia menos grave, que es un delito leve, solo es perseguible mediante denuncia de la persona agraviada o de su representante legal (art. 142.2, último inciso CP). Podría pensarse que esto no supone más que trasladar la solución anterior a la reforma de 2015, que también exigía la denuncia para pro-

---

439 RODRÍGUEZ LAINZ, J. L., "Los nuevos delitos leves", cit., p. 1396.

440 JAÉN VALLEJO, M./ PERRINO PÉREZ, A. L., *La reforma penal de 2015*, cit., p. 89.

441 Véase el Informe del Consejo General del Poder Judicial sobre el Anteproyecto, pp. 156-157.

442 Como señala ARMENTEROS LEÓN, M., "Aproximación", cit., p. 1568, a quien le "parece, por lo tanto, de imposible aplicación esa norma al apartado segundo, ya que no puede ser un tipo básico un delito público y un subtipo atenuado un delito privado, salvo que exista algún elemento objetivo para distinguir ambas conductas, lo que no ocurre en el presente caso".

443 Cfr. el Informe del Consejo General del Poder Judicial sobre el Anteproyecto, p. 157. Véase también ARMENTEROS LEÓN, M., "Aproximación", cit., p. 1568.

ceder en caso de homicidio por imprudencia leve (art. 621.6 en relación con el apartado 2º CP). Pero recuérdese que el legislador pretende que la imprudencia menos grave acoja los supuestos más graves de la imprudencia leve, es decir, los que son suficientemente graves para no quedar despenalizados. Y pese a ello, establece que la persecución se produzca exclusivamente a instancia de parte.

> Ya señalaba hace años Montón Redondo[444] que "un homicidio no debe — o al menos no debería — perder su condición de conducta públicamente perseguible por la manera en que se haya producido".

Además, se mantiene la exigencia de denuncia del agraviado o de su representante legal en los nuevos delitos leves de amenazas y coacciones (ya se preveía cuando eran faltas), salvo que el ofendido fuere alguna de las personas a las que se refiere el art. 173.2 CP (arts. 171.7 y 172.3 CP), casos en los que nos encontramos ante delitos menos graves perseguibles de oficio.

> Los Anteproyectos de 2012 y 2013 exigían denuncia de la persona ofendida o de su representante legal también en los casos de violencia doméstica y de género. Las críticas recibidas obligaron a introducir el actual párrafo segundo de los arts. 171.7 y 172.3 CP.

Por su parte, la injuria o vejación injusta de carácter leve solo se castiga penalmente cuando el ofendido fuera una de las personas a las que se refiere el art. 173.2 CP, quedando destipificada cuando no pertenece a una de dichas categorías. En este caso, se exige la denuncia como condición de procedibilidad incluso en el ámbito de la violencia doméstica: "las injurias solamente serán perseguibles mediante denuncia de la persona agraviada o de su representante legal" (art. 173.4 CP, párrafo 2º). No parece desacertado. Piénsese que las injurias graves son delitos contra el honor, solo perseguibles en virtud de querella de la persona ofendida por el delito o de su representante legal, con la excepción de que la ofensa se dirija contra funcionario público, autoridad o agente de la misma sobre hechos concernientes al ejercicio de su cargo (art. 215.1 CP). Es razonable que en el marco de la violencia doméstica solo sea precisa la denuncia para su persecución, como una vía intermedia entre la total privatización de la acción penal a través de la querella y su persecución de oficio.

---

444 MONTÓN REDONDO, A., "Algunas reflexiones que nos sugiere el Código Penal de 1995 sobre competencia y legitimación", *Tribunales de Justicia* núm. 10, 1998, p. 952. En sentido similar, también ROMEO CASABONA, C. M., "Los delitos culposos", cit., pp. 443-496.

¿Se extiende la exigencia de denuncia a las vejaciones injustas de carácter leve? El art. 173.4 CP, párrafo 2°, alude únicamente a las injurias a la hora de establecer el requisito de la denuncia, por lo que un sector doctrinal entiende, coherentemente, que las vejaciones injustas son perseguibles de oficio[445].

También se sigue exigiendo denuncia para proceder en el delito de daños causados por imprudencia grave en cuantía superior a 80.000 euros (art. 267 CP), castigado con pena de multa de tres a nueve meses, y por tanto un delito leve, lo que contrasta con la perseguibilidad de oficio de los daños dolosos por cuantía que no exceda de 400 euros (el nuevo delito leve introducido en el segundo inciso del art. 263.1 CP). En los daños imprudentes se permite que el Ministerio Fiscal pueda denunciar cuando la persona agraviada "sea menor de edad, persona con discapacidad necesitada de especial protección o una persona desvalida".

En cuanto a la persona habilitada para presentar la denuncia, conviene puntualizar, en todo caso, que el concepto de persona agraviada no coincide con el de perjudicado, sino con el de sujeto pasivo del delito. Sujeto pasivo del delito o agraviado es el titular del bien jurídico lesionado o puesto en peligro por el delito, mientras que perjudicado es quien sufre un perjuicio efectivo de carácter patrimonial a causa de la comisión del delito[446].

Por lo demás, nada ha cambiado en la regulación de estos delitos que como faltas ya exigían denuncia para proceder. Ahora bien, el derogado art. 639 CP disponía que "en las faltas perseguibles a instancias de la persona agraviada también podrá denunciar el Ministerio Fiscal si aquella fuere menor de edad, incapaz o una persona desvalida. La ausencia de denuncia no impedirá la práctica de diligencias a prevención...". Podría pensarse que esta posibilidad de que el Ministerio Fiscal denuncie cuando el agraviado sea menor, incapaz o persona desvalida habría desaparecido (salvo en el caso de los daños por imprudencia grave, una figura delicti-

---

445 Cfr. CERVELLÓ DONDERIS, V./ CHAVES PEDRÓN, C., "Violencia de género", cit., p. 514; CUGAT MAURI, M., "La discutible bondad", cit., p. 193.

446 Es doctrina mayoritaria. Vid. por todos, ALONSO RIMO, A., "Voz Requisitos de perseguibilidad privada", en BOIX REIG, J. (Dir.), *Diccionario de Derecho penal económico*, iustel, Madrid, 2008, pp. 794-795; CAMARENA GRAU, S./ ORTEGA LORENTE, J. M., "Disposiciones adicionales, transitorias, derogatorias y finales", en GONZÁLEZ CUSSAC, J. L. (Dir.), *Comentarios a la reforma del Código Penal de 2015*, 2ª ed. Tirant lo Blanch, Valencia, 2015, pp. 1427-1428; LIBANO BERISTAIN, A., *Los delitos semipúblicos*, cit., pp. 317-320; LLERA SUÁREZ-BÁRCENA en QUINTERO OLIVARES, G./ CAVANILLAS MÚGICA, S./ LLERA SUÁREZ-BÁRCENA, E. de, *La responsabilidad civil "ex delicto"*, Aranzadi, Pamplona, 2002, p. 212.

va que precisamente no proviene de la reconversión de las faltas), y que también lo habría hecho la autorización para realizar diligencias a prevención. En apariencia no se prevé en ninguno de los nuevos delitos fruto de la reconversión de las faltas, pese a que el informe del Consejo Fiscal al Anteproyecto indicó que "sería conveniente incluir estos extremos"[447]. En particular, la práctica de diligencias a prevención resulta necesaria ya que en muchos de los nuevos delitos, para determinar la gravedad del hecho, debe atenderse al medio empleado o al resultado producido, lo que implica la necesidad de practicar diligencias de investigación.

Piénsese en las lesiones del art. 147.2 CP, en las amenazas del art. 171.7 CP o en las coacciones del art. 172.3 CP, por poner algún ejemplo.

Pues bien, lo cierto es que la Disposición final segunda de la LO 1/2015 ha modificado el art. 105 LECrim para introducir en su segundo apartado la posibilidad de que en los delitos perseguibles a instancias de la persona agraviada el Ministerio Fiscal presente denuncia si la persona agraviada fuese menor de edad, persona con discapacidad necesitada de especial protección o desvalida, añadiendo que la ausencia de denuncia no impedirá la práctica de diligencias a prevención. Es decir, una cuestión procesal ha pasado de regularse en el Código Penal a hacerlo en la Ley de Enjuiciamiento Criminal, lo que parece adecuado.

Curiosamente, no se introduce la exigencia de denuncia en ninguna de las restantes infracciones resultantes de la reconversión de faltas, en particular las cometidas contra el patrimonio, que constituye el grupo más importante en la estadística de hechos conocidos por la policía. Esto resulta llamativo pues, como pone de manifiesto Quintero Olivares[448], "el régimen de perseguibilidad de los delitos, en la medida en que deriva de la naturaleza que el legislador ha apreciado en el bien jurídico tutelado, es expresivo de cuál sea esa misma naturaleza. La atribución de un bien jurídico prioritariamente, al patrimonio subjetivo de un limitado número de sujetos da muestra de un carácter "preponderantemente privado", que luego se traduce en la introducción de una condición de persecución (la denuncia del ofendido o perjudicado por el delito), con lo que tácitamente se reconoce un derecho de disposición sobre el proceso penal que no existiría si el bien jurídico fuese de carácter "público o colectivo"". No cabe duda de que la introducción del requisito de procedibilidad implica una

---

447 Informe del Consejo Fiscal al Anteproyecto, p. 131 (apartado octogésimo séptimo).

448 QUINTERO OLIVARES, G., "Sobre los delitos societarios en el nuevo Código penal (Cuestiones generales)", en ASÚA BATARRITA, A. (Ed.), *Jornadas sobre el nuevo Código Penal de 1995*, Universidad del País Vasco, Bilbao, 1998, p. 170.

cierta relativización del interés público en la persecución de estos hechos. ¿Por qué se introduce en los delitos contra las personas y no en los delitos contra el patrimonio? Como veremos a continuación, la exigencia de denuncia para proceder y la eficacia del perdón del ofendido se combinan con la concesión del criterio de oportunidad al Ministerio Fiscal en el esfuerzo por aligerar la carga de trabajo que recae sobre la jurisdicción penal[449]. Este criterio de oportunidad tiene su ámbito de aplicación más relevante, justamente, en los delitos patrimoniales leves.

Téngase en cuenta, por último, que la exigencia de denuncia para proceder supone en estas infracciones perseguibles a instancia de parte que tiene eficacia el perdón del ofendido como causa de extinción de la responsabilidad criminal, sin necesidad de que la ley así lo prevea en cada delito en concreto, pues ya se hace con carácter general[450]. Según señala el art. 130.1.5° CP, "la responsabilidad criminal se extingue: ... 5° Por el perdón del ofendido, cuando se trate de delitos leves perseguibles a instancia del agraviado o la ley así lo prevea".

Esta alusión a los delitos leves se introdujo a instancias del Consejo General del Poder Judicial y del Consejo Fiscal[451], que echaron de menos una referencia al perdón del ofendido, considerando conveniente hacer mención expresa a él. De esta manera, se recupera lo previsto en el inciso tercero del derogado art. 639 CP, según el cual "en estas faltas [perseguibles a instancias de la persona agraviada o del Ministerio Fiscal], el perdón del ofendido o de su representante legal extinguirá la acción penal o la pena impuesta, salvo lo dispuesto en el segundo párrafo del número 4° del artículo 130".

El perdón del ofendido no es solo una causa de exclusión de la responsabilidad criminal, sino que se suele considerar también una manifesta-

---

449 Para la Fiscalía General del Estado, estos institutos procesales "constituyen manifestaciones singulares del principio de oportunidad, lo que confirma su parentesco directo con la facultad discrecional de instar el archivo que la LO 1/2015 ha decidido conceder al órgano de la acusación pública" (Circular 1/2015, de 19 de junio, apartado 6.2.3). Ya se había manifestado en este sentido en la Circular 2/1990, de 1 de octubre, de la Fiscalía General del Estado, sobre la aplicación de la reforma de la Ley Orgánica 3/1989, de 21 de junio, de actualización del código penal (apartado IX B). En este sentido, muy claramente, LIBANO BERISTAIN, A., *Los delitos semipúblicos*, cit., pássim.

450 Esta previsión no se contenía en el texto original del Anteproyecto. Su introducción pretende dar respuesta a las críticas vertidas en esta materia en el Informe del Consejo Fiscal al Anteproyecto, como apunta CUGAT MAURI, M., "La discutible bondad", cit., p. 194, y por un sector doctrinal. Vid. por ejemplo MANZANARES SAMANIEGO, J. L., "Novedades", cit., p. 1569.

451 Informe del Consejo Fiscal al Anteproyecto, p. 138 (apartado nonagésimo tercero).

ción del principio o criterio de oportunidad, como la propia denuncia[452]. Aquí no se comparte esa caracterización: la diferencia fundamental es que la posibilidad de no denunciar o de extinguir la responsabilidad penal no se otorga al Ministerio Fiscal, sino a la propia víctima. Por su parte, el criterio de oportunidad tiene como punto de referencia inexcusable el principio de legalidad, pues se refiere a las facultades y límites en la actuación del Ministerio Fiscal. En cualquier caso, como veremos, en la reforma de 2015 se combinan la denuncia de la persona agraviada, el perdón del ofendido y el criterio de oportunidad atribuido al Ministerio Fiscal para efectuar una despenalización de hecho, caso por caso, que contrasta con la timidez del proceso despenalizador/ descriminalizador a nivel legislativo.

3. *La regulación del criterio de oportunidad atribuido al Ministerio Fiscal*

La reforma de 2015 también modifica el art. 963 LECrim, introduciendo para los casos "que no tienen una gravedad que justifique la apertura de un proceso y la imposición de una sanción de naturaleza penal, y en cuya sanción penal tampoco existe un verdadero interés público... con una orientación que es habitual en el Derecho comparado, un criterio de oportunidad que permitirá a los Jueces, a petición del Ministerio Fiscal, valorada la escasa entidad del hecho y la falta de interés público, sobreseer estos procedimientos" (apartado XXXI del Preámbulo de la LO 1/2015).

Esta explicación resulta engañosa, puesto que lo que dice la nueva redacción que se propone es lo siguiente: "Recibido el atestado conforme a lo previsto en el artículo anterior [esto es, cuando la Policía toma conocimiento de hechos constitutivos de delito de lesiones, maltrato de obra, hurto flagrante, amenazas, coacciones o injurias cuyo enjuiciamiento corresponda al Juez de Instrucción de guardia o a otro Juez de Instrucción del mismo partido judicial, elabora el correspondiente atestado y cita ante el juzgado de guardia a los ofendidos o perjudicados, al denunciante, al denunciado y a los testigos que puedan dar razón de los hechos], si el Juez estima procedente la incoación del juicio de faltas, adoptará alguna de las siguientes resoluciones: a) Acordará el sobreseimiento del procedimiento y el archivo de las diligencias cuando lo solicite el Ministerio Fiscal a la vista de las siguientes circunstancias: a. El delito leve denunciado resulte de muy escasa gravedad a la vista de la naturaleza del hecho, sus circunstancias, y las personales del autor, y b. no exista un interés público

452 Cfr. ARMENTA DEU, M. T., *Criminalidad de bagatela*, cit., p. 207, que lo critica.

relevante en la persecución del hecho. En los delitos patrimoniales, se entenderá que no existe interés público relevante en su persecución cuando se hubiere procedido a la reparación del daño y no exista denuncia del perjudicado…". Obviamente, quien valora si es oportuno o no archivar es el Ministerio Fiscal[453], debiendo acordarlo el Juez si aquél así lo solicita[454].

¿Estamos ante un paso más en la traslación del principio de oportunidad propio del Derecho Administrativo sancionador al enjuiciamiento penal de los delitos leves y de algunos de los delitos menos graves?[455] Solo parcialmente, pues en el ámbito penal nos encontramos ante un principio sometido a reglas[456], ya conocido y empleado en el ámbito de

---

453 Para lo cual habrá de dársele traslado antes de que el juez convoque a juicio.

454 Cfr. CANO CUENCA, A., "El delito de hurto", cit., p. 696; RODRÍGUEZ LAINZ, J. L., "Los nuevos delitos leves", cit., p. 1401. Ya lo proponía TRILLO NAVARRO, J. P., "Criminalidad de bagatela", cit., pp. 27-28. HERNÁNDEZ GARCÍA, J./ RAMÍREZ ORTIZ, J. L., "Las consecuencias procesales", cit., pp. 262-264, proponen una opción intermedia entre la obligatoria vinculación del juez a la petición del Ministerio Fiscal y la falta total de vinculación, de forma que el juez pueda controlar el cumplimiento de los requisitos formales del ejercicio de la facultad: "el Ministerio Fiscal, al menos, habrá de enunciar los criterios a considerar; criterios que deberá estar dispuesto a aplicar en supuestos similares, ponderarlos, y tomar la decisión correspondiente".

455 El origen del criterio de oportunidad se encuentra precisamente en el objetivo de disminuir la sobrecarga de trabajo provocada por el aumento de la criminalidad leve. Cfr. LANZAROTE MARTÍNEZ, P., *La autonomía del Ministerio Fiscal en el proceso penal y la reforma de su estatuto orgánico*, La Ley, Madrid, 2008, pp. 182 y ss.

456 Habla de "un principio de oportunidad tasada o reglada, en el que el Fiscal no es libre para adoptar la decisión que le parezca, sino que debe ceñirse a los supuestos establecidos en la ley", la Circular 1/2015, de 19 de junio, de la Fiscalía General del Estado, p. 17 (apartado 4.1). Con ello se pretende argumentar que es la propia ley la que fija las condiciones de aplicación del criterio de oportunidad, que de esta manera no constituiría una excepción al principio de legalidad, sino una variedad de la propia legalidad. En este sentido, vid. ARMENTA DEU, M. T., *Criminalidad de bagatela*, cit., p. 211, citando a RUIZ VADILLO y CONDE PUMPIDO. Desde una perspectiva mucho más crítica, CUGAT MAURI, M., "La discutible bondad", cit., p. 163, lo califica de "incierto y resbaladizo", aunque más adelante lo salude positivamente, p. 197.
En cualquier caso resulta interesante destacar que un importante sector doctrinal se ha posicionado en contra del uso de la expresión "oportunidad reglada", sobre la base de que "no es la oportunidad, en sí misma, la que se somete a una regla: el juicio de oportunidad siempre consiste en decidir lo que se considera oportuno, aunque no coincida con lo que, en principio, señala la norma legal. Lo que se regula es, pues, bien un círculo o ámbito objetivo dentro del cual cabe que se formulen y sean eficaces los juicios de oportunidad…, bien unos requisitos o presupuestos diferentes, como que el perjudicado por el delito sea satisfactoriamente indemnizado de los daños y perjuicios causados por la conducta delictiva o que los responsables del delito no sean reincidentes, etc.". OLIVA SANTOS en MUERZA ESPARZA, J., y otros, *Derecho procesal penal*, 5ª ed. Editorial Universitaria Ramón Areces, Madrid, 2006, p. 43. En el mismo sentido, ARMENTA DEU, M. T., *Criminalidad de bagatela*, cit., p. 221; BERZOSA

las faltas[457], frente al completo arbitrio que se deja a la Administración en el procedimiento administrativo sancionador. Su justificación en el ámbito penal también es distinta: se trata de paliar el retraso endémico y consiguiente peligro de colapso de la Administración de Justicia[458].

En el ejercicio de esta potestad de modulación de la acción punitiva se ha de ponderar, por un lado, la escasa gravedad del delito que no se va reprimir (esto es, la naturaleza del hecho, sus circunstancias, y las personales del autor[459]) y, por otro, un interés público en la persecución del

---

FRANCOS, M. V., "Los principios de legalidad y oportunidad en el proceso penal", en PICÓ I JUNOY, J. (Dir.), *Problemas actuales de la justicia penal: los juicios paralelos, la protección de los testigos, la imparcialidad de los jueces, la criminalidad organizada, los juicios rápidos, la pena de multa*, Bosch, Barcelona, 2001, p. 17; RUIZ VADILLO, E., "El principio de oportunidad reglada", en AA.VV., *La reforma del proceso penal. II Congreso de Derecho procesal de Castilla y León*, Ministerio de Justicia, Madrid, 1989, p. 391.

457 La LO 1/2015 revalida en este precepto la habilitación legal que la Ley 10/1992, de 30 de abril, de Medidas Urgentes de Reforma Procesal, confirió en su día al Fiscal General del Estado para concretar por medio de instrucciones los supuestos en los que, en atención al interés público concernido, los Fiscales podían dejar de asistir al juicio cuando se tratara de faltas cuya persecución exigiese denuncia del ofendido o perjudicado, lo que en su día se interpretó como un paso más en la privatización de tales ilícitos. El Preámbulo de la LO 10/1992 lo justificó por "el objetivo de lograr un mejor aprovechamiento de los recursos de esta institución [el Ministerio Fiscal], mediante su presencia en la repercusión de infracciones penales de mayor relevancia". Esta habilitación que fue desarrollada en primer lugar mediante la Instrucción 6/1992, de 22 de septiembre, sobre aplicación de algunos aspectos del proceso penal en virtud de la reforma llevada a cabo por la Ley 10/1992 de 30 de abril, de medidas urgentes de reforma procesal, y posteriormente complementada por medio de la Circular 1/2003, de 7 de abril, sobre procedimiento para el enjuiciamiento rápido e inmediato de determinados delitos y faltas y de modificación del procedimiento abreviado, ambas de la Fiscalía General del Estado. Las directrices de actuación reflejadas en estos documentos, consolidadas por una larga práctica, se han mantenido en lo esencial en la Circular 1/2015, de 19 de junio.
En la doctrina es pacífica esta vinculación entre el principio de oportunidad y las infracciones leves. Cfr., entre otros, ARMENTA DEU, M. T., *Criminalidad de bagatela*, cit., pp. 23-25 y 193-196; LIBANO BERISTAIN, A., *Los delitos semipúblicos*, cit., p. 87.

458 Cfr., entre otros, GIMENO SENDRA, V., "Los procedimientos penales simplificados (Principio de "oportunidad" y proceso penal monitorio)", *PJ* núm. extraordinario II, 1988, pp. 31-32; LIBANO BERISTAIN, A., *Los delitos semipúblicos*, cit., pp. 79 y ss.; RUIZ VADILLO, E., "El principio de oportunidad reglada", cit., p. 391.

459 Critica estos términos RODRÍGUEZ LAINZ, J. L., "Los nuevos delitos leves", cit., p. 1401, sobre la base que "tiene sentido hablar de la naturaleza del hecho y sus circunstancias; pues en no pocas ocasiones la contextualización de un mismo hecho hace que la necesidad de su represión penal o su reprochabilidad varíe; pero la introducción de las circunstancias personales del autor tienen un más difícil encaje en este punto, como no sea teniendo en cuenta factores educacionales, de capacidad de autocontrol

hecho en el que se han de incluir los derechos de la víctima a la verdad, la justicia y la reparación.

De lo expuesto se desprende el deseo del legislador de mantener el juicio de faltas, incluso ampliando su ámbito de aplicación para incluir algunos delitos menos graves. Ahora bien, puesto que el objetivo declarado de la reforma es descargar a la Administración de Justicia del enjuiciamiento de infracciones de muy escasa gravedad, se introduce el criterio de oportunidad en la persecución de los delitos leves, quedando el ejercicio de la acción penal al arbitrio reglado del Ministerio Fiscal. De esta manera, el legislador reconoce que al menos una parte de los nuevos delitos leves son "asuntos menores carentes de verdadera relevancia", esto es, que carecen de entidad y tan solo sirven para congestionar los juzgados y reducir los recursos que habrían de estar disponibles para "el esclarecimiento, persecución y sanción de las conductas realmente graves". Entonces, ¿por qué no proceder a su despenalización? ¿Por qué mantenerlos en el Código Penal, incluso aumentando las penas, para después dejar al arbitrio del Ministerio Fiscal su persecución? Se produce una dejación evidente de funciones por parte del legislador.

> Como indica Muerza Esparza[460], "llama la atención que, refiriéndonos a conductas tipificadas como delito, se pueda emitir, dentro de nuestro sistema jurídico penal vigente, un juicio sobre la existencia o no de un interés público relevante en su persecución, puesto que tal interés va implícito por el hecho mismo de la tipificación penal de la conducta, a salvo los supuestos en donde es el agraviado el que puede disponer de tal interés".

En cualquier caso, conviene puntualizar que el archivo por razones de oportunidad no se circunscribe a la modalidad procedimental de enjuiciamiento rápido o inmediato, sino que se prevé con los mismos requisitos en el enjuiciamiento rápido por citación del juez de guardia (art. 964.2 LECrim) y en el enjuiciamiento ordinario fuera del servicio de guardia (art. 965.1.1ª LECrim). Y que del art. 969.2 LECrim se desprende que, mediando instrucción del Fiscal General del Estado, "los fiscales podrán dejar de asistir al juicio y de emitir los informes a que se refieren los artícu-

---

o de entendimiento y decisión o situación anímica en el momento de la comisión del hecho".

460 MUERZA ESPARZA, J. J., "Aspectos procesales", cit., p. 1559. Ya señalaban hace años que esta técnica supone la remisión al ámbito procesal de la solución de problemas propios del Derecho Penal, entre otros, ARMENTA DEU, M. T., "Principio acusatorio; realidad y utilización (lo que es y lo que no)", *Revista de Derecho Procesal* núm. 2, 1996, pp. 265 y ss.; CASTILLEJO MANZANARES, R., *El juicio de faltas*, cit., p. 131; PUENTE DE PINEDO, L., "La doctrina del Tribunal Constitucional y la reforma en los juicios de faltas", *PJ* núm. 30, 1993, pp. 91 y ss.

los 963.1 y 964.2, cuando la persecución del delito leve exija la denuncia del ofendido o perjudicado", de manera que en los delitos semipúblicos el fiscal ni siquiera necesita emitir informe sobre la concurrencia de posibles motivos de oportunidad en los casos en los que, de conformidad con los criterios de la Circular 1/2015, de 19 de junio, de la Fiscalía General del Estado (apartado 5), esté dispensado de acudir a juicio oral.

¿Cuáles son esos criterios? La Circular 1/2015 ya los ha precisado, delito a delito:

"a) Homicidio por imprudencia menos grave (art. 142.2 CP): el Fiscal deberá asistir al juicio si el resultado mortal se produce con motivo de la circulación de vehículos de motor o ciclomotores por la vía pública o con motivo de la prestación de un servicio público o privado de transporte colectivo de personas (ferrocarril, metro, líneas aéreas, etc.).

Igualmente asistirá al juicio cuando el resultado mortal se produzca en el ámbito laboral como consecuencia de la infracción de normas de prevención de riesgos, seguridad e higiene en el trabajo.

Idéntico tratamiento se dará a las muertes imprudentes producidas en el ámbito sanitario como consecuencia de la actuación desplegada por cualquiera de los profesionales que intervienen en el mismo, o en el contexto de cualquier otra actividad profesional por infracción de la *lex artis*.

b) Lesiones cualificadas causadas por imprudencia menos grave del art. 152.2 CP: el Fiscal asistirá al juicio oral en los mismos casos señalados en el apartado anterior cuando el resultado lesivo sea alguno de los previstos en el art. 149 CP. Por el contrario, no asistirá si se trata de lesiones ocasionadas por imprudencia menos grave encuadradas en el art. 150 CP, pues parece oportuno reservar la intervención del Fiscal a los resultados lesivos de mayor gravedad.

c) Lesiones dolosas del 147.2 CP: el Fiscal asistirá siempre al juicio oral.

d) Maltrato de obra del art. 147.3 CP: el Fiscal no asistirá al juicio salvo cuando la víctima sea una persona vulnerable por razón de edad, enfermedad o discapacidad.

e) Amenazas y coacciones leves fuera del ámbito doméstico de los arts. 171.7, 1 y 172.3, 1 CP: el Fiscal no asistirá a juicio.

f) Injurias leves en el ámbito doméstico del art. 173.4 CP: el Fiscal no asistirá a juicio.

g) Daños causados por imprudencia grave en cuantía superior a 80.000 euros del art. 267 CP: el Fiscal no asistirá a juicio.

h) Cláusula de cierre: en todos aquellos casos en que el Fiscal haya denunciado en nombre de una persona menor de edad, con discapacidad necesitada de especial protección o desvalida al amparo de lo establecido en el art. 105.2 LECrim, deberá, obviamente, intervenir en el juicio oral en defensa de los intereses de estas personas, cualquiera que sea el delito, pues la misma necesidad de tutela del desvalido que ha justificado la decisión del Fiscal de denunciar para poner en marcha el procedimiento exige que luego intervenga de forma activa en el enjuiciamiento del hecho".

Por su parte, en los delitos leves públicos los criterios de oportunidad que debe utilizar el Ministerio Fiscal para decidir sobre la renuncia a la acción penal se concretan de forma bastante esquemática en el art. 963.1.1ª LECrim, que establece dos de concurrencia cumulativa: la escasa gravedad del delito y la ausencia de interés público en la persecución del hecho. La Circular 1/2015 también ha procedido a analizar ambos elementos.

En relación con la gravedad del hecho, instruye a los fiscales para que estudien "los tipos penales desde el punto de vista utilitario o finalista, considerando que si el delito legitima socialmente su existencia en la medida en que constituye un instrumento eficaz para la tutela de bienes jurídicos valiosos, la renuncia al ejercicio de la acción para exigir su castigo puede quedar justificada cuando se sienta una menor necesidad de tutela por las circunstancias concurrentes en el caso". Asienta, con base en ello, dos parámetros complementarios: "de un lado, el valor relativo del bien jurídico tutelado por la norma, y de otro, la intensidad del daño o riesgo efectivamente ocasionados. Desde el primer punto de vista, habrán los Sres. Fiscales de ser más exigentes, y por lo tanto menos proclives a solicitar el archivo de la causa, cuando el delito cometido afecte a bienes jurídicos de naturaleza personal, como son la integridad física y moral, la dignidad o la libertad. Desde el segundo punto de vista, la necesidad de protección es más intensa cuando se lesiona de forma efectiva el bien jurídico protegido en la norma, por haberse alcanzado la culminación del *iter criminis*, especialmente si del hecho punible se ha derivado un daño o perjuicio indemnizable que no ha sido debidamente compensado en el momento en que se evacúa el trámite de informe". Asimismo, indica que "también deberán ser valoradas circunstancias personales del autor como su edad juvenil —por estar comprendido entre los 18 y 21 años—, carencia de antecedentes penales por hechos de semejante naturaleza, ocasionalidad de su conducta infractora, arrepentimiento activo, disposición a reparar el mal causado, etc.", haciendo especial hincapié en "la consulta de las anotaciones de condenas precedentes recaídas en juicio de faltas o por delito leve", aconsejando la consulta del Registro Central de Penados, el Registro Central de Medidas Cautelares, Requisitorias y Sentencias No Firmes y el Registro Central para la Protección de las Víctimas de la Violencia Doméstica, así como la solicitud a los Juzgados Decanos de la localidad de la hoja de anotaciones de procedimientos del autor.

Por lo que se refiere a la ausencia de interés público en la persecución del hecho, tras advertir que "este criterio se solapa parcialmente con el anterior", indica que, "no obstante, existen factores externos al hecho cometido que deben ser considerados al aquilatar la necesidad de la pena: la finalidad de afirmar y consolidar el ordenamiento jurídico conculcado, por ejemplo, que es más exigente cuando la comunidad sufre con frecuencia hechos de la misma naturaleza —hurtos flagrantes en determinados espacios públicos de la ciudad, p.e.—, o, desde la perspectiva del sujeto pasivo del delito, la necesidad de brindar a la víctima una protección efectiva de sus intereses y un respeto a su voluntad manifestada, en concordancia con las exigencias del Derecho de la Unión Europea y de nuestro propio ordenamiento jurídico desde la publicación de la Ley 4/2015, de 27 de abril, del Estatuto de la víctima del delito". De esta manera, "la valoración del interés público, en definitiva, no puede hacerse al margen o en contra de la voluntad manifestada por la víctima de denunciar y perseguir los hechos, salvo, lógicamente, en aquellos casos en que ésta resulte infundada, irracional o arbitraria, constituya un ejercicio abusivo de su derecho, o se aparte claramente del interés general, pues una cosa es que exista un interés público en dignificar y realzar la posición jurídica de la víctima en el proceso, y otra muy distinta que la voluntad del particular tenga la facultad inapelable de definir en cada caso el sentido definitivo que hay que dar a ese interés público".

Además, la Fiscalía General del Estado también ha dado instrucciones específicas para determinadas familias delictivas.

Así, en lo que denomina "violencia de menor intensidad en el núcleo de convivencia familiar (excluida la violencia de género)", categoría en la que incluye las amenazas leves cuando no se hayan empleado armas o instrumentos peligrosos (art. 171.7 CP) y las coacciones leves (art. 172.3 CP) que recaigan sobre alguna de las personas del art. 173.2 CP (excluidos los actos homogéneos constitutivos de violencia de género y cometidos sobre quien sea o haya sido esposa del autor del hecho, sobre mujer que esté o haya estado ligada a él por análoga relación de afectividad, aún sin convivencia, o sobre persona especialmente vulnerable que conviva con el autor, que constituyen siempre delito menos grave, según los arts. 171.4 y 5 y 172.2 CP), así como las vejaciones injustas del art. 173.4 CP, indica que "serán perseguidos en todo caso, debiendo el Fiscal interesar la prosecución de la causa y el señalamiento de juicio oral en virtud del interés prevalente de proteger la paz doméstica así como la libertad y la integridad moral de los miembros más débiles del núcleo de convivencia familiar, bienes de irrenunciable tutela pública". Advierte además que "sólo en casos excepcionales, los Fiscales podrán informar favorablemente el archivo por motivos de oportunidad si se trata de hechos de muy escasa trascendencia, la víctima ha solicitado expresamente el archivo y no existe indicio alguno de que su voluntad pueda haber sido coaccionada o influenciada por el autor del delito o personas de su entorno". Por otra parte, en los delitos leves contra el patrimonio[461], "el Fiscal podrá renunciar al ejercicio de la acción penal e informar a favor del sobreseimiento y archivo de la causa si la víctima no ha denunciado los hechos, después de denunciados ha puesto de manifiesto su deseo de retirar la denuncia, o de cualquier otra forma ha hecho saber en sede policial o judicial que no tiene interés en la incoación o prosecución del procedimiento —p.e., solicitando

---

[461] Aquí incluye la Circular 1/2015 los delitos de hurto (art. 234.2 CP), sustracción de cosa propia (art. 236 CP), alteración de términos y lindes (art. 246 CP), distracción de aguas (art. 247 CP), estafa (art. 249.2 CP), administración desleal (art. 252.2 CP), apropiación indebida (art. 253.2 CP), apropiación indebida impropia, de cosa perdida o recibida por error (art. 254 CP), defraudación de fluidos, energía y telecomunicaciones (art. 255 CP), uso no autorizado de terminal de telecomunicaciones (art. 256 CP) y daños dolosos (art. 263.1, párrafo segundo CP).

no ser citado a juicio—". Además, se tiene en cuenta si se ha reparado el daño como un indicador de la ausencia de interés público en la persecución de estos delitos. Esta reparación no debería confundirse con el pago de la responsabilidad civil, sino configurarse como un esfuerzo por reparar, más que como una reparación efectiva. De esta manera, el esfuerzo por reparar no se trataría como un requisito objetivo, que concurre o no concurre, sino que se dotaría de un contenido esencialmente subjetivo: no sería haber pagado la responsabilidad civil, sino esforzarse en reparar. De esta manera se evitarían objeciones relativas a la discriminación entre delincuentes que pueden reparar el daño causado porque tienen medios para hacerlo, y quienes no pueden por falta de ellos[462]. En este contexto, el esfuerzo por reparar tendría un contenido al mismo tiempo más amplio y más restringido del que corresponde al pago de la responsabilidad civil derivada del delito. Más amplio, porque aquí la reparación comprendería todas las formas posibles de eliminar o disminuir los efectos perjudiciales derivados del delito, esto es, tanto la reparación en sentido estricto y la restitución como la indemnización de los daños y perjuicios, la mediación y la prestación de servicios a la comunidad. Nada habría que oponer a la admisión de formas simbólicas de reparación, como puede ser la conciliación o la petición de perdón a la víctima. Conviene emplear aquí el concepto de reparación en este sentido amplio y omnicomprensivo. Pero el contenido de este esfuerzo por reparar es al mismo tiempo más restrictivo que el que corresponde al pago de la responsabilidad civil porque, a diferencia de éste, no sería admisible que otra persona distinta del culpable satisficiera las obligaciones derivadas de la reparación. La reparación no debería entenderse aquí como el mero restablecimiento del *statu quo* patrimonial previo a la comisión del delito, sino como una señal de la reconciliación con el Ordenamiento jurídico, lo que obliga a dar importancia a la identidad de la persona que repara.

El Ministerio Fiscal ejercerá siempre la acusación en un grupo de delitos leves contra el patrimonio: "se interesará siempre la prosecución de la causa y la celebración de juicio en los delitos previstos en los arts. 236 CP (sustracción de cosa propia), 246 CP (alteración de términos y lindes), 247 CP (distracción de aguas), 254 CP (apropiación indebida impropia), 255 CP (defraudación de energía, fluido o telecomunicaciones) y 256 CP (uso no autorizado de terminal de telecomunicación ajeno) cuando el objeto, cantidad o utilidad ilícitamente obtenida hubiera alcanzado un valor superior a los 400 euros, en atención a la mayor gravedad intrínseca de estas conductas y al hecho de que hasta la reforma de 2015 estos supuestos constituían delito menos grave y se sancionaban con la misma pena de multa. Del mismo modo, se interesará siempre la prosecución de la causa y la celebración de juicio cuando se trate de un delito de ocupación de un inmueble, vivienda o edificio ajenos que no constituyan morada, o de mantenerse en los mismos sin autorización, del art. 245.2 CP por tratarse igualmente de hechos que se configuraban como delito menos grave hasta la reforma penal". Es interesante destacar que, "a fin de evitar efectos criminógenos, en supuestos de reiteración en

---

462 Ya lo advertía ARMENTA DEU, M. T., *Criminalidad de bagatela*, cit., pp. 197-198.

los delitos leves patrimoniales no procederá dar eficacia a la reparación del daño para postular el archivo". En estos casos predomina, pues, el interés general en la persecución.

En los delitos leves que afectan al orden público o a los intereses generales, "los Fiscales analizarán las circunstancias concretas que hayan rodeado la comisión del delito para decidir si la tutela del interés público exige el enjuiciamiento de los hechos o, por el contrario, admite la renuncia al ejercicio de la acción penal sin desdoro de dicho interés. Deberán en todo caso ser consideradas circunstancias personales del autor como su edad juvenil —por estar comprendido entre los 18 y 21 años—, carencia de antecedentes penales por hechos de semejante naturaleza, ocasionalidad de su conducta infractora, arrepentimiento activo, disposición a reparar el mal causado, etc.". Obsérvese que aquí, más correctamente, se alude a la disposición o el esfuerzo por reparar, y no a la reparación efectiva del daño causado.

Por otra parte, el hecho de que solo se juzguen los delitos leves públicos en que intervenga el Ministerio Fiscal implicará que se designe abogado y procurador en estos casos, lo que tendrá una importante repercusión en las partidas destinadas a la justicia gratuita.

Recuérdese que hasta ahora se venía entendiendo que no era obligatoria tal designación. Sin embargo, en aras del derecho de defensa se venía accediendo a ella cuando el Ministerio Fiscal actuaba de oficio como parte acusadora o bien cuando una de las partes había anunciado su intención de comparecer asistida de letrado, a fin de mantener la igualdad de armas[463]. Esto repercutirá, además, en las costas procesales, que hasta ahora no se imponían en los juicios de faltas.

Por lo demás, hay algunas lagunas en la regulación del criterio de oportunidad. Por ejemplo, dada la redacción del art. 963 LECrim, el interés público en la persecución de los delitos patrimoniales desaparece si se ha reparado el daño y no existe denuncia del perjudicado. ¿Significa esto que si se ha reparado el daño, pero el perjudicado presenta denuncia, el procedimiento podrá continuar? En la doctrina se ha defendido que en tal caso el procedimiento podrá continuar, si bien se critica que, "así las cosas, la postura del Ministerio Fiscal queda fuertemente condicionada por la actitud procesal del perjudicado, siendo este último quien realmente tiene la potestad para continuar el procedimiento por delito leve de hurto, cuando se trate de escasa gravedad. En consecuencia, paradójicamente es el perjudicado quien va a modular la existencia o no de interés público en la persecución de la infracción, aunque la defensa del interés público a

463 SÁEZ RODRÍGUEZ, C./ SANTOS ITOIZ, E., "La derogación", cit., pp. 31-32.

través de la acción de la justicia es un cometido constitucional encomendado al Ministerio Fiscal"[464].

Tampoco se regula qué ocurre cuando hay pluralidad de víctimas por el mismo hecho punible. La Circular 1/2015 indica que "se valorará la postura adoptada en relación con el procedimiento por todas y cada una de ellas, debiendo estimarse necesaria la prosecución de la causa si una o varias se pronuncian con suficiente claridad a favor de acogerse a la tutela que les puede ofrecer el orden jurisdiccional penal", lo que parece razonable.

Además, no se reconoce expresamente al ofendido la posibilidad de recurrir el sobreseimiento ordenado sobre la base de la propuesta del Ministerio Fiscal, aunque el sobreseimiento le debe ser notificado. No obstante, el derecho a que se comunique a la víctima el auto de sobreseimiento y a impugnarlo se reconoce en el art. 12 de la Ley 4/2015, de 27 de abril, del Estatuto de la víctima del delito[465].

> En la doctrina, antes de la aprobación de la Ley 4/2015, ya se proponía reconocer dicho derecho, pues "estamos hablando de víctimas de infracciones penales, con un interés jurídico incuestionable para hacer valer su pretensión penal, el *ius ut procedatur*, independientemente del interés mostrado por la acusación pública..."[466].

Eso sí, la decisión de sobreseer se adopta sin trámite de audiencia previa. Por otra parte, el precepto cita a los ofendidos como destinatarios de la notificación de la decisión de sobreseimiento, y nada dice de los per-

---

464 CANO CUENCA, A., "El delito de hurto", cit., p. 696.

465 Art. 12 de la Ley 4/2015: "Comunicación y revisión del sobreseimiento de la investigación a instancia de la víctima. 1. La resolución de sobreseimiento será comunicada, de conformidad con lo dispuesto en la Ley de Enjuiciamiento Criminal, a las víctimas directas del delito que hubieran denunciado los hechos, así como al resto de víctimas directas de cuya identidad y domicilio se tuviera conocimiento.
En los casos de muerte o desaparición de una persona que haya sido causada directamente por un delito, se comunicará, conforme a lo dispuesto en la Ley de Enjuiciamiento Criminal, a las personas a que se refiere el apartado b) del artículo 2. En estos supuestos, el Juez o Tribunal podrá acordar, motivadamente, prescindir de la comunicación a todos los familiares cuando ya se haya dirigido con éxito a varios de ellos o cuando hayan resultado infructuosas cuantas gestiones se hubieren practicado para su localización.
2. La víctima podrá recurrir la resolución de sobreseimiento conforme a lo dispuesto en la Ley de Enjuiciamiento Criminal, sin que sea necesario para ello que se haya personado anteriormente en el proceso".

466 RODRÍGUEZ LAINZ, J. L., "Los nuevos delitos leves", cit., p. 1401. Implícitamente, CAMARENA GRAU, S./ ORTEGA LORENTE, J. M., "Disposiciones adicionales", cit., p. 1427.

judicados, cuando en la propia regulación del juicio para delitos leves se prevé su citación a juicio (*ex* art. 967.1 LECrim). Como hemos visto, no son conceptos equiparables.

> El agraviado es el sujeto pasivo del delito, titular del bien jurídico lesionado o puesto en peligro por el delito, mientras que perjudicado es quien sufre un perjuicio efectivo de carácter patrimonial a causa de la comisión del delito, que puede coincidir o no con el agraviado.

En conclusión, la concesión del criterio de oportunidad al Ministerio Fiscal permite que renuncie al ejercicio del *ius puniendi* en muchos supuestos, lo que constituye una forma de despenalización de la conducta por vía acusatoria que habría resultado innecesaria si el legislador hubiera asumido la función que le corresponde, y que consiste en seleccionar los ataques más graves contra los bienes jurídicos más importantes[467]. Y es que el criterio de oportunidad no debe sustituir al principio de intervención mínima en el tratamiento de los delitos leves, sino complementarlo. En esta cuestión, como ha sucedido en otras ocasiones, la reforma de 2015 es la crónica de una dejación de funciones por parte del legislador.

4. *Otros cambios procesales*

De otras consecuencias procesales de la reforma no se hace eco el legislador. Por ejemplo, cambia el sistema de notificaciones y comunicaciones para admitir las electrónicas y telefónicas. El último inciso del art. 962.1 LECrim dispone ahora que "en el momento de la citación se les solicitará que designen, si disponen de ellos, una dirección de correo electrónico y un número de teléfono a los que serán remitidas las comunicaciones y notificaciones que deban realizarse. Si no los pudieran facilitar o lo solicitaren expresamente, las notificaciones les serán remitidas por correo ordinario al domicilio que designen".

La medida ha sido recibida con beneplácito por la doctrina, sobre la base de que "constituye una medida de naturaleza económica razonable", si bien con la precaución de que "no puede ir en perjuicio de los derechos de quienes tienen derecho a intervenir como parte, de quienes tienen de-

---

467 Como denunciaba SANTANA VEGA, D. M., "Principio de oportunidad y sistema penal", *ADPCP* Tomo XLVII, 1994, p. 112, ya hace años, "la descriminalización de las conductas no se produciría por la deslegalización de las mismas, sino por la progresiva o intermitente inaplicación de determinados preceptos a través de la inactividad del órgano encargado de la persecución penal". Vid. también en sentido crítico, ALONSO RIMO, A., *Víctima*, cit., pp. 482 y ss.

recho a ejercer pretensiones punitivas y/o civiles en el marco del juicio e faltas, de quienes pueden verse afectados — como denunciados, como responsables civiles — por la sentencia"[468]. Ahora bien, es necesario que el medio utilizado permita dejar constancia fehaciente en autos de su envío y recepción, así como de su contenido (indicación de la condición en que la persona es citada, información de los derechos que le corresponden, consecuencias de la incomparecencia, etc.) (SSTC 97/2012, de 7 de mayo, y 268/2000, de 13 de diciembre, FJ 4°). También lo es que el destinatario llegue a tener conocimiento real del contenido, si la comunicación se realiza a través de terceros (STC 3/2010 de 17 de marzo, FJ 2°). Y en este sentido la vía telefónica no es precisamente la más idónea para practicar citaciones y notificaciones, al no quedar constancia o acreditación ni de la identidad del destinatario ni de su conocimiento del contenido de la citación o notificación (como señalaron, entre otras, las SSTC 175/2009, de 16 de julio, y 94/2005, de 18 de abril, FJ 2°)[469].

Por otra parte, la Disposición final segunda de la Ley 4/2015, de 27 de abril, del Estatuto de la víctima del delito, modificó la regulación de la prelación de pago de las costas procesales prevista en el art. 126.2 CP, en los siguientes términos: "2. Cuando el delito hubiere sido de los que sólo pueden perseguirse a instancia de parte, se satisfarán las costas del acusador privado con preferencia a la indemnización del Estado. Tendrá la misma preferencia el pago de las costas procesales causadas a la víctima en los supuestos a que se refiere el artículo 14 de la Ley del Estatuto de la Víctima del Delito". En el art. 14 de la Ley 4/2015, por su parte, se indica sobre reembolso de gastos que "la víctima que haya participado en el proceso tendrá derecho a obtener el reembolso de los gastos necesarios para el ejercicio de sus derechos y las costas procesales que se le hubieren causado con preferencia respecto del pago de los gastos que se hubieran causado al Estado, cuando se imponga en la sentencia de condena su pago y se hubiera condenado al acusado, a instancia de la víctima, por delitos por los que el Ministerio Fiscal no hubiera formulado acusación o tras haberse revocado la resolución de archivo por recurso interpuesto por la víctima". Estos preceptos son relevantes en los casos en que el Ministerio Fiscal hace uso del criterio de oportunidad para abstenerse de acusar y la víctima mantiene la acusación o recurre con éxito el auto de sobreseimiento.

---

468 CAMARENA GRAU, S./ ORTEGA LORENTE, J. M., "Disposiciones adicionales", cit., p. 1422.

469 Muy críticos, HERNÁNDEZ GARCÍA, J./ RAMÍREZ ORTIZ, J. L., "Las consecuencias procesales", cit., pp. 257-260.

Además, hay que advertir que en algún caso parece que se producen cambios que en realidad no son tales. Por ejemplo, se ha dicho que tras la reforma de 2015 es posible proceder a la detención por delitos leves con carácter general, cuando no ocurría así por faltas[470]. Según dispone el art. 495 LECrim, "[n]o se podrá detener por simples faltas, a no ser que el presunto reo no tuviese domicilio conocido ni diese fianza bastante, a juicio de la Autoridad o agente que intente detenerle". Sin embargo, la Disposición adicional segunda de la LO 1/2015 señala que "las menciones contenidas en las leyes procesales a las faltas se entenderán referidas a los delitos leves", lo que obliga a entender que sigue siendo imposible la detención por delitos leves[471]. Y aunque se han planteado dudas acerca de si estamos ante una norma que debe interpretarse solo en función del inciso primero, considerando por tanto que todo su contenido regulador se refiere únicamente al procedimiento previsto en el Libro VI de la Ley de Enjuiciamiento Criminal, parece más razonable una interpretación que, atendiendo al sentido general de las palabras, permita sostener que en cualquier ley procesal (incluida la Ley de Enjuiciamiento Criminal en su totalidad, no solo su Libro VI, la expresión "falta" debe sustituirse por "delito leve"[472].

> Y ello aunque el legislador no lo haya hecho utilizando la misma técnica de sustitución de términos que emplea, por ejemplo, en los apartados doscientos cincuenta y ocho a doscientos sesenta de la LO 1/2015, titulados precisamente "Sustitución de términos en el Código Penal".

Por último, hay que advertir que la aprobación de la nueva ley procesal penal, en tramitación cuando se escriben estas líneas, introducirá importantes cambios en la regulación actual del procedimiento para el enjuiciamiento de los delitos leves. De hecho, el Libro V de la propuesta recoge como procesos especiales el juicio directo, el proceso por aceptación de decreto, el proceso ante el Tribunal del Jurado y el proceso de

---

470 Lo apuntan HERNÁNDEZ GARCÍA, J./ RAMÍREZ ORTIZ, J. L., "Las consecuencias procesales", cit., p. 255; o MARÍN DE ESPINOSA CEBALLOS, E. B./ GONZÁLEZ TASCÓN, M. M., "Delitos", cit., pp. 55-56, considerando "imperioso, consiguientemente, que la reforma del Código penal se coordine con la Ley de enjuiciamiento criminal". Proponía este cambio ya en 2009 MAGRO SERVET, V., "La derogación", cit., p. 1865, sobre la base de que el que no se pudiera practicar la detención por faltas incrementaba "la sensación de impunidad por estos hechos".

471 Lo advierten, entre otros, FERNÁNDEZ HERNÁNDEZ, A., "Supresión", cit., p. 65; VICENTE MARTÍNEZ, R. de, *La nueva regulación*, cit., p. 55.

472 Véase en este sentido, ponderando los argumentos a favor y en contra, IZQUIERDO TÉLLEZ, C., "¿Se puede detener por delito leve?", *Diario La Ley* núm. 8582, 14 de julio de 2015, pássim.

decomiso autónomo. Se deroga el juicio de faltas, siendo el juicio directo, regulado en los arts. 478 a 484, el destinado a acoger el procedimiento previsto para infracciones leves o, mejor dicho, para infracciones que no necesiten de una fase de instrucción, sea cual sea su naturaleza (salvo los que sean competencia del Tribunal del Jurado). Como señala la Exposición de Motivos, se prevé "en aquellos casos en que no sea prácticamente necesaria instrucción alguna pudiéndose celebrar el juicio ante un Tribunal que decide sobre la base de lo que las partes, apoyadas en el atestado o en diligencias sencillas de investigación, le presentan directamente mediante sus escritos de acusación y defensa en el acto del juicio oral, donde por vez primera y única se desarrollan las pruebas sin que éstas hayan tenido antes que reproducirse bajo la forma de diligencias de instrucción".

Por su parte, el proceso por aceptación de decreto, regulado en los arts. 485 a 494, está previsto para los delitos castigados con pena de multa o con pena de prisión sustituible por multa, con o sin pena de privación del derecho a conducir vehículos a motor y ciclomotores, siempre que el Ministerio Fiscal entienda que la pena en concreto aplicable sería la de multa y, en su caso, la privación del derecho a conducir, y no esté personada acusación popular o particular en la causa.

Señala Muerza Esparza[473] que "se trata de un procedimiento absolutamente novedoso de nuestro proceso penal y que resultará idóneo para la tramitación de estos nuevos delitos "leves"". En mi opinión, sin embargo, no es un procedimiento dirigido a los nuevos delitos leves, sino a los delitos contra la seguridad vial, que constituyen un volumen importante de la carga que pesa sobre el orden jurisdiccional penal.

---

473 MUERZA ESPARZA, J. J., "Aspectos procesales", cit., p. 1562. Lo ven con ojos bastante más críticos HERNÁNDEZ GARCÍA, J./ RAMÍREZ ORTIZ, J. L., "Las consecuencias procesales", cit., pp. 268-269.

10. CONCLUSIONES

¿Puede decirse en conjunto que la reforma esté orientada por el principio de intervención mínima, alegado por el legislador para justificarla? Para muchos autores la respuesta ha de ser negativa[474], pues dicho principio se habría convertido en un mero enunciado que no se habría seguido en absoluto en la toma de decisiones: las conductas recogidas en la mayoría de las faltas no solo siguen estando penalmente tipificadas, sino que al convertirse en delitos leves y menos graves ven considerablemente elevadas sus penas, sea el límite inferior sea el superior, o ambos a la vez[475], quizá para conseguir la deseada coherencia entre las penas y las sanciones administrativas[476]. Ahora bien, en mi opinión hemos de distinguir los dos aspectos que se integran en el principio de intervención mínima: el carácter fragmentario y el carácter subsidiario del Derecho Penal[477]. De acuerdo con el primero de ellos, el Derecho Penal debe limitarse a preservar los bienes jurídicos más importantes frente a los ataques más intolerables; de acuerdo con el segundo, el Derecho Penal solo debe utilizarse allí donde el orden jurídico no pueda ser tutelado eficazmente mediante otros recursos menos enérgicos que la sanción penal.

En el Preámbulo de la LO 1/2015 se resalta especialmente este segundo aspecto, referido a la subsidiariedad, al indicar que "la supresión de las infracciones constitutivas de falta introduce coherencia en el sistema sancionador en su conjunto, pues una buena parte de ellas describen conductas sancionadas de forma más grave en el ámbito administrativo; en otras oca-

---

474 Se trata de una observación extendida en la doctrina. Vid. por todos FERNÁNDEZ HERNÁNDEZ, A./ OLLOQUIEGUI SUCUNZA, I., "Notas críticas", cit., p. 46; JIMÉNEZ SEGADO, C., "Eliminar las faltas", cit., p. 1232, que califica la modificación de "virtual"; MANZANARES SAMANIEGO, J. L., "Comentarios (y IV)", cit., pássim; VICENTE MARTÍNEZ, R. de, *La nueva regulación*, cit., p. 19.

475 Lo apunta el Dictamen 358/2013, de 27 de junio, del Consejo de Estado, sobre el Anteproyecto de 2013, consideración cuarta a).

476 Como hemos tenido ocasión de ver, el legislador también lamenta un estado de cosas en el que las sanciones administrativas son en muchas ocasiones más gravosas que las penas (apartado XXXI del Preámbulo de la LO 1/2015). Esta observación solo puede referirse al importe de la multa y a la duración de las sanciones privativas de derechos. Recuérdese que ya se ha indicado que con el mismo argumento también se podría haber optado por no permitir que la Administración, con menos garantías que los tribunales y regida por el principio de oportunidad, sancione esas conductas, como señala MANZANARES SAMANIEGO, J. L., "Comentarios (y IV)", cit., p. 1280.

477 Sobre estos dos elementos integrantes del principio de intervención mínima, y otras posibles interpretaciones, vid. ampliamente SÁNCHEZ-OSTIZ GUTIÉRREZ, P., "Sobre la aspiración a un Derecho penal subsidiario: ¿en qué medida es posible la subsidiariedad de los instrumentos penales", *CPC* núm. 111, 2013, pp. 37 y ss.

siones, se trata de infracciones que son corregidas de forma más adecuada en otros ámbitos, como las faltas contra las relaciones familiares que tienen una respuesta más apropiada en el Derecho de familia; y, en algunos casos, regulan conductas que, en realidad, son constitutivas de delito o deberían ser reguladas de forma expresa como delito" (apartado XXXI).

Si se analiza la reforma sobre la base de estos dos criterios, se puede comprobar que la supresión de algunas faltas encuentra su fundamento primordial en que su existencia supone una vulneración del carácter fragmentario del Derecho Penal, puesto que castigan conductas que no se consideran merecedoras de sanción. Se produce aquí una opción valorativa que, como hemos visto, es objeto de críticas merecidas por resultar incongruente con la propia escala de valores del Código Penal. En particular, habría que partir de la idea de que el Derecho Penal debe seguir siendo *penal* para los casos de bienes jurídicos nucleares para la vida social, aun en casos poco lesivos[478]. Sobre todo cuando sigue utilizándose el Derecho Penal para proteger otros bienes jurídicos de mucha menor relevancia[479].

Baste apuntar que se despenaliza el homicidio por imprudencia leve, pero se eleva a la consideración de delito la falta del art. 637 CP (uso público e indebido uniforme, traje, insignia o condecoración oficiales, o atribución pública de la cualidad de profesional amparada por un título académico que no posea), que se ha estimado de entidad bastante para provocar la intervención del poder punitivo del Estado sobre la base de que "no cabe duda de que es necesario proteger la confianza que determinados símbolos, uniformes o insignias generan, y su uso indebido debe ser sancionado penalmente. Por ello, se suprime la falta y se tipifica esa conducta como delito dentro de los tipos penales de usurpación de funciones públicas y de intrusismo" (apartado XXI del Preámbulo de la LO 1/2015). Y por si fuera poco también aparece como infracción administrativa grave en la Ley de Protección de la Seguridad Ciudadana, sancionable con multa de 601 a 30.000 euros, "el uso público e indebido de uniformes, insignias o conde-

478 Cfr. SÁNCHEZ-OSTIZ GUTIÉRREZ, P., "Sobre la aspiración", cit., p. 63. Vid. también YÁÑEZ DE ANDRÉS, A., "Sobre la pretendida supresión", cit., pp. 988-989.

479 VICENTE REMESAL, J. de, "Dos propuestas legislativas antagónicas", cit., pp. 159-160, considera que "no es de recibo que la crítica a la despenalización del homicidio por imprudencia leve se base en la comparación del desvalor del resultado muerte con el mantenimiento o inclusión de otros hechos... con un desvalor de resultado mucho menor, pues la tipificación —aceptable o no— de estos hechos tiene también en cuenta el desvalor de acción... El desvalor del resultado, por muy grave que sea, no determina por sí mismo el desvalor de acción, aunque a tales efectos sea un factor de especial relevancia". Y tanto. Estamos hablando del bien jurídico más importante, la vida humana. Y comparamos el nivel de su protección con el que se otorga a otros mucho menos relevantes, frente a conductas que, si no imprudentes, sí que carecen de un desvalor de acción relevante.

coraciones oficiales, o réplicas de los mismos, así como otros elementos del equipamiento de los cuerpos policiales o de los servicios de emergencia que puedan generar engaño acerca de la condición de quien los use, cuando no sea constitutivo de infracción penal" (art. 36.14 LPSC). Como señalan Sáez Rodríguez/ Santos Itoiz[480], "el principio de intervención mínima y el carácter de última ratio del derecho penal no ha jugado un gran papel al afrontar el tratamiento de una conducta como el intrusismo para la que la eventual aplicación de la normativa colegial y/o reglamentaria no parece ser bastante, ni respecto del uso de uniformes o insignias, cuya salida natural del Código, su despenalización, no es descartable que haya sido desechada a partir de que se hiciera demasiado común la presencia en manifestaciones y actos de protesta de funcionarios y miembros de los cuerpos y fuerzas de seguridad del estado "en traje de faena"".

También llama la atención que se despenalice el homicidio por imprudencia leve y se considere delito el abandono de animales domésticos en condiciones de peligro para su vida o integridad (art. 631.2, que pasa al nuevo art. 337 *bis* CP)[481]. O que se mantengan en el Código Penal conductas respecto de las que diversos órganos consultivos proponían la despenalización o, mejor dicho, la descriminalización[482], precisamente por su escasa relevancia, como el maltrato cruel de animales en espectáculos no autorizados[483]. En general, se hizo poco caso de estas sugerencias[484], salvo cuando propo-

---

480 SÁEZ RODRÍGUEZ, C./ SANTOS ITOIZ, E., "La derogación", cit., pp. 22-23.

481 Se manifestó críticamente el Informe del Consejo Fiscal al Anteproyecto, p. 279, en el que se indica que "este supuesto también merece ser plenamente despenalizado y remitido al orden administrativo sancionador" (apartado centésimo quincuagésimo octavo). Vid. también COMPANY CATALÁ, "El nuevo régimen", cit., p. 17; DÍEZ RIPOLLÉS, J. L., "Sucintas observaciones", cit., p. 29; GARCÍA ÁLVAREZ, P./ LÓPEZ PEREGRÍN, M. C., "Los delitos", cit., p. 50; SÁEZ RODRÍGUEZ, C./ SANTOS ITOIZ, E., "La derogación", cit., p. 23; LÓPEZ PEREGRÍN, M. C., "La (supuesta) supresión", cit., p. 111.

482 Destaca a estos efectos el Informe del Consejo Fiscal al Anteproyecto, p. 332 (Disposición Transitoria Cuarta), en el cual se considera que la solución propugnada por el legislador de mantener el juicio de faltas convirtiendo éstas en delitos "no solo es insatisfactoria sino que encierra un auténtico fraude de etiquetas", por lo que se "propugna, por ello, una solución más radical, pero también más simple: las únicas faltas que tiene sentido conservar en la nueva regulación como delitos leves son las de lesiones (147.2), hurto (234.2), estafa (249, in fine) y apropiación indebida (253.2). El resto de los que aparecen en el Anteproyecto caracterizados como delitos leves debieran ser plena y completamente despenalizados, remitiendo su punición al ámbito sancionador administrativo".

483 Cfr. el Informe del Consejo Fiscal al Anteproyecto, p. 279, que "propugna en este caso su completa despenalización y su remisión al orden administrativo sancionador" (apartado centésimo quincuagésimo séptimo).

484 Con alguna excepción. Por ejemplo, como hemos visto, los atentados leves a la flora amenazada acabaron descriminalizados, aunque en los Anteproyectos se introducía un subtipo atenuado como consecuencia de la despenalización de la falta que castigaba esta conducta en el art. 632.1 CP cuando la conducta descrita en art. 332.1 no

> nían tipificar ciertas conductas que en principio quedaban al margen del Código Penal[485]. Y ello a pesar de haber proclamado enfáticamente que "sólo se mantienen [en el Código Penal] aquellas infracciones merecedoras de suficiente reproche punitivo como para poder incluirlas en el catálogo de delitos", con la pretensión de "reservar al ámbito penal el tratamiento de las conductas más graves de la sociedad, que por ello deben merecer un tratamiento acorde a su consideración" (apartado XXXI del Preámbulo de la LO 1/2015), lo que, evidentemente, supone un aumento de las penas.

Por el contrario, la eliminación de otro grupo relevante de faltas se fundamenta en el mantenimiento del carácter subsidiario del Derecho Penal, puesto que el legislador estima que aunque se trata de infracciones que deben ser reprimidas por el Ordenamiento jurídico, el Derecho Penal no es el medio más adecuado para su castigo. Se parte de que el recurso a otros sectores, como el civil o el administrativo y su corolario, el contencioso-administrativo, es suficiente para salvaguardar el orden jurídico, en particular porque el legislador considera que estos otros sectores están dotados de mayor eficacia y celeridad que el Derecho Penal. La argumentación empleada es de tipo utilitario y pragmático[486]. Por tanto, el análisis

---

supusiera un "grave perjuicio para el medio ambiente", para la cual se señalaba una pena de multa de 10 a 30 días o trabajos en beneficio de la comunidad de diez a veinte días. El Informe del Consejo Fiscal al Anteproyecto, p. 278, propugnó "la completa despenalización de estas conductas leves, que hallan un marco más eficaz de persecución en el orden administrativo sancionador" (apartado centésimo quincuagésimo sexto). Y, en efecto, la conducta desapareció de la versión finalmente aprobada.

485 Por ejemplo, el Informe al Anteproyecto del Consejo General del Poder Judicial, aprobado el 16 de enero de 2013, p. 19, apuntaba en sentido crítico que la supresión de las faltas de injurias y vejaciones injustas de carácter leve "acarrea una disminución de la protección penal en una materia tan sensible como es la violencia contra la Mujer... Por ello se sugiere su conversión en delito leve, porque su destipificación provocaría la impunidad de tales acciones y una menor protección de las víctimas, ya que no podría dictarse orden de protección en estos casos". Y en efecto, en la tramitación posterior se incluyó un apartado 4 en el art. 173 CP, en el cual se castiga a "quien cause injuria o vejación injusta de carácter leve, cuando el ofendido fuera una de las personas a las que se refiere el apartado 2 del artículo 173".

486 Es habitual vincular el principio que nos ocupa con este tipo de criterios. Vid. ya BUENO ARÚS, F., "La despenalización en la PANCP", *Revista de la Facultad de Derecho de la Universidad Complutense* núm. especial monográfico, 1983, p. 150, indicando que "con tales procesos se pretende que la ley dispense su protección a los bienes jurídicos verdaderamente merecedores de la misma y, a la vez, mejorar el funcionamiento de la Administración de Justicia, descargando a los jueces y tribunales del conocimiento de asuntos que hoy obstruyen su trabajo y que, con mejor razón y eficacia, podrían estar atribuidos a los operadores de Derecho Civil o Administrativo"; GONZÁLEZ-CUÉLLAR GARCÍA, A., "Consideraciones", cit., pp. 610-611.

de si el objetivo planteado de descargar el sistema penal de asuntos menores es razonable o no también se ha de hacer desde esos parámetros.

No obstante, conviene advertir que, aunque es tentadora esta idea de concretar el principio de subsidiariedad desde una lógica utilitarista, hay razones para no aceptarla como criterio exclusivo, ni siquiera como criterio básico, combinado con otros. Sobre todo "porque los bienes jurídicos en juego no admiten una mera valoración de las consecuencias", lo que es evidente en el caso de la despenalización del homicidio por imprudencia leve; "y segundo, porque no son fácilmente comparables los medios disponibles, entre otras razones, dado que son distintos en esencia y modo de operar"[487].

Hemos visto que no son de esperar cambios positivos en lo que respecta a la sobrecarga que afecta al conjunto de la Administración de Justicia, salvo que el Ministerio Fiscal adopte un entendimiento radical del criterio de oportunidad cuyo ejercicio le compete, que no parece que haya adoptado, a la espera de ver cómo funciona en el ámbito de los delitos patrimoniales leves[488].

Además, en relación con las siempre difíciles relaciones del Derecho Penal con el Derecho Administrativo sancionador, tampoco parece haber habido preocupación alguna por hacer una revisión general, o siquiera sectorial, de las infracciones y sanciones penales y administrativas que permita la verdadera realización de los principios de intervención mínima y subsidiariedad del Derecho Penal, estableciendo una articulación que deje en el ámbito administrativo las infracciones de menor relevancia. Sigue habiendo casos tipificados simultáneamente como delito e infracción administrativa en los que la infracción penal es menos lesiva o la sanción penal, pese al aumento experimentado en la reforma de 2015, poco más elevada que la administrativa, si es que llega a su nivel, lo que no introduce más que distorsiones.

Por ejemplo, el abandono de animales domésticos o el uso público e indebido uniforme, traje, insignia o condecoración oficiales, o atribución pública de la cualidad de profesional amparada por un título académico que no posea, como hemos visto.

Los casos de verdadera descriminalización, esto es, de derivación al ámbito administrativo sancionador no solo son pocos, en cuanto al número de faltas descriminalizadas, sino que su relevancia en términos cuanti-

---

487 SÁNCHEZ-OSTIZ GUTIÉRREZ, P., "Sobre la aspiración", cit., pp. 57-58.

488 Como indica CUGAT MAURI, M., "Consecuencias penales", cit., p. 228, "es difícil hacer pronósticos" acerca de cómo será la aplicación forense del principio de oportunidad.

tativos, de carga de trabajo, ya hemos visto que es muy escasa. Apenas el 5% del total de faltas conocidas.

> Se trata de las amenazas leves con armas u otros instrumentos peligrosos, la falta de vigilancia de animales peligrosos, los atentados leves contra la flora amenazada, el deslucimiento de bienes inmuebles de dominio público o la causación de daños de escasa entidad en bienes de valor cultural, el abandono de jeringuillas y otros objetos peligrosos cuando se trata de útiles o instrumentos utilizados para el consumo de drogas, y la realización de actividades sin seguro obligatorio.

En esta materia, pues, como ya ocurrió en cierta medida en el anterior proceso despenalizador de las faltas, en 1989[489], se puede decir que la reforma contribuye a la inflación del Derecho Administrativo sancionador, con total ignorancia de la problemática que se plantea en ese sector.

Lo que se ha producido, pues, no es la desjudicialización que proponía la Fiscalía General del Estado en su Memoria del año 2012. Entonces advertía que "el esfuerzo que el Ministerio Fiscal, así como los órganos judiciales del orden penal de primera y segunda instancia, dedican a este tipo de infracciones penales de naturaleza leve tipificadas en el Libro III del Código Penal resulta a todas luces desproporcionado por excesivo. El grado de alarma y la trascendencia social que la mayoría de estas infracciones genera en la sociedad es de tan escasa entidad, que cabe afirmar ya sin rebozo que la consagración de instancias tan caracterizadas en el desenvolvimiento diario de la Justicia criminal como son los juzgados de instrucción y los Fiscales adscritos a los mismos a su enjuiciamiento y resolución dispersa de manera innecesaria unas energías que, convenientemente aplicadas al impulso y resolución de procedimientos de mayor enjundia, contribuirían poderosamente a la descongestión de la justicia penal sin merma alguna del erario público". E indicaba que "ha llegado la hora de plantearnos en serio si es correcto persistir en la judicialización de este tipo de conflictos de rango menor, o si por el contrario procede buscar soluciones flexibles extramuros del proceso por vías de conciliación o mediación de las partes afectadas, mediante su reducción al ámbito administrativo sancionador o, inversamente, en aquellos muy escasos supuestos en que la especial significación antijurídica de la conducta lo justifique, mediante su incorporación al elenco de los delitos menos graves". Sin embargo, como hemos visto, la reforma, pese a ampararse en el

---

[489] Véase, entre otros, BAJO FERNÁNDEZ, M., *La actualización*, cit., pp. 17 y ss.; BOIX REIG, J., *et al.*, *La reforma penal de 1989*, cit., p. 211.

principio de intervención mínima, adopta un cariz muy diferente cuando se analiza en detalle.

De hecho, el Consejo Fiscal criticó duramente el anteproyecto en su informe preceptivo, en el que puso de manifiesto que "a pesar de que la exposición de motivos anuncia la "supresión de las faltas", mostramos nuestra discrepancia absoluta con la forma en que se ha materializado la despenalización de las infracciones calificadas como "falta", transformándolas en su mayoría en delitos leves... El Consejo Fiscal se muestra partidario de la total despenalización de la mayoría de las infracciones que actualmente integran el libro III (de las Faltas). En concreto de las siguientes: imprudencias leves (art. 621), incumplimiento de los deberes familiares (art. 622), alteración de lindes (624), faltas contra los intereses generales (art. 629 a 632), faltas contra el orden público (arts. 633 a 637) y aboga por el mantenimiento tan sólo de las lesiones leves, hurtos, estafas y apropiaciones indebidas, si bien convertidos en delitos de carácter leve, tal y como están contemplados en la reforma...".

Al contrario, por un lado la supresión de las faltas no mejora la situación de solapamiento de los tipos penales y administrativos. Por otra parte, hay datos para pensar que no agilizará la sanción de las infracciones leves descriminalizadas ni conseguirá reducir la congestión del sistema judicial, pues se mantienen en el ámbito penal las de comisión más frecuente[490]. Es decir, hay razones sólidas para augurar un completo fracaso en la consecución de los objetivos político-criminales apuntados por el legislador para justificar una reforma de este calado. Lo que sí se ha conseguido ya es, por un lado, agravar las penas de buena parte de las infracciones que se quedan en el Código Penal, que constituyen la mayoría, así como empeorar la posición de la persona infractora con carácter general; por otro, aumentar la discrecionalidad del Ministerio Fiscal, en cuyas manos queda el proceso de despenalización real que el legislador no se ha atrevido o no ha querido afrontar; además, empeorar la posición de víctimas y perjudicados en el caso de las infracciones leves que se reconducen al Derecho Civil; por último, aumentar el poder punitivo de la Administración y empeorar la posición de los infractores cuando se trata de las infracciones leves que se llevan al Derecho Administrativo sancionador. A todo ello hay que añadir que muchos ciudadanos, generalmente pertenecientes a clases sociales sin gran poder adquisitivo, acudían al juicio de

[490] Cfr. muy claramente ARMENTEROS LEÓN, M., "Aproximación", cit., p. 1574; CUGAT MAURI, M., "Consecuencias penales", cit., pp. 226-229; de la misma autora, "La discutible bondad", cit., p. 163; SÁEZ RODRÍGUEZ, C./ SANTOS ITOIZ, E., "La derogación", cit., pássim; VICENTE MARTÍNEZ, R. de, *La nueva regulación*, cit., pp. 17 y ss. También entiende que la supresión de las faltas es un retroceso, pero por otros motivos, MANZANARES SAMANIEGO, J. L., "La supresión", cit., pássim.

faltas para poner fin o dar respuesta a conflictos personales ciertamente menores por su entidad, pero no por ello menos molestos o desasosegantes para quienes los padecen, con escaso empeño de medios por parte de la Administración de Justicia y pocas repercusiones para el penado, más allá del efecto simbólico de la condena[491]. Ya no podrán hacerlo. ¿Es esto lo que deseamos?

---

491 Cfr. RODRÍGUEZ LAINZ, J. L., "Los nuevos delitos leves", cit., p. 1394.

11. BIBLIOGRAFÍA

ABEL SOUTO, M., *La pena de localización permanente*, Comares, Granada, 2008.

- "La expansión penal del blanqueo de dinero operada por la Ley Orgánica 5/2010, de 22 de junio", *La Ley Penal* núm. 79, 2011, pp. 5-32.
- "La reforma penal, de 22 de junio de 2010, en materia de blanqueo de dinero", en ABEL SOUTO, M./ SÁNCHEZ STEWART, N. (Coords.), *II Congreso sobre prevención y represión del blanqueo de dinero*, Tirant lo Blanch, Valencia, 2011, pp. 61-110.
- "La reforma penal española de 2010 sobre el blanqueo, las nuevas técnicas de comisión delictiva y el uso de las telecomunicaciones para el blanqueo", en ABEL SOUTO, M./ SÁNCHEZ STEWART, N. (Coords.), *III Congreso sobre prevención y represión del blanqueo de dinero*, Tirant lo Blanch, Valencia, 2013, pp. 161-221.

ACALE SÁNCHEZ, M., *La discriminación hacia la mujer por razón de género en el Código penal*, Reus, Madrid, 2006.

- "Medidas de seguridad. En especial, custodia de seguridad", en ÁLVAREZ GARCÍA, F. J. (Dir.), *Estudio crítico sobre el Anteproyecto de Reforma Penal de 2012*, Tirant lo Blanch, Valencia, 2013, pp. 391-438

AGUADO I CUDOLÁ, V., *La presunción de certeza en el Derecho administrativo sancionador*, Civitas, Madrid, 1994.

AGUADO LÓPEZ, S., *La multirreincidencia y la conversión de faltas en delito. Problemas constitucionales y alternativas político-criminales*, iustel, Madrid, 2008.

ALCAÑIZ RODRÍGUEZ, A., y otros, "Las faltas no derogadas de la ley penal y procesal de la navegación aérea y la ¿ausencia? de procedimiento para su enjuiciamiento tras la entrada en vigor de la Ley Orgánica 1/2015", *CEFLegal: revista práctica de derecho. Comentarios y casos prácticos* núm. 174, 2015, pp. 125-130.

ALEJANDRE GARCÍA, J. A., "El delito de falsedad testimonial en el Derecho histórico español", *Historia. Instituciones. Documentos* núm. 3, 1976, pp. 9-140.

ALONSO RIMO, A., *Víctima y sistema penal: las infracciones no perseguibles de oficio y el perdón del ofendido*, Tirant lo Blanch, Valencia, 2002.

- "Voz Requisitos de perseguibilidad privada", en BOIX REIG, J. (Dir.), *Diccionario de Derecho penal económico*, iustel, Madrid, 2008, pp. 789-801.
- "Escraches, derecho de reunión y criminalización de la protesta social", *Teoría y Derecho. Revista de pensamiento jurídico* núm. 14, 2013, pp. 144-164.

ALONSO SALGADO, C./ TORRADO TARRÍO, C., "Violencia de género, justicia restaurativa y mediación. ¿Una combinación posible?", en CASTILLEJO MANZANARES, R. (Dir.), *Violencia de género, justicia restaurativa y mediación*, La Ley, Madrid, 2011, pp. 567-606.

ANGIOLINI, "Nota a Ciccarelli, Per l'abolizione della pena pecuniaria", *La Scuola Positiva* 1897.

ANTÓN ONECA, J., "El Código penal de 1848 y D. Joaquín Francisco Pacheco", *Anuario de Derecho Penal y Ciencias Penales* Tomo XVIII, 1965, pp. 473-496.

ARANA BERASATEGUI, X./ GERMÁN MANCEBO, I., "Análisis de la aplicación de la Ley Orgánica 1/1992, de 21 de febrero, sobre protección de la seguridad ciudadana en relación con el fenómeno social de las drogas", *Eguzkilore. Revista del Instituto Vasco de Criminología* núm. 22, 2008, pp. 5-51, disponible en la página web http://www.ivac.ehu.es

ARÁNGUEZ SÁNCHEZ, C., "La pena de trabajo en beneficio de la comunidad", *Cuadernos de Política Criminal* núm.70, 2000, pp. 7-44.

ARMENTA DEU, M. T., *Criminalidad de bagatela y principio de oportunidad: Alemania y España*, PPU, Barcelona, 1991.
- "Principio acusatorio; realidad y utilización (lo que es y lo que no es)", *Revista de Derecho Procesal* núm. 2, 1996, pp. 265-292.

ARMENTEROS LEÓN, M., *Las faltas: derecho sustantivo y procesal*, Tirant lo Blanch, Valencia, 2007.
- *Juicio de Faltas. Guía práctica para el ejercicio*, Tirant lo Blanch, Valencia, 2009.
- "Aproximación a la regulación de los delitos leves en la próxima reforma del Código Penal", *La Ley* 2014-1, pp. 1563-1574.

ARROYO JIMÉNEZ, L., "Ponderación, proporcionalidad y Derecho administrativo", *InDret. Revista para el Análisis del Derecho* núm. 2, 2009, pp. 1-32.

ASÚA BATARRITA, A., "El trabajo al servicio de la comunidad como alternativa a otras penas", *Estudios de Deusto* 1984.
- "Los nuevos delitos de "violencia doméstica" tras la reforma de la LO 11/2003, de 29 de septiembre", en DÍEZ RIPOLLÉS, J. L. y otros (eds.), *Las recientes reformas penales. Algunas cuestiones*, Universidad de Deusto, Bilbao, 2004, pp. 201-233.

AYO FERNÁNDEZ, M., *Las faltas en el Código Penal y el juicio de faltas*, 6ª ed. Aranzadi, Cizur Menor, 2005.

BACIGALUPO ZAPATER, E., *Delitos contra el honor*, Dykinson, Madrid, 2000.

BAJO FERNÁNDEZ, M., *La actualización del Código penal de 1989*, Centro de Estudios Ramón Areces, Madrid, 1989.

BARQUÍN SANZ, J./ LUNA DEL CASTILLO, J. D., "En los dominios de la prisión. Distribución numérica de las penas en el código y en la justicia penal", *Revista Electrónica de Ciencia Penal y Criminología* núms. 14-16, 2012, pp. 1-52.

BERISTAIN IPIÑA, A., "La multa penal y la administrativa en relación con las sanciones privativas de libertad", en AA.VV., *III Jornadas de Profesores de Derecho Penal*, Universidad de Santiago de Compostela, Madrid, 1976, pp. 11-56.

BEROLZHEIMER, F., *System der Rechts- und Wirtschaftsphilosophie. 5. Strafrechtsphilosophie und Strafrechtsreform*, C. H. Beck, München, 1907.

BERTOLA, E., "Della pena pecuniaria", *Rivista Penale* I, 1893, pp. 548-553.

BERZOSA FRANCOS, M. V., "Los principios de legalidad y oportunidad en el proceso penal", en PICÓ I JUNOY, J. (Dir.), *Problemas actuales de la justicia penal: los juicios paralelos, la protección de los testigos, la imparcialidad de los jueces, la criminalidad organizada, los juicios rápidos, la pena de multa*, Bosch, Barcelona, 2001, pp. 13-24.

BLANCO CORDERO, I., "Artículo 299", en GÓMEZ TOMILLO, M. (Dir.), *Comentarios al Código Penal*, 2ª ed. Lex Nova, Madrid, 2011, pp. 1149-1151.

- "Comentario previo al Capítulo III", en GÓMEZ TOMILLO, M. (Dir.), *Comentarios al Código Penal*, 2ª ed. Lex Nova, Madrid, 2011, pp. 1664-1679.
- *El delito de blanqueo de capitales*, 3ª ed. Thomson Reuters Aranzadi, Cizur Menor, 2012.

BLAY GIL, E., "El trabajo en beneficio de la comunidad como pena para la violencia familiar", *Revista de Derecho Penal y Criminología* núm. 19, 2007, pp. 397-426.

BOIX REIG, J., *et al.*, *La reforma penal de 1989*, Tirant lo Blanch, Valencia, 1989.

BOLDOVA PASAMAR, M. A., "La desaparición de las faltas en el proyecto de reforma de Código Penal de 2013", *Revista Electrónica de Ciencia Penal y Criminología* núm. 16, 2014.

BRAGE CENDÁN, S. B., "Coacciones leves (art. 172.3° CP)", en GONZÁLEZ CUSSAC, J. L. (Dir.), *Comentarios a la reforma del Código Penal de 2015*, Tirant lo Blanch, Valencia, 2015, pp. 557-559.

BRANDARIZ GARCÍA, J. A., *El trabajo en beneficio de la comunidad como sanción penal*, Tirant lo Blanch, Valencia, 2002.

- "Asociaciones y organizaciones criminales. Las disfunciones del art. 515.1° CP y la nueva reforma penal", en ÁLVAREZ GARCÍA, F. J. (Dir.), *La adecuación del Derecho penal español al ordenamiento de la Unión Europea*, Tirant lo Blanch, Valencia, 2008, pp. 725-758.
- "Las penas de trabajos en beneficio de la comunidad y localización permanente (arts. 40, 48 y 35)", en GONZÁLEZ CUSSAC, J. L. (Dir.), *Comentarios a la reforma del Código Penal de 2015*, 2ª ed. Tirant lo Blanch, Valencia, 2015, pp. 243-257.

BRIGGS, J./ HARRISON, C./ McINNES, A./ VINCENT, D., *Crime and Punishment in England. An Introductory History*, St. Martin's Press, New York, 1996.

BUENO ARÚS, F., "La despenalización en la PANCP", *Revista de la Facultad de Derecho de la Universidad Complutense* núm. especial monográfico, 1983, pp. 149-157.

CAMARENA GRAU, S./ ORTEGA LORENTE, J. M., "Disposiciones adicionales, transitorias, derogatorias y finales", en GONZÁLEZ CUSSAC, J. L. (Dir.), *Comentarios a la reforma del Código Penal de 2015*, 2ª ed. Tirant lo Blanch, Valencia, 2015, pp. 1375-1431.

CANCIO MELIÁ, M., "Delitos contra la Administración de Justicia", en RODRÍGUEZ MOURULLO, G. (Dir.), *Comentarios al Código Penal*, Civitas, Madrid, 1997, pp. 1174-1232.

- "Delitos de lesiones: consentimiento en la esterilización de incapacitados: Art. 156 CP", en ÁLVAREZ GARCÍA, F. J. (Dir.), *Estudio crítico sobre el Anteproyecto de Reforma Penal de 2012*, Tirant lo Blanch, Valencia, 2013, pp. 511-516.

CANDIL JIMÉNEZ, F., "Observaciones sobre la intervención de don Joaquín Francisco Pacheco en la elaboración del Código penal de 1848", *Anuario de Derecho Penal y Ciencias Penales* Tomo XXVIIII, 1975, pp. 405-442.

CANO CAMPOS, F., *Presunciones y valoración legal de la prueba en el Derecho administrativo sancionador*, Civitas, Madrid, 2008.

- *Las sanciones de tráfico*, Aranzadi Thomson Reuters, Cizur Menor, 2011.

CANO CUENCA, A., "El delito de hurto (arts. 234 y ss. CP)", en GONZÁLEZ CUSSAC, J. L. (Dir.), *Comentarios a la Reforma del Código Penal de 2015*, 2ª ed. Tirant lo Blanch, Valencia, 2015, pp. 693-708.

CARBONELL MATEU, J. C., "Observaciones en torno al proyecto de Ley sobre reforma del Código penal en relación a los delitos cometidos con ocasión del ejercicio de los derechos fundamentales y libertades públicas", *Documentación Jurídica* 37/40, Vol. 2, 1983, pp. 1277-1306.

CARDENAL MONTRAVETA, S., "Alternativas a la pena de prisión. Especial consideración de la suspensión de la ejecución y la sustitución", en MIR PUIG, S./ CORCOY BIDASOLO, M. (Dirs.), *Nuevas tendencias en política criminal. Una auditoría al Código penal español de 1995*, Reus/Bdef, Madrid-Buenos Aires-Montevideo, 2006, pp. 17-48.

CARMONA SALGADO, C., *Calumnias, injurias y otros atentados al honor. Perspectiva doctrinal y jurisprudencial*, Tirant lo Blanch, Valencia, 2012.

- "Artículo 205", en GÓMEZ TOMILLO, M. (Dir.), *Comentarios al Código Penal*, 2ª ed. Lex Nova, Madrid, 2011, pp. 825-828.

CARPIO DELGADO, J. del, "La posesión y la utilización como nuevas conductas en el delito de blanqueo de capitales", *Revista General de Derecho Penal* núm. 15, 2011.

CARPIO FIESTAS, V. del, "Justicia para el que pueda pagarla. Un alegato contra las tasas con ejemplos de procesos civiles de consumo", *Revista CESCO de Derecho de Consumo* núm. 4, 2012, pp. 87-98.

CASABÓ RUIZ, J. R., "La capacidad sancionadora de la Administración en el Proyecto de Código Penal", en AA.VV., *La reforma penal y penitenciaria*, Universidad de Santiago de Compostela, Santiago de Compostela, 1980, pp. 271-300.

CASINO RUBIO, M., "Las nuevas y discutibles ordenanzas municipales de convivencia", *Istituzioni del Federalismo* núm. 4, 2011, pp. 743-771, disponible en la página web http://www.regione.emilia-romagna.it/affari_ist/Rivista_4_2011/Rubio.pdf.

CASTILLEJO MANZANARES, R., *Los nuevos procesos penales (III) El juicio de faltas*, Tirant lo Blanch, Valencia, 2004.

– "Mediación en violencia de género: una solución o un problema", en GONZÁLEZ-CUÉLLAR SERRANO, N., y otros (Coords.), *Mediación. Un método de? conflictos. Estudio interdisciplinar*, Colex, Madrid, 2010, pp. 193-205.

CASTRO ANTONIO, J. L. de, "Posibles causas que condujeron al fracaso de la pena de arresto fin de semana en el Derecho español", *La Ley Penal* núm. 21, 2005, pp. 26-37.

CASTRO CORREDOIRA, M./ GUINARTE CABADA, G., "La reforma de los delitos de lesiones (arts. 147, 152 y 156 CP)", en GONZÁLEZ CUSSAC, J. L. (Dir.), *Comentarios a la reforma del Código Penal de 2015*, 2ª ed. Tirant lo Blanch, Valencia, 2015, pp. 489-502.

CECCHINI, B. M., "Il reato e la condanna nel sistema della Leopoldina. Mutamenti e variazioni nella struttura della pena (1781-1790)", en BERLINGUER, L./ COLAO, F. (Eds.), *Criminalità e società in età moderna*, Giuffrè, Milano, 1991, pp. 259-306.

CEREZO MIR, J., "Los fines de la pena en el Código penal después de las reformas del año 2003", *Revista de Derecho Penal y Criminología* núm. extraordinario 2, 2004, pp. 13-30.

CERVELLÓ DONDERIS, V./ CHAVES PEDRÓN, C., "Violencia de género y violencia doméstica (arts. 153.1, 173.2 y 173.4)", en GONZÁLEZ CUSSAC, J. L. (Dir.), *Comentarios a la reforma del Código Penal de 2015*, 2ª ed. Tirant lo Blanch, Valencia, 2015, pp. 503-520.

COBO DEL ROSAL, M. (Coord.), *Derecho Penal español. Parte Especial*, 2ª ed. Dykinson, Madrid, 2005.

COBO DEL ROSAL, M./ BOIX REIG, J., "Constitucionalización de los límites penales al derecho de asociación", en COBO DEL ROSAL, M. (Dir.), *Comentarios a la Legislación Penal. Tomo I. Derecho Penal y Constitución*, Madrid, Edersa, 1982, pp. 127-140.

COLMENERO MENÉNDEZ DE LUARCA, M., "La suspensión de la ejecución de las penas privativas de libertad tras la reforma operada por la Ley orgánica 15/2003", en VIERA MORANTE, F. J. (Dir.), *Las penas y sus alternativas*, CGPJ, Madrid, 2005, pp. 175-212.

COMPANY CATALÁ, "El nuevo régimen de las faltas: una reforma acertada pero acelerada", *Iuris: Actualidad y Práctica del Derecho* núm. 179, 2012, pp. 14-17.

CONSEJO DE ESTADO, Dictamen 358/2013 del Consejo de Estado, sobre el Anteproyecto de ley orgánica por la que se modifica la Ley Orgánica 10/1995, de 23 de noviembre del Código Penal, aprobado el 27 de junio de 2013, disponible en la página web https://www.boe.es/buscar/doc.php?id=CE-D-2013-358

CONSEJO FISCAL, Informe al Anteproyecto de Ley Orgánica por la que se modifica la Ley Orgánica 10/1995, de 24 de noviembre, del Código Penal, de 20 de diciembre de 2012, disponible en la página web www.fiscal.es.

CONSEJO GENERAL DE LA ABOGACÍA ESPAÑOLA, Informe 12/2014 sobre la nueva Ley Orgánica de Protección de la Seguridad ciudadana, disponible en la página web http://www.abogacia.es/wp-content/uploads/2014/04/LIBRO-INFORMES-2014-COMISION-JURIDICA.pdf.

CORCOY BIDASOLO, M., "Homicidio y lesiones en el ámbito del tráfico viario. Problemática concursal entre los delitos contra la seguridad en el tráfico y los resultados lesivos a ellos imputables", en MIR PUIG, S./ CORCOY BIDASOLO, M. (Dirs.), *Seguridad Vial y Derecho penal. Análisis de la LO 15/2007, que modifica el Código penal en materia de Seguridad Vial*, Tirant lo Blanch, Valencia, 2008, pp. 73-120.

CÓRDOBA RODA, J., *Comentarios al Código Penal. Tomo III (Artículos 120-340 bis c)*, Ariel, Barcelona, 1978.

CÓRDOBA RODA, J./ GARCÍA ARÁN, M. (Dirs.), *Comentarios al Código penal. Parte especial. Tomo II*, Marcial Pons, Madrid-Barcelona, 2004.

CORTÉS CAMACHO, J., "Despenalización de las faltas y daños con ganado", *Poder Judicial* núm. especial XII, 1990, pp. 255-257.

- "La despenalización de las faltas y las imprudencias cometidas con vehículos de motor", *Poder Judicial* núm. especial XII, 1990, pp. 259-266.

COUCEIRO TOVAR, A., "Los principios inspiradores de la Reforma dentro de la incriminación y desincriminación de las leyes penales", *Poder Judicial* núm. especial XII, 1990, pp. 73-91.

CUADRADO ZULOAGA, D., "Presunción de inocencia en el derecho administrativo sancionador", *Actualidad Administrativa* núm. 19, 2006, pp. 2389-2401.

CUELLO CALÓN, E., *El nuevo Código penal español (Exposición y comentario)*, Bosch, Barcelona, 1929.

- *Las faltas en el nuevo Código penal (su exposición y comentario)*, Librería General de Victoriano Suárez, Madrid, 1929.
- *La moderna penología. Tomo I*, Bosch, Barcelona, 1958.

CUGAT MAURI, M. (Coord.), *Objetivos y carencias de la política criminal contra la pequeña delincuencia*, Barcelona, 2011, disponible en la página web http://www.recercat.cat/handle/2072/152094

CUGAT MAURI, M., "La discutible bondad de la supresión del Libro III", *Cuadernos de Política Criminal* núm. 113, 2014, pp. 159-200.

– "Consecuencias penales de la supresión del Libro III", en QUINTERO OLIVARES, G. (Dir.) *Comentarios a la reforma penal de 2015*, Thomson Reuters Aranzadi, Cizur Menor, 2015, pp. 225-240.

CUERDA ARNAU, M. L., "Atentados y resistencia (arts. 550 y ss.)", en GONZÁLEZ CUSSAC, J. L. (Dir.), *Comentarios a la reforma del Código Penal de 2015*, 2ª ed. Tirant lo Blanch, Valencia, 2015, pp. 1289-1302.

CUESTA ARZAMENDI, J. L. de la, "La sanción de trabajo en provecho de la comunidad", *La Ley* 1985-2, pp. 1067-1075.

DELGADO MARTÍN, J., *El juicio de faltas*, Bosch, Barcelona, 2000.

DÍAZ Y GARCÍA CONLLEDO, M., "Voz asociación ilícita", en LUZÓN PEÑA, D.-M. (Dir.), *Enciclopedia Penal Básica*, Comares, Granada, 2002, pp. 103-114.

DÍAZ-MAROTO Y VILLAREJO, J., *Las faltas contra los intereses generales y contra el orden público en el Código penal español*, Civitas Thomson Reuters, Cizur Menor, 2009.

– "El blanqueo de capitales", en DÍAZ-MAROTO Y VILLAREJO, J. (Dir.), *Estudios sobre las reformas del código penal operadas por las LO 5/2010, de 22 de junio, y 3/2011, de 26 de enero*, Civitas Thomson Reuters, Cizur Menor, 2011, pp. 453-476.

DÍEZ RIPOLLÉS, J. L., "Sucintas observaciones sobre algunas decisiones del Anteproyecto de Reforma del Código Penal de 2012", en ÁLVAREZ GARCÍA, F. J. (Dir.), *Estudio crítico sobre el Anteproyecto de Reforma Penal de 2012*, Tirant lo Blanch, Valencia, 2013, pp. 25-42.

DOMÍNGUEZ IZQUIERDO, E. M., *El falso testimonio de testigos, peritos e intérpretes*, Edersa, Madrid, 2002.

DORADO, P., "Algunas indicaciones sobre el concepto de las faltas y sobre el tratamiento penal de quienes las ejecutan", *Revista General de Legislación y Jurisprudencia* Tomo 92, 1898, pp. 330-339.

– "Las faltas en el derecho legislado español", *Revista General de Legislación y Jurisprudencia* Tomo 95, 1899, pp. 5-25.

DOVAL PAIS, A., "El nuevo régimen penal de las imprudencias menos graves y leves", en QUINTERO OLIVARES, G. (Dir.), *Comentarios a la reforma penal de 2015*, Thomson Reuters Aranzadi, Cizur Menor, 2015, pp. 333-346.

ESQUINAS VALVERDE, P., *Mediación entre la víctima y el agresor en la violencia de género*, Tirant Lo Blanch, Valencia, 2008.

– "Capacitación de la mujer ("empowerment") y mediación en la violencia de género", en PUENTE ABA, L. M. (Dir.), *La respuesta penal a la violencia de género. Diez años de experiencia de una política criminal punitivista*, Comares, Granada, 2010, pp. 323-342.

FARALDO CABANA, P., *Las causas de levantamiento de la pena*, Tirant lo Blanch, Valencia, 2000.

- "Las penas previstas por delitos relacionados con la violencia de género. Especial referencia a la prohibición de aproximación y su quebrantamiento", *Abogacía* núm.0, 2008, pp. 231-268.
- *Las prohibiciones de residencia, aproximación y comunicación en el Derecho penal*, Tirant lo Blanch, Valencia, 2008.
- "Las penas principales de los delitos relacionados con la violencia de género", en AA.VV., *Constitución, derechos fundamentales y sistema penal (Semblanzas y estudios con motivo del setenta aniversario del profesor Tomás Salvador Vives Antón). Tomo I*, Tirant lo Blanch, Valencia, 2009, pp. 569-590.
- "Las penas de los delitos relacionados con la violencia de género. Especial referencia a la prohibición de aproximación y su quebrantamiento", en PUENTE ABA, L. M. (Dir.), *La respuesta penal a la violencia de género. Lecciones de diez años de experiencia de una política criminal punitivista*, Comares, Granada, 2010, pp. 153-212.
- "Los delitos contra el patrimonio tras la reforma de 2010", *La Ley Penal* núm. 81, 2011, pp. 25-44.
- "La desaparición de las faltas: entre la agravación de las penas y el aumento de la represión administrativa", *InDret. Revista para el Análisis del Derecho* núm. 3, 2014, pp. 1-31.
- "Novedades en la pena de responsabilidad personal subsidiaria por impago de multa (arts. 35 in fine y 53.1)", en GONZÁLEZ CUSSAC, J. L. (Dir.), *Comentarios a la Reforma Penal de 2015*, 2ª ed. Tirant lo Blanch, Valencia, 2015, pp. 259-270.

FARALDO CABANA, P./ CUENCA GARCÍA, M. J., "Organizaciones criminales: art. 570 bis 1", en ÁLVAREZ GARCÍA, F. J. (Dir.), *Estudio crítico sobre el Anteproyecto de Reforma Penal de 2012*, Tirant lo Blanch, Valencia, 2013, pp. 947-950.

FEIJÓO SÁNCHEZ, B. J., "La imprudencia en el Código Penal de 1995 (cuestiones de lege data y de lege ferenda)", *Cuadernos de Política Criminal* núm. 62, 1997, pp. 303-365.

- "Los límites políticos-criminales de la responsabilidad por imprudencia: la imprudencia leve como hecho punible", *Revista del Poder Judicial* núm. 61, 2001, pp. 105-164.

FERNÁNDEZ, M. A., "Nuevo panorama de los delitos perseguibles de oficio y de los delitos perseguibles sólo a instancia de parte", *Revista Jurídica de Cataluña* Vol. 78, núm. 2, 1979, pp. 345-370.

FERNÁNDEZ HERNÁNDEZ, A., "Supresión de las faltas y creación de delitos leves", en GONZÁLEZ CUSSAC, J. L. (Dir.), *Comentarios a la reforma del Código Penal de 2015*, 2ª ed. Tirant lo Blanch, Valencia, 2015, pp. 45-82.

- "Asociaciones ilícitas (art. 515)", en GONZÁLEZ CUSSAC, J. L. (Dir.), *Comentarios a la Reforma del Código Penal de 2015*, 2ª ed. Tirant lo Blanch, Valencia, 2015, pp. 1281-1288.

FERNÁNDEZ HERNÁNDEZ, A./ OLLOQUIEGUI SUCUNZA, I., "Notas críticas sobre la conversión de las faltas en delitos en el Anteproyecto de Reforma de 2012", en ÁLVAREZ GARCÍA, F. J. (Dir.), *Estudio crítico sobre el Anteproyecto de Reforma Penal de 2012*, Tirant lo Blanch, Valencia, 2013, pp. 43-52.

- "Homicidio por imprudencia leve", en ÁLVAREZ GARCÍA, F. J. (Dir.), *Estudio crítico sobre el Anteproyecto de Reforma Penal de 2012*, Tirant lo Blanch, Valencia, 2013, pp. 63-64.
- "Falta de suelta de animales feroces o dañinos", en ÁLVAREZ GARCÍA, F. J. (Dir.), *Estudio crítico sobre el Anteproyecto de Reforma Penal de 2012*, Tirant lo Blanch, Valencia, 2013, pp. 123-124.
- "Falta relativa a la protección de la flora", en ÁLVAREZ GARCÍA, F. J. (Dir.), *Estudio crítico sobre el Anteproyecto de Reforma Penal de 2012*, Tirant lo Blanch, Valencia, 2013, pp. 125-126.
- "Falta de uso indebido de distintivos", en ÁLVAREZ GARCÍA, F. J. (Dir.), *Estudio crítico sobre el Anteproyecto de Reforma Penal de 2012*, Tirant lo Blanch, Valencia, 2013, pp. 135-136.

FERNÁNDEZ PINÓS, J. E./ FRUTOS GÓMEZ, C. de, *Delitos contra el honor. Delitos contra las relaciones, derechos y obligaciones familiares*, Bosch, Barcelona, 1998.

FERNÁNDEZ RODRÍGUEZ, M. D., "La "nueva" pena de localización permanente", en MUÑOZ CONDE, F., y otros (Dirs.), *Un derecho penal comprometido. Libro homenaje al prof. Dr. Gerardo Landrove Díaz*, Tirant lo Blanch, Valencia, 2011, pp. 385-402.

FERNÁNDEZ TERUELO, J. G., "Blanqueo de capitales", en ORTIZ DE URBINA GIMENO, I. (Coord.), *Memento experto. Reforma Penal*, Ediciones Francis Lefebvre, Madrid, 2010, pp. 313-334.

- "El nuevo modelo de reacción penal frente al blanqueo de capitales (los nuevos tipos de blanqueo, la ampliación del comiso y la integración del blanqueo en el modelo de responsabilidad penal de las empresas)", *La Ley* 2011-3, p. 1559-1567.

FERREIRO BAAMONDE, X., "El juicio de faltas", en PÉREZ CRUZ MARTÍN, A., *et al.*, *Derecho Procesal Penal*, 3ª ed. Civitas Thomson Reuters, Cizur Menor, 2014, pp. 899-916.

FRAILE COLOMA, C., "Artículo 169", en GÓMEZ TOMILLO, M. (Dir.), *Comentarios al Código Penal*, 2ª ed. Lex Nova, Valladolid, 2011, pp. 654-660.

FRANK, R. von, "Die Überspannung der staatlichen Strafgewalt", *Zeitschrift für die gesamte Strafrechtswissenschaft*, 1898, pp. 733-750.

GARBERÍ LLOBREGAT, J., *Derecho Administrativo sancionador práctico. Volumen I. Práctica del procedimiento administrativo sancionador común*, Bosch, Barcelona, 2012.

GARCÍA ALBERO, R., "La relación entre ilícito penal e ilícito administrativo: texto y contexto de las teorías sobre la distinción de ilícitos", en QUINTERO OLIVARES, G./ MORALES PRATS, F. (Coords.), *El nuevo Derecho Penal Español. Estudios Penales en Memoria del Profesor José Manuel Valle Muñiz*, Aranzadi, Cizur Menor, 2001, pp. 295-400.

– "De las organizaciones y grupos criminales", en QUINTERO OLIVARES, G. (Dir.), *Comentarios al Código Penal Español. Tomo II (Artículos 234 a DF. 7ª)*, 6ª ed. Aranzadi Thomson Reuters, Cizur Menor, 2011, pp. 1696-1713.

– "La suspensión de la ejecución de las penas", en QUINTERO OLIVARES, G. (Dir.), *Comentario a la reforma penal de 2015*, Thomson Reuters Aranzadi, Cizur Menor, 2015, pp. 143-172.

GARCÍA ÁLVAREZ, P./ LÓPEZ PEREGRÍN, M. C., "Los delitos contra la flora, la fauna y los animales domésticos. Análisis doctrinal y jurisprudencial, con referencia a la reforma introducida por la LO 5/2010, de 22 de junio", *Revista Electrónica de Ciencia Penal y Criminología* núm. 15, 2013, pp. 1-65.

GARCÍA ARÁN, G., "El trabajo en beneficio de la comunidad. Una pena alternativa a la prisión", *Cuadernos Jurídicos* núm. 38, 1996.

– *Fundamentos y aplicación de penas y medidas de seguridad en el Código penal de 1995*, Aranzadi, Cizur Menor, 1997.

GARCÍA GÓMEZ DE MERCADO, F., *Sanciones administrativas. Garantías, derechos y recursos del presunto responsable*, Comares, Granada, 2007.

GARCÍA GOYENA, F./ AGUIRRE, J., *Febrero ó librería de Jueces, Abogados y Escribanos, comprensiva de los Códigos civil, criminal y administrativo, tanto en la parte teórica como en la práctica, con arreglo en un todo a la legislación hoy vigente. Tomo V*, 4ª ed. Imprenta y librería de Gaspar y Roig, Madrid, 1852.

GARCÍA-PABLOS DE MOLINA, A., *Asociaciones ilícitas en el Código penal*, Bosch, Barcelona, 1977.

GARCÍA VALDÉS, C., "La reforma del Libro III del Código penal", en AA.VV., *Estudios de Derecho Penal y Criminología. En homenaje al profesor José María Rodríguez Devesa. Tomo I*, UNED, Madrid, 1989, pp. 323-332.

GARCÍA VITORIA, A., *Actividad pericial y proceso penal. Especial consideración de la pericia caligráfica*, Tirant lo Blanch, Valencia, 2009.

GIMÉNEZ ORTIZ DE ZÁRATE, U., "Reforma del Código penal: de las faltas penales", *Boletín de la Comisión penal de Jueces para la Democracia* núm. 3, 2013, pp. 16-19.

GIMENO SENDRA, V., "Los procedimientos penales simplificados (Principio de "oportunidad" y proceso penal monitorio)", *Poder Judicial* núm. extraordinario II, 1988, pp. 31-52.

– "Acerca de la constitucionalidad de la Ley de tasas judiciales", *Revista General de Derecho Procesal* núm. 29, 2013.

- "La Ley de tasas judiciales en el orden procesal civil", *Diario La Ley*, (8037), 2013.

GOLDSCHMIDT, J., "Die Geldstrafe", *Vergleichende Darstellung des deutschen und ausländischen Strafrechts* Band IV, 1908, pp. 398-411.

GÓMEZ DE LA SERNA, P./ MONTALBÁN, J. M., *Elementos de Derecho Civil y Penal de España. Tomo III*, 5ª ed. Imprenta de D. F. Sánchez, Madrid, 1855.

GÓMEZ ORBANEJA, E., *Comentarios a la Ley de Enjuiciamiento Criminal. Tomo II. Volumen I*, Bosch, Barcelona, 1951.

GÓMEZ TOMILLO, M., *Derecho Administrativo Sancionador. Parte General. Teoría General y Práctica del Derecho Penal Administrativo*, Thomson-Aranzadi, Cizur Menor, 2008.

- "Artículo 408", en GÓMEZ TOMILLO, M. (Dir.), *Comentarios al Código Penal*, 2ª ed. Lex Nova, Valladolid, 2011, pp. 1551-1554

GÓMEZ TOMILLO, M. (Dir.), *Comentarios al Código Penal*, 2ª ed. Lex Nova, Valladolid, 2011.

GONZÁLEZ-CUÉLLAR GARCÍA, A., "Consideraciones sobre la reforma del Libro III del Código Penal", *Anuario de Derecho Penal y Ciencias Penales* Tomo XL, 1987, pp. 609-623.

GONZÁLEZ RUS, J. J., "Delitos contra la Administración de Justicia (I)", en MORILLAS CUEVA, L. (Coord.), *Sistema de Derecho Penal español. Parte especial*, Dykinson, Madrid, 2011, pp. 1003-1033.

- "Aproximación político-criminal a la regulación de la criminalidad organizada después de la reforma de 2010", en GONZÁLEZ RUS, J. J. (Dir.), *La criminalidad organizada*, Tirant lo Blanch, Valencia, 2013, pp. 93-118.
- "La supresión del libro III y los delitos leves", en MORILLAS CUEVA, L. (Dir.), *Estudios sobre el Código Penal reformado: (Leyes Orgánicas 1/2015 y 2/2015)*, Dykinson, Madrid, 2015, pp. 21-51.
- "Secuelas "colaterales" no pretendidas de la LO 1/2015, de 30 de marzo, de reforma del Código Penal", *Diario La Ley* núm. 8553, 3 de junio de 2015.

GONZÁLEZ TASCÓN, M. M., *Pasado, presente y futuro de la pena de arresto de fin de semana: un estudio dogmático y de política criminal*, Universidad de Oviedo, Oviedo, 2007.

- "La pena de localización permanente (art. 37)", en ÁLVAREZ GARCÍA, F. J./ GONZÁLEZ CUSSAC, J. L. (Dirs.), *Comentarios a la Reforma Penal de 2010*, Tirant lo Blanch, Valencia, 2010, pp. 95-100.

GRACIA MARTÍN, L. (Coord.), *Tratado de las consecuencias jurídicas del delito*, Tirant lo Blanch, Valencia, 2006.

GRACIA MARTÍN, L./ VIZUETA FERNÁNDEZ, J., *Los delitos de homicidio y de asesinato en el Código Penal español. Doctrina y jurisprudencia*, Tirant lo Blanch, Valencia, 2007.

GROIZARD Y GÓMEZ DE LA SERNA, A., *El Código penal de 1870. Tomo I*, 2ª ed. Establecimiento Tipográfico de los Hijos de J. A. García, Madrid, 1902.

GRUPO DE EXPERTOS Y EXPERTAS EN VIOLENCIA DE GÉNERO, *Informe del grupo de expertos y expertas en violencia de género del Consejo General del Poder Judicial acerca de los problemas técnicos detectados en la aplicación de la Ley Orgánica 1/2004, de medidas de protección integral contra la violencia de género y en la de la normativa procesal, sustantiva u orgánica relacionada, y sugerencias de reforma legislativa que los abordan*, de enero de 2011.

GUARDIOLA LAGO, M. J., "La víctima de violencia de género en el sistema de justicia y la prohibición de mediación penal", *Revista General de Derecho Penal* núm.12, 2009, pp. 1-41.

– "La reforma penal en el delito y falta de hurto", en ÁLVAREZ GARCÍA, F. J./ GONZÁLEZ CUSSAC, J. L. (Dirs.), *Comentarios a la reforma penal de 2010*, Tirant lo Blanch, Valencia, 2010, pp. 257-267.

GUARIGLIA, C. E., "Proporcionalidad y discrecionalidad en el derecho administrativo", *Estudios de derecho administrativo* núm. 1, 2010, pp. 261-327.

HAVA GARCÍA, E., "Tenencia de animales peligrosos", en ÁLVAREZ GARCÍA, F. J. (Dir.), *Estudio crítico sobre el Anteproyecto de Reforma Penal de 2012*, Tirant lo Blanch, Valencia, 2013, pp. 893-894.

HERNÁNDEZ-CARRILLO FUENTES, J. M., "La reforma en curso del Código Penal, cierra el círculo que abre la Ley de Tasas", *La Ley* 2013-1, pp. 1225-1226.

HERNÁNDEZ GARCÍA, J./ RAMÍREZ ORTIZ J. L., "Las consecuencias procesales de la reforma", en QUINTERO OLIVARES, G. (Dir.), *Comentario a la reforma penal de 2015*, Thomson Reuters Aranzadi, Cizur Menor, 2015, pp. 241-296.

HEÜMAN, M., "Schweden", *Zeitschrift für die gesamte Strafrechtswissenschaft* Vol. 57, 1938, pp. 538-553.

HUERGO LORA, A. J., *Los contratos sobre los actos y las potestades administrativas*, Civitas, Madrid, 1998.

– *Las sanciones administrativas*, iustel, Madrid, 2007.

HUERTA TOCILDO, S., *Problemas fundamentales de los delitos de omisión*, Ministerio de Justicia, Madrid, 1987.

HURTADO ADRIÁN, A., "Blanqueo de capitales (Art. 301.1)", en JUANES PECES, A. (Dir.), *Reforma del Código Penal. Perspectiva económica tras la entrada en vigor de la Ley Orgánica 5/2010 de 22 de Junio. Situación Jurídico-Penal del Empresario*, El Derecho, Madrid, 2010, pp. 243-264.

IZQUIERDO TÉLLEZ, C., "¿Se puede detener por delito leve?", *Diario La Ley* núm. 8582, 14 de julio de 2015.

JAÉN VALLEJO, J./ PERRINO PÉREZ, A. L., *La reforma penal de 2015 (Análisis de las principales reformas introducidas en el Código Penal por las Leyes Orgánicas 1 y 2/2015, de 30 de marzo)*, Dykinson, Madrid, 2015.

JAREÑO LEAL, A., *Las amenazas y el chantaje en el Código penal de 1995*, Tirant lo Blanch, Valencia, 1997.

– "La pena de multa y las penas privativas de derechos", en AA.VV., *Estudios jurídicos en memoria del Profesor Dr. D. José Casabó Ruiz. Tomo II*, Universidad de Valencia, Valencia, 1997, pp. 61-83.

JIMÉNEZ DÍAZ, M. J., *Seguridad ciudadana y Derecho penal*, Dykinson, Madrid, 2006.

JIMÉNEZ SEGADO, C., "Eliminar las faltas tiene delito (leve)", *La Ley* 2014-1, pp. 1231-1236.

JORGE BARREIRO, A., "El sistema de sanciones: Las medidas de seguridad", en GÓMEZ COLOMER, J. L./ GONZÁLEZ CUSSAC, J. L. (Coords.), *La reforma de la justicia penal. Estudios en homenaje al Prof. Klaus Tiedemann*, Universitat Jaume I, Castellón de la Plana, 1997, pp. 77-136.

– "El enfermo mental delincuente y peligroso ante el Código penal de 1995", *Revista de Derecho Penal y Criminología* núm. 6, 2000, pp. 177-222.

LABELLA OSÉS, E., "Consecuencias de la eliminación de las faltas contra la propiedad", *Revista Aranzadi Doctrinal* núm. 8, 2013, pp. 235-242.

LANDROVE DÍAZ, G., *Las consecuencias jurídicas del delito*, 6ª ed. Tecnos, Madrid, 2005.

LANZAROTE MARTÍNEZ, P., *La autonomía del Ministerio Fiscal en el proceso penal y la reforma de su estatuto orgánico*, La Ley, Madrid, 2008.

LARRAURI PIJOÁN, E., "¿Es posible el tratamiento de los agresores de violencia doméstica?", en LÓPEZ BARJA DE QUIROGA, J./ ZUGALDÍA ESPINAR, J. M. (Coords.), *Dogmática y Ley Penal. Libro Homenaje a Enrique Bacigalupo*, Marcial Pons, Madrid-Barcelona, 2004, pp. 359-380.

– "Ayuntamientos de izquierdas y control del delito", *InDret. Revista para el Análisis del Derecho* núm. 3, 2007, pp. 1-23.

LAURENZO COPELLO, P., *Los delitos contra el honor*, Tirant lo Blanch, Valencia, 2002.

– "El modelo de protección reforzada de la mujer frente a la violencia de género: valoración político-criminal", en AA.VV., *La ley de medidas de protección integral contra la violencia de género*, Cuadernos penales José María Lidón núm.2, Universidad de Deusto, Bilbao, 2005, pp. 91-115.

LIBANO BERISTAIN, A., *Los delitos semipúblicos y privados. Aspectos sustantivos y procesales*, Bosch, Barcelona, 2011.

LLOBET ANGLÍ, M., "Robo y hurto (delito y falta)", en AA.VV., *Reforma Penal, Memento Experto Francis Lefebvre*, Ediciones Francis Lefebvre, Madrid, 2010, pp. 169-195.

LÓPEZ-BARJA DE QUIROGA, J., *Tratado de Derecho Procesal Penal. Tomo I*, 6ª ed. Thomson Reuters Aranzadi, Cizur Menor, 2014.

LÓPEZ-BARJA DE QUIROGA, J./ RODRÍGUEZ RAMOS, L. (Coords.), *Código Penal comentado*, Akal, Madrid, 1990.

LÓPEZ-MEDEL BASCONES, J., "Las costas judiciales en el proceso contencioso-administrativo", *La Ley* 2012-1, pp. 1552-1556.

LÓPEZ PEREGRÍN, M. C., "La (supuesta) supresión de las faltas en el proyecto de reforma del Código penal de 2013", *Revista Penal* núm. 34, 2014, pp. 102-122.

LÓPEZ-REY Y ARROJO, M./ ÁLVAREZ VALDÉS, F., *El nuevo Código Penal*, Edersa, Madrid, 1993.

LOZANO CUTANDA, B., "La tensión entre eficacia y garantías en la represión administrativa: aplicación de los principios constitucionales del orden penal en el derecho administrativo sancionador con especial referencia al principio de legalidad", en PICÓ LORENZO, C. (Dir.), *Las fronteras del Código penal y el derecho administrativo sancionador*, CGPJ, Madrid, 1997, pp. 41-78.

MACÍAS CARO, V. M., "Del orden público al terrorismo pasando por la seguridad ciudadana: análisis de las reformas de 2015", *Revista Penal* núm. 36, 2015, pp. 133-144.

MAFFEI, N., "Intorno al progetto 24 febbraio 1874 di un nuovo codice penale italiano", *Rivista Penale*, 1875, pp. 399-416.

MAGRO SERVET, V., *Soluciones de la sociedad española ante la violencia que se ejerce sobre las mujeres*, La Ley, Madrid, 2005.

- "La necesidad de la creación de un Registro Central de control de la habitualidad en las faltas para su conversión en delito (arts. 147, 234 y 244 CP)", *La Ley* 2006-4, pp. 1672-1677.
- "Aspectos prácticos de la tasación pericial del objeto del delito en la distinción de delitos y faltas", *La Ley* 2008-3, pp. 1879-1886.
- "La derogación de las faltas del Código Penal: nuevas vías para luchar contra la "delincuencia menor"", *La Ley* 2009-4, pp. 1861-1866.

MANJÓN-CABEZA OLMEDA, A., "Receptación y blanqueo de capitales (arts. 301 y 302)", en ÁLVAREZ GARCÍA, F. J./ GONZÁLEZ CUSSAC, J. L. (Dirs.), *Comentarios a la reforma penal de 2010*, Tirant lo Blanch, Valencia, 2010, pp. 337-344.

MANZANARES SAMANIEGO, J. L., "La caución penal", *Anuario de Derecho Penal y Ciencias Penales* Tomo XXIX, 1976, pp. 261-292.

- "Consideración especial de la caución española", *Anuario de Derecho Penal y Ciencias Penales* Tomo XXIX, 1976, pp. 505-534.
- "La pena de localización permanente", *La Ley Penal* núm. 25, 2006, pp. 48-67.
- *Mediación, reparación y conciliación en el Derecho Penal*, Comares, Granada, 2007.

– "Comentarios a la reforma de la parte general del Código Penal conforme al nuevo anteproyecto de Ley Orgánica (y IV)", *La Ley* 2013-1, pp. 1272-1280.
– "Novedades en los delitos de amenazas y coacciones según el Anteproyecto de reforma del Código Penal (Artículos 171.7, 172.3, 172 bis y 172 ter)", *La Ley* 2013-2, pp. 1568-1573.
– "La supresión de las faltas penales", *La Ley* 2013-4, pp. 1502-1508.

MANZANARES SAMANIEGO, J. L./ ORDÓÑEZ SÁNCHEZ, B., "La ejecución de las penas de trabajo en beneficio de la comunidad y el arresto de fin de semana: el Real Decreto 690/1996, de 26 de abril", *Actualidad Penal* 1996-2, marginales 485-513.

MANZINI, V., *Tratatto di diritto penale italiano secondo il Codice del 1930. Volume III*, UTET, Torino, 1934.

MARCOS AYJÓN, M., "Una nueva concepción del principio de oportunidad: la denuncia en el Código Penal de 1995", *Tribunales de Justicia* núm. 6, 1997, pp. 643-660.

MARÍN DE ESPINOSA CEBALLOS, E. B./ GONZÁLEZ TASCÓN, M. M., "Delitos y penas leves: Art. 13 CP", en ÁLVAREZ GARCÍA, F. J. (Dir.), *Estudio crítico sobre el Anteproyecto de Reforma Penal de 2012*, Tirant lo Blanch, Valencia, 2013, pp. 53-56.
– "Penas leves: Art. 33 CP", en ÁLVAREZ GARCÍA, F. J. (Dir.), *Estudio crítico sobre el Anteproyecto de Reforma Penal de 2012*, Tirant lo Blanch, Valencia, 2013, pp. 57-62.

MAROTO CALATAYUD, M., "Ciudades de excepción: seguridad ciudadana y civismo como instrumentos de burorrepresión de la protesta", en OLIVER OLMO, P. (Coord.), *Burorrepresión. Sanción administrativa y control social*, Bomarzo, Albacete, 2013, pp. 29-64.

MARTÍN DIZ, F., "Mediación en materia de violencia de género: análisis y argumentos", en HOYOS SANCHO, M. de (Dir.), *Tutela jurisdiccional frente a la violencia de género. Aspectos procesales, civiles, penales y laborales*, Lex Nova, Valladolid, 2009, pp. 669-688.

MARTÍN-RETORTILLO BAQUER, L., "Voz Multa administrativa", en PELLISÉ PRATS, B. (Dir.), *Nueva Enciclopedia Jurídica. Tomo XVI*, Seix, Barcelona, 1978, pp. 677-699.

MARTÍNEZ-BUJÁN PÉREZ, C., "Responsabilidad penal de los peritos", *Estudios Penales y Criminológicos* Vol. XXIII, 2001, pp. 175-214.

MARTÍNEZ PÉREZ, C., "La despenalización de las faltas y las reformas relativas al libro III", *Poder Judicial* núm. especial XII, 1990, pp. 327-364.

MARTÍNEZ PÉREZ, M. D., "La falta de deslucimiento de bienes", *Revista de Derecho y Proceso Penal* núm. 32, 2013, pp. 141-157.

MARTÍNEZ SÁNCHEZ, C., "Una aproximación crítica a las tasas judiciales desde el derecho financiero y tributario", *Revista jurídica Universidad Autónoma de Madrid* núm. 27, 2013, pp. 205-221.

MEDINA ARIZA, J. J., "El tratamiento del maltratador en el contexto comunitario como respuesta penal: Consideraciones político criminales", *Cuadernos penales José María Lidón* núm.2, Universidad de Deusto, Bilbao, 2005, pp. 183-207.

MEDINA CRESPO, M., *Las nuevas figuras de la imprudencia punible y el perdón*, Artes Gráficas Suárez Barcala, Madrid, 1989.

MELENDO PARDOS, M., "Bromas y veras en nuestra reciente legislación penal: Sobre la fugacidad de las nuevas figuras de acumulación de faltas patrimoniales", *La Ley* 2003-5, pp. 2035-2039.

MÉNDEZ TOJO, R., "La regulación de la prescripción de las faltas a la luz de la LO 5/2010 de 22 de junio", *La Ley* 2012-1, pp. 1500-1504.

MENDOZA BUERGO, B./ BAJO FERNÁNDEZ, M., "Hacia una Ley de contravenciones: el modelo portugués", *Anuario de Derecho Penal y Ciencias Penales* Tomo XXXVI, 1983, pp. 567-612.

MERINO ESTRADA, V., "Las nuevas Ordenanzas municipales reguladoras de la convivencia ciudadana", *Revista de estudios de la administración local y autonómica* núm. 300-301, 2006, pp. 485-510.

MERLOS CHICHARRO, J. A., "Algunas cuestiones de las diligencias de prueba. Las frecuentes retractaciones de la víctima. La protección de la víctima en el proceso", en AA.VV., *Estudios sobre violencia familiar y agresiones sexuales. II 2000. Violencia física y psíquica en el ámbito familiar (1ª reunión de Fiscales encargados del Servicio de Violencia Familiar). Violencia habitual en el ámbito familiar*, Ministerio de Justicia/ Ministerio de Trabajo y Asuntos Sociales, Madrid, 2000, pp. 83-93.

MESEGUER YEBRA, J., "A vueltas con la caducidad en los procedimientos sancionadores (Comentario de urgencia a la Sentencia del Tribunal Supremo de 12 de junio de 2003)", *Revista Jurídica de Castilla y León* núm. 1, 2003, pp. 213-222.

MESTRE DELGADO, E., "La reforma permanente como (mala) técnica legislativa en Derecho penal", *La Ley Penal* núm. 1, 2004, pp. 7-17.

MESTRE DELGADO, J. F., "La configuración constitucional de la potestad sancionadora de la Administración", en MARTÍN-RETORTILLO BAQUER, S. (Coord.), *Estudios sobre la Constitución española. Homenaje a Eduardo García de Enterría. Volumen III*, Civitas, Madrid, 1991, pp. 2493-2528.

MINISTERIO DE HACIENDA Y ADMINISTRACIONES PÚBLICAS, *Informe sobre el funcionamiento de los servicios de la Administración Periférica del Estado en 2014*, Ministerio de Hacienda y Administraciones Públicas, Madrid, 2015.

MINISTERIO DEL INTERIOR, *Anuario estadístico del Ministerio del Interior 2014*, Ministerio del Interior, Madrid, 2015.

MITTELBACH, "Ersatzfreiheitsstrafe (§ 29 StGB)", *Neue Juristische Wochenschrift* 1957, pp. 1138-1139.

MITTELSTÄDT, O., *Gegen die Freiheitsstrafe. Ein Beitrag zur Kritik des heutigen Strafensystems*, Hirzel, Leipzig, 1879.

MOLINA FERNÁNDEZ, F., *Delitos contra la seguridad vial: su aplicación jurisprudencial*, Francis Lefebvre, Madrid, 2014.

MONTÓN REDONDO, A., "Algunas reflexiones que nos sugiere el Código Penal de 1995 sobre competencia y legitimación", *Tribunales de Justicia* núm. 10, 1998, pp. 941-954.

MORILLAS CUEVA, L., "Delitos contra la Administración Pública (II)", en MORILLAS CUEVA, L. (Coord.), *Sistema de Derecho Penal español. Parte especial*, Dykinson, Madrid, 2011, pp. 925-932.

MORILLAS CUEVA, L./ BARQUÍN SANZ, J. (Dirs.), *La aplicación de las alternativas a la pena de prisión en España*, Defensor del Pueblo, Madrid, 2013.

MUERZA ESPARZA, J., y otros, *Derecho procesal penal*, 5ª ed. Editorial Universitaria Ramón Areces, Madrid, 2006.

MUERZA ESPARZA, J., "Aspectos procesales de los nuevos delitos leves", *La Ley* 2014-1, pp. 1554-1563.

MUÑOZ CONDE, F., *Derecho Penal. Parte Especial*, 19ª ed. Tirant lo Blanch, Valencia, 2013.

MUÑOZ CONDE, F., *et al.*, *La reforma penal de 1989*, Tecnos, Madrid, 1989.

MUÑOZ CUESTA, J., "La nueva pena de localización permanente introducida en la LO/ 15/2003 y el fracaso de la pena de arresto de fin de semana", *Repertorio de Jurisprudencia Aranzadi* núm. 6, 2004, pp. 73-76.

NAVARRO BLASCO, F., "Reforma de los delitos de hurto, robo y otros delitos patrimoniales", en QUINTERO OLIVARES, G. (Dir.), *Comentario a la reforma penal de 2015*, Thomson Reuters Aranzadi, Cizur Menor, 2015, pp. 469-486.

NEUMAIER, R., *Die geschichtliche Entwicklung der Geldstrafe vom 15. Jahrhundert bis zum StGB*, Univ. Diss., Tübingen, 1947.

NISTAL BURÓN, J., "La pena de localización permanente de cumplimiento en centro penitenciario: su difícil papel de alternativa real a las penas cortas de prisión", *La Ley* 2012-2, pp. 1542-1546.

NOWAKOWSKI, F., "Die Zurückdrängung der kurzen Freiheitsstrafe in der RV 1971", *Österreichische Juristen-Zeitung* 1973, pp. 34-40.

OLIVER OLMO, P., "¿Qué es la burorrepresión?", en OLIVER OLMO, P. (Coord.), *Burorrepresión. Sanción administrativa y control social*, Bomarzo, Albacete, 2013, pp. 11-28.

O'MALLEY, P., *The Currency of Justice. Fines and damages in consumer societies*, Roudledge-Cavendish, New York, 2009.

PACHECO, J. F., *Estudios de Derecho Penal*, Boix, Madrid, 1842.

- *El Código penal. Concordado y comentado. Tomo III*, Imprenta de la Viuda de Perinat y Compañía, Madrid, 1849.
- *El Código penal. Concordado y comentado. Tomo I*, 2ª ed. Imprenta de la viuda de Perinat y compañía, Madrid, 1856.

PALMA HERRERA, J. M., "Artículo 299", en COBO DEL ROSAL, M. (Dir.), *Comentarios al Código penal. Tomo IX*, Edersa, Madrid, 1999, pp. 649-654.

PALOMO DEL ARCO, A., "Artículo 450", en GÓMEZ TOMILLO, M. (Dir.), *Comentarios al Código Penal*, 2ª ed. Lex Nova, Valladolid, 2011, pp. 1660-1664.

- "Artículo 458", en GÓMEZ TOMILLO, M. (Dir.), *Comentarios al Código Penal*, 2ª ed. Lex Nova, Valladolid, 2011, pp. 1693-1699.

PARADA VÁZQUEZ, J. R., "El poder sancionador de la Administración y la crisis del sistema judicial penal", *Revista de Administración Pública* núm. 67, enero-abril 1972, pp. 41-93.

PEMÁN GAVÍN, J. M., "Las Ordenanzas municipales y convivencia ciudadana", *Revista de estudios de la administración local y autonómica* núm. 305, 2007, pp. 9-55.

PÉREZ RIVAS, N., "Delito leve de amenazas: art. 171.7 CP", en GONZÁLEZ CUSSAC, J. L. (Dir.), *Comentarios a la reforma del Código Penal de 2015*, Tirant lo Blanch, Valencia, 2015, pp. 553-556.

PERIS RIERA, J., *El proceso despenalizador*, Universidad de Valencia, Valencia, 1983.

- "Sistema penal y proceso despenalizador. Situación presente y consideraciones de futuro", *Revista Jurídica de Castilla-La Mancha* núm. 5, 1988, pp. 135-151.

PIPAÓN PULIDO, J. G., *et al*, *Los delitos contra la seguridad vial. Análisis práctico y formularios de aplicación*, Lex Nova, Valladolid, 2009.

POLAINO NAVARRETE, M., *La reforma penal española de 2003*, Tecnos, Madrid, 2004.

PORTERO GARCÍA, L., "La despenalización de las faltas y la potestad sancionadora de la Administración. La competencia municipal ante la derogación parcial del Libro III del Código Penal", *Poder Judicial* núm. especial XII, 1990, pp. 279-295.

POMARES CINTAS, E., "El delito de omisión del deber de intervenir para impedir delitos", en ÁLVAREZ GARCÍA, F. J. (Dir.), *Tratado de Derecho Penal Español. Parte especial. III. Delitos contra las Administraciones Pública y de Justicia*, Tirant lo Blanch, Valencia, 2013, pp. 871-898.

PORTILLA CONTRERAS, G./ POMARES CINTAS, E., "Delitos de abandono de destino y de la omisión del deber de perseguir delitos", en ÁLVAREZ GAR-

CÍA, F. J. (Dir.), *Tratado de Derecho Penal Español. Parte especial. III. Delitos contra las Administraciones Pública y de Justicia*, Tirant lo Blanch, Valencia, 2013, pp. 171-195.

POZUELO PÉREZ, L., "La pena de trabajos en beneficio de la comunidad", *ICADE* sept-dic. 1997, pp. 333 y ss.

PRIETO GONZÁLEZ, H. M., "Otros temas de interés", en AGÜERO RAMÓN-LLÍN, E., et al., *La dogmática penal sobre el asfalto: un enfoque práctico de los delitos contra la seguridad vial*, Comares, Granada, 2012, pp. 239-295.

PUCCIONI, G., *Il Codice penale toscano illustrato sulla scorta delle fonti, del diritto e della giurisprudenza. Tomo I*, Tipografia Cino, Pistoia, 1855. Disponible en la página web http://babel.hathitrust.org/cgi/pt?id=mdp.35112104619475;view=1up;seq=245

PUENTE DE PINEDO, L., "La doctrina del Tribunal Constitucional y la reforma en los juicios de faltas", *Poder Judicial* núm. 30, 1993, pp. 89-98.

QUINTERO OLIVARES, G., "La reforma penal en España", *Documentación Jurídica* núm. 37/40, Volumen I, Ministerio de Justicia, Madrid, 1983, pp. 3-19.

- "Sobre los delitos societarios en el nuevo Código penal (Cuestiones generales)", en ASÚA BATARRITA, A. (Ed.), *Jornadas sobre el nuevo Código Penal de 1995*, Universidad del País Vasco, Bilbao, 1998, pp. 165-184.
- "De las amenazas", en QUINTERO OLIVARES, G. (Dir.), *Comentarios al Código Penal Español. Tomo I (Artículos 1 a 233)*, 6ª ed. Thomson Reuters-Aranzadi, Cizur Menor, 2011, pp. 1033-1048.

QUINTERO OLIVARES, G. (Dir.), *Comentarios al Código Penal Español, Tomos I y II*, 6ª ed. Thomson Reuters-Aranzadi, Cizur Menor, 2011.

QUINTERO OLIVARES, G./ MORALES PRATS, F., "Delitos contra el honor", en QUINTERO OLIVARES, G. (Dir.), *Comentarios al Código Penal Español. Tomo I (Artículos 1 a 233)*, 6ª ed. Aranzadi Thomson Reuters, Cizur Menor, 2011, pp. 1357-1394.

QUINTERO OLIVARES, G./ MUÑOZ CONDE, F., *La reforma penal de 1983*, Destino, Barcelona, 1983.

QUINTERO OLIVARES, G./ CAVANILLAS MÚGICA, S./ LLERA SUÁREZ-BÁRCENA, E. de, *La responsabilidad civil "ex delicto"*, Aranzadi, Pamplona, 2002.

RAMON RIBAS, E., "La responsabilidad personal por impago de multa", en QUINTERO OLIVARES, G. (Dir.), *Comentario a la reforma penal de 2015*, Thomson Reuters Aranzadi, Cizur Menor, 2015, pp. 115-123.

RANDO CASERMEIRO, P., "La evolución de la relación entre el Derecho penal y el Derecho administrativo sancionador en la España del siglo XIX y principios del siglo XX", *Revista de Derecho Penal y Criminología* núm. 12, 2003, pp. 141-190.

- "El modelo penal de la seguridad ciudadana en el derecho administrativo sancionador", *InDret. Revista para el Análisis del Derecho* núm. 1, 2010, disponible en la página web http://www.indret.com/pdf/rando_casermeiro.pdf.

- *La distinción entre el Derecho penal y el Derecho administrativo sancionador. Un análisis de política jurídica*, Tirant lo Blanch, Valencia, 2010.

RANIERI, S., "Pene pecuniarie e rieducazione del condannato", *La Scuola Positiva* 1966, pp. 265-268.

RAUH, M. F., *Die Vermögensstrafen des Reichsstrafrechts und ihre Reform*, Schlatter, Breslau, 1912.

REBOLLO PUIG, M., *et al.*, "Panorama del derecho administrativo sancionador en España", *Revista Estudios Socio-Jurídicos* núm. 7, 2005, pp. 23-74.

REBOLLO VARGAS, R., "La omisión de promover la persecución de delitos. El artículo 408 del Código Penal", *Revista de Derecho y Proceso Penal* núm. 2, 1999, pp. 13-44.

- "Reflexiones y propuestas sobre el tratamiento penal y procesal de la pequeña delincuencia patrimonial", *Estudios Penales y Criminológicos* Vol. XXXI, 2011, pp. 553-583.

RÍO FERNÁNDEZ, L. del, *El delito de amenazas (En el nuevo Código Penal)*, Editorial General de Derecho, Valencia, 1997.

ROCA AGAPITO, L., *El sistema de sanciones en el Derecho penal español*, Bosch, Barcelona, 2007.

RODRÍGUEZ CARBAJO, J. R., "Las tasas judiciales: retorno a 1959", *Actualidad Administrativa* núm. 19-20, 2012.

RODRÍGUEZ DE SANTIAGO, J. M., "El pago voluntario de las multas en cuantía reducida: legalidad, eficacia, seguridad jurídica y tutela judicial efectiva", *Documentación Administrativa* núm. 284-285, 2009, pp. 153-180.

RODRÍGUEZ LAINZ, J. L., "Los nuevos delitos leves: aspectos sustantivos y procesales", *La Ley* 2015-2, pp. 1393-1405.

RODRÍGUEZ MESA, M. J., "La expulsión del extranjero en el Ordenamiento jurídico español. Una valoración crítica", en RODRÍGUEZ MESA, M. J./ RUIZ RODRÍGUEZ, L. R. (Coords.), *Inmigración y sistema penal. Retos y desafíos para el siglo XXI*, Tirant lo Blanch, Valencia, 2006, pp. 255-288.

RODRÍGUEZ-PIÑERO Y BRAVO-FERRER, M., "La despenalización de las faltas de tráfico y la responsabilidad civil", *Diario La Ley* núm. 8544, 2015.

RODRÍGUEZ-VIÑALS CAUSIÑO, F./ GARCÍA-GALÁN GONZÁLEZ, A., "Principio de presunción de inocencia en el ámbito administrativo", en MARTÍNEZ-SIMANCAS SÁNCHEZ, J./ ARAGÓN REYES, M. (Coords.), *La Constitución y la práctica del derecho. Volumen 3*, Sopec, Madrid, 1998, pp. 2939-2966.

ROIG TORRES, M., *La reparación del daño causado por el delito (Aspectos civiles y penales)*, Tirant lo Blanch, Valencia, 2000.

- "La reforma del Código penal en materia de reiteración delictiva", en ORTS BERENGUER, E. (Dir.), *Derecho Penal de la peligrosidad y prevención de la reincidencia*, Tirant lo Blanch, Valencia, 2015, pp. 333-408.
- "Cambios en la regulación de los antecedentes penales (arts. 22, 80, 86, 89, 90, 94 bis y 136", en GONZÁLEZ CUSSAC, J. L. (Dir.), *Comentarios a la Reforma Penal de 2015*, 2ª ed. Tirant lo Blanch, Valencia, 2015, pp. 417-436.

ROLDÁN BARBERO, H., *El dinero, objeto fundamental de la sanción penal*, Akal, Madrid, 1983.

- *Historia de la Prisión en España*, PPU, Barcelona, 1988.

ROMEO CASABONA, C. M., "Los delitos culposos en la reforma penal", *Anuario de Derecho Penal y Ciencias Penales* Tomo XLIII, 1990, pp. 443-496.

ROPERO CARRASCO, J., "¿Es necesaria una reforma penal para resolver los problemas de atribución de responsabilidad y "justo" castigo de la delincuencia organizada?", *Estudios Penales y Criminológicos* Vol. XXVII, 2007, pp. 267-321.

ROSA CORTINA, J. M. de la, "La expulsión de los extranjeros no residentes legalmente condenados a pena privativa de libertad inferior a seis años tras la reforma 11/2003, de 29 de septiembre", *La Ley* 2004-3, pp. 1917-1928.

ROSAL BLASCO, B. del, "Delitos contra la libertad (II)", en MORILLAS CUEVA, L. (Coord.), *Sistema de Derecho Penal Español. Parte especial*, Dykinson, Madrid, 2011, pp. 165-188.

ROSENFELD, E., "Die Regelung der Geldstrafe", *Mittelungen der Internationalen Kriminalistischen Vereinigung. Dritter Band*, Guttentag-Muquardt, Berlin-Brüssel, 1892.

RUBIO LARA, P. A., *Omisión del deber de impedir determinados delitos o de promover su persecución*, Edersa, Madrid, 2003.

RUIZ GONZÁLEZ, M. A., "La inconstitucionalidad de las tasas judiciales introducidas por la Ley 10/2012, de 20 de noviembre", *La Ley* 2013-1, pp. 1535-1537.

RUIZ VADILLO, E., "El principio de oportunidad reglada", en AA.VV., *La reforma del proceso penal. II Congreso de Derecho procesal de Castilla y León*, Ministerio de Justicia, Madrid, 1989, pp. 387-406.

SÁEZ RODRÍGUEZ, C./ SANTOS ITOIZ, E., "La derogación de las faltas en el Anteproyecto de reforma del Código Penal", 2013, pp. 1-36, disponible en la página web http://libros.otroderechopenal.com/DerogacionFaltas.pdf

SÁINZ CANTERO, J. A., "El Proyecto del Código penal a la luz del movimiento mundial de reforma de las leyes penales", en AA.VV., *La reforma penal y penitenciaria*, Servicio de Publicaciones de la Universidad de Santiago, Santiago de Compostela, 1980, pp. 167-198.

SALDAÑA, Q., *Nueva penología (penas y medidas de seguridad)*, Hernando, Madrid, 1931.

SALETA Y JIMÉNEZ, M., *Las faltas. Ensayo sobre los hechos que son objeto del libro III del Código Penal de España*, Imprenta de M. Tello, Madrid, 1868. Disponible en la página web http://babel.hathitrust.org/cgi/pt?id=ucm.5324072274;view=1up;seq=208

SÁNCHEZ-GARCÍA DE PAZ, I., *La criminalidad organizada. Aspectos penales, procesales, administrativos y policiales*, Ministerio del Interior/ Dykinson, Madrid, 2005.

- "Artículo 517", en GÓMEZ TOMILLO, M. (Dir.), *Comentarios al Código Penal*, 2ª ed. Lex Nova, Valladolid, 2011, pp. 1798-1800.
- "Artículo 570 bis", en GÓMEZ TOMILLO, M. (Dir.), *Comentarios al Código Penal*, 2ª ed. Lex Nova, Valladolid, 2011, pp. 1921-1929.
- "Artículo 570 quáter", en GÓMEZ TOMILLO, M. (Dir.), *Comentarios al Código Penal*, 2ª ed. Lex Nova, Valladolid, 2011, pp. 1931-1936.

SÁNCHEZ-OSTIZ GUTIÉRREZ, P., *El encubrimiento como delito*, Tirant lo Blanch, Valencia, 1998.

- "Sobre la aspiración a un Derecho penal subsidiario: ¿en qué medida es posible la subsidiariedad de los instrumentos penales", *Cuadernos de Política Criminal* núm. 111, 2013, pp. 37-68.

SÁNCHEZ-TEJERINA, I., *Derecho Penal Español. Tomo II. Parte Especial*, 5ª ed. Madrid, 1950.

SANTANA VEGA, D. M., "Principio de oportunidad y sistema penal", *Anuario de Derecho Penal y Ciencias Penales* Tomo XLVII, 1994, pp. 105-136.

SANTOS MARTÍNEZ, M. A., "La "desjudicialización" de las faltas", *La Ley* 2011-4, pp. 1387-1393.

SANZ MORÁN, A., *Las medidas de corrección y de seguridad en el Derecho penal*, Lex Nova, Valladolid, 2003.

SANZ MULAS, N., "Penas alternativas a la prisión", en DIEGO DÍAZ SANTOS, M. R./ SÁNCHEZ LÓPEZ, V. (Coords.), *Hacia un Derecho penal sin fronteras*, Colex, Madrid, 2000, pp. 89-109.

- *Alternativas a la pena privativa de libertad*, Colex, Madrid, 2000.

SARABIA PARDO, J., "Doble penalidad en las faltas", *Revista General de Legislación y Jurisprudencia* Tomo 74, 1889, pp. 318-322.

SCHMÖLDER, R., *Die Geldstrafe. Vortrag, gehalten auf der 74. Jahrensversammlung der Rheinisch-westfälischen Gefängnissgesellschaft in Düsseldorf am 15. Oktober 1902*, Griebsch, Hamm, 1902.

SERRANO GÓMEZ, A., "Notas al Anteproyecto de Reforma del Código Penal Español de Octubre de 2012", *Revista Electrónica de Ciencia Penal y Criminología* 15-rl, 2013.

SHARPE, J., *Judicial Punishment in England*, London, Faber and Faber, 1990.

SIERRA LÓPEZ, M. V., "Homicidio y asesinato: las modificaciones previstas en las últimas reformas legislativas (El Proyecto de Reforma del Código Penal de 20 de septiembre de 2013)", *Revista de Derecho y Proceso Penal* núm. 33, 2014, pp. 127-161.

SILVEIRA GORSKI, H., "Barcelona y el "fomento de la convivencia" a través de la represión del espacio público", en BERGALLI, R. (Dir.), *Emergencias urbanas*, Anthropos, Barcelona, 2006, pp. 239-262.

SIMMEL, G., *The Philosophy of Money*, Routledge, New York, 1990 (1907).

SOLA RECHE, E., *La omisión del deber de intervenir para impedir determinados delitos del art. 450 CP*, Comares, Granada, 1999.

SUÁREZ LÓPEZ, J. M., "La reintroducción en el texto punitivo de la pena de arresto domiciliario y fin de semana a través de la localización permanente", *Revista Electrónica de Ciencia Penal y Criminología* núm. 14, 2012, pp. 1-24.

SUÁREZ-MIRA RODRÍGUEZ, C., "Del homicidio y sus formas (arts. 138 y ss.), en GONZÁLEZ CUSSAC, J. L. (Dir.), *Comentarios a la reforma del Código Penal de 2015*, 2ª ed. Tirant lo Blanch, Valencia, 2015, pp. 467-488.

SUAY RINCÓN, J., *Sanciones administrativas*, Real Colegio de España, Bolonia, 1989.

TAMARIT SUMALLA, J. M., "La sustitución de las penas de prisión (art. 88)", en ÁLVAREZ GARCÍA, F. J./ GONZÁLEZ CUSSAC, J. L. (Dir.), *Comentarios a la reforma penal de 2010*, Tirant lo Blanch, Valencia, 2010, pp. 125-130.

- "Artículo 515", en QUINTERO OLIVARES, G. (Dir.), *Comentarios al Código Penal Español. Tomo II (Artículos 234 a DF. 7ª)*, 6ª ed. Aranzadi Thomson Reuters, Cizur Menor, 2011, pp. 1535-1543.

TAPIA, E. de, *Febrero Novísimo o Librería de Jueces, Abogados y Escribanos, refundida, ordenada bajo nuevo método y adicionada con un tratado del juicio criminal. Volumen 8*, Imprenta de Ildefonso Mompie, Valencia, 1830.

TÉLLEZ AGUILERA, A., *Nuevas penas y medidas alternativas a la prisión*, Edisofer, Madrid, 2005.

- "La reforma del Código Penal y sus implicaciones penológicas", *La Ley Penal* núm.1, 2004, pp. 30-50.

THYRÉN, J., *Prinzipien einer Strafgesetzreform. Band 1. Die soziale Aufgabe der Strafe*, Lund, Berlin, 1910.

TOMÁS Y VALIENTE, F., *El Derecho penal de la monarquía absoluta*, Tecnos, Madrid, 1969.

TORRES ROSELL, N., "El delito de hurto (arts. 234, 235 y 623)", en QUINTERO OLIVARES, G. (Dir.), *La reforma penal de 2010: análisis y comentarios*, Thomson Reuters-Aranzadi, Cizur Menor, 2010, pp. 195-199.

- "Contenido y fines de la pena de localización permanente", *InDret. Revista para el Análisis del Derecho* núm. 1, 2012, pp. 1-31.
- "Trabajos en beneficio de la comunidad y localización permanente", en QUINTERO OLIVARES, G. (Dir.), *Comentario a la reforma penal de 2015*, Thomson Reuters Aranzadi, Cizur Menor, 2015, pp. 101-114.

– "El "nuevo" proceso por delitos leves (aspectos procesales de la LO 1/2015 de reforma del Código Penal)", en MORILLAS CUEVA, L. (Dir.), *Estudios sobre el Código Penal reformado: (Leyes Orgánicas 1/2015 y 2/2015)*, Dykinson, Madrid, 2015, pp. 1001-1032.

TRILLO NAVARRO, J. P., "Criminalidad de bagatela: descriminalización garantista", *La Ley Penal*, núm. 51, 2008, pp. 17-45.

UGARTE, F. J., "De las faltas: algunas observaciones sobre el libro 3º del CP vigente", *Revista General de Legislación y Jurisprudencia* Tomo 47, 1875, pp. 354-365.

URRUELA MORA, A., *Las medidas de seguridad y reinserción social en la actualidad. Especial consideración a las consecuencias jurídico-penales aplicables a sujetos afectos de anomalía o alteración psíquica*, Comares, Granada, 2009.

VALMAÑA OCHAÍTA, S., *Sustitutivos y proyectos de reforma en el Derecho Penal español*, Ministerio de Justicia, Madrid, 1990.

VARONA GÓMEZ, D., "El arresto de fin de semana: lecciones a aprender de su breve historia (sobre las razones y excusas para su reforma)", *Revista de Derecho Penal y Criminología* núm. 13, 2004, pp. 47-80.

VÁZQUEZ GONZÁLEZ, C., "La reforma del sistema de penas por la LO 15/2003. (Especial referencia a la supresión de la pena de arresto de fin de semana y su sustitución por la nueva pena de localización permanente)", *Revista de Derecho Penal y Criminología* núm. extraordinario 2, 2004, pp. 527-552.

VELASCO NÚÑEZ, E., "Las faltas contra las personas y el patrimonio", *La Ley Penal* núm. 18, 2005, pp. 47-60.

– "Las faltas contra los intereses generales y el orden público", *La Ley Penal* núm. 22, 2005, pp. 72-81.

VELÁZQUEZ VIOQUE, D., *El juicio de faltas por imprudencia en la seguridad vial*, Bosch, Barcelona, 2008.

VENTURA PÜSCHEL, A., "El encubrimiento", en ÁLVAREZ GARCÍA, F. J. (Dir.), *Tratado de Derecho Penal Español. Parte especial. III. Delitos contra las Administraciones Pública y de Justicia*, Tirant lo Blanch, Valencia, 2013, pp. 899-927.

VICENTE Y CARAVANTES, J., "Disposiciones legales que deben aplicarse por las Autoridades administrativas o judiciales para la corrección de las faltas, y forma en que éstas deben corregirse", *Revista General de Legislación y Jurisprudencia* Tomo 48, 1876, pp. 241-255.

VICENTE MARTÍNEZ, R. de, *Derecho Penal de la circulación. Delitos relacionados con el tráfico vial*, Bosch, Barcelona, 2008.

– "Seguridad vial y derecho penal. En especial el homicidio imprudente cometido con vehículo a motor", *Abogacía* núm. 1, 2009, pp. 101-130.

– "La supresión del Libro III del Código Penal y la consecuente reconversión de las faltas", en AA.VV., *Especial Reforma Código Penal*, Wolters Kluwer, Madrid, 2015, pp. 45-50.

– *La nueva regulación de las faltas como delitos leves, infracciones administrativas o ilícitos civiles tras la reforma penal de 2015*, Bosch, Barcelona, 2015.

VICENTE REMESAL, J. de, “Dos propuestas legislativas antagónicas sobre el homicidio por imprudencia leve: referencia especial al ámbito de la seguridad vial”, *Revista de Derecho y Proceso Penal* núm. 36, 2014, pp. 121-172.

VIDALES RODRÍGUEZ, C. *Los delitos de receptación y legitimación de capitales en el Código penal de 1995*, Tirant lo Blanch, Valencia, 1997.

VIVES ANTÓN, T. S./ GONZÁLEZ CUSSAC, J. L., “De la receptación y otras conductas afines”, en VIVES ANTÓN, T. S. (Dir.), *Comentarios al Código penal de 1995. Volumen II*, Tirant lo Blanch, Valencia, 1996, pp. 1447-1470.

– “Delitos contra el patrimonio y el orden socioeconómico”, en VIVES ANTÓN, T. S., y otros, *Derecho Penal. Parte Especial*, 3ª ed. Tirant lo Blanch, Valencia, 2010, pp. 351-468.

VIVES ANTÓN, T. S., *et al.*, *Derecho Penal. Parte Especial*, 3ª ed. Tirant lo Blanch, Valencia, 2010.

VIZMANOS, T. M. de/ ÁLVAREZ MARTÍNEZ, C., *Comentarios al Código Penal. Tomo II*, Establecimiento Tipográfico de J. González y A. Vicente, Madrid, 1848.

YÁÑEZ DE ANDRÉS, A., “Sobre la pretendida supresión de las faltas de imprudencia y su remedio para las víctimas”, *La Ley* 2012-5, pp. 988-990.

YOUNG, P., “Punishment, money and a sense of justice”, en CARLEN, P./ COOK, D. (eds), *Paying for crime*, Open University Press, Milton Keynes, 1989, pp. 46-65.

ZELIZER, V., *The Social Meaning of Money*, Princeton University Press, Princeton, 1997.

OTROS TÍTULOS DE ESTA COLECCIÓN

41. Delitos informáticos y delitos comunes cometidos a través de la informática
Enrique Orts Berenguer
Margarita Roig Torres
42. El delito de robo con violencia o intimidación en las personas
Rosario de Vicente Martínez
43. Las circunstancias atenuantes en el ordenamiento jurídico español
Emiliano Borja Jiménez
44. La prohibición constitucional de incurrir en bis in idem
Mercedes Pérez Manzano
45. Gestión de cobro de morosos y derecho penal
Manuel Cobo del Rosal
Javier Sánchez-Vera Gómez-Trelles
46. Jueces penales y penas en España
José Cid Moliné
Elena Larrauri Pijoan
J. Gonzalo Escobar Marulanda
Jennifer Lahoz Abós
Marayca López y Ferrer
Beatriz Tébar Vilches
Daniel Varona Gómez
47. Los delitos contra el honor
Patricia Laurenzo Copello
48. Delitos contra la vida y la salud de los trabajadores
Juan Mª Terradillos Basoco
49. El delito de prevaricación judicial
Ramón Ferrer Barquero
50. La tentativa inidónea y el código penal de 1995
José Muñoz Lorente
51. Salud pública y drogas tóxicas
María Acale Sánchez
52. Los delitos contra los consumidores
Luz María Puente Aba
53. La circunstancia atenuante analógica en el código penal de 1995
Pilar Otero González
54. El deber de socorro
Manuel Gómez Tomillo
55. El delito societario de falsedad en documentos sociales
Patricia Faraldo Cabana
56. Responsabilidad penal de las personas jurídicas y alcance del art. 129 del código penal
Mª Jesús Guardiola Lago
57. La corrupción de agente público extranjero e internacional
Eduardo A. Fabián Caparrós
58. Los delitos de atentado y resistencia
Mª Luisa Cuerda Arnau
59. Los delitos de conducción temeraria
Miguel Ángel Moreno Alcázar
60. El error sobre las circunstancias atenuantes
Abraham Castro Moreno
61. Sobre «los incendios»
Manuel Cobo del Rosal
Manuel Quintanar Díez
62. El delito de corrupción de menores (art. 189.3 CP)
Sara Aguado López
63. La reforma de la ejecución penal
Ramón García Albero
Josep-Maria Tamarit Sumalla
64. El principio de legalidad penal
Rosario de Vicente Martínez
65. Los delitos contra la propiedad industrial en el código penal español de 1995
María José Segura García
66. Los delitos de descubrimiento y revelación de secretos
Carlos Romeo Casabona
67. La imprudencia profesional
Cristina Guisasola Lerma
68. Los delitos de lesiones al feto y los relativos a la manipulación genética
Luis Gracia Martín
Estrella Escuchuri Aisa
69. El allanamiento de morada, domicilio de personas jurídicas y establecimientos abiertos al público
Ángel José Sanz Morán
70. El delito de robo y hurto de uso de vehículos
Rosario de Vicente Martínez
71. El abuso de información privilegiada en la función pública
Abraham Castro Moreno
Pilar Otero González
72. Cárcel Electrónica
Faustino Gudín Rodríguez-Magariños
73. El delito de participación en riña
Luis Gracia Martín
Eva Fernández Ibáñez
Belén Mayo Calderón
74. Los delitos de homicidio y de asesinato en el código penal español
Luis Gracia Martín
Jorge Vizueta Fernández
75. El principio de proporcionalidad penal
Norberto J. de la Mata Barranco
76. Automóviles, delitos y penas
Josep Mª Tamarit Sumalla
Mª Eulàlia Luque Reina
77. El delito de dopaje
Emilio Cortés Bechiarelli
78. Violencia de género y violencia doméstica
Eduardo Ramon Ribas
79. Las prohibiciones de residencia, aproximación y comunicación en el derecho penal
Patricia Faraldo Cabana
80. Terrorismo internacional y conflicto armado
Héctor Olasolo Alonso
Ana Isabel Pérez Cepeda

81. Reincidencia y delincuencia habitual
Cristina Guisasola Lerma

82. Intervenciones corporales ilícitas: tutela penal
Ángela Matallín Evangelio

83. La tutela penal de los animales
Esther Hava García

84. El delito «ecológico» del artículo 325.1 del Código Penal
Álvaro Mendo Estrella

85. El delito de terrorismo urbano o de baja intensidad
Juan Fernández Requena

86. Las nuevas tecnologías en los delitos contra el patrimonio y el orden socioeconómico
Patricia Faralda Cabana

87. El delito de secuestro
Gilberto Martiñón Cano

88. Los delitos relativos al secreto de empresa
Carlos Martínez-Buján Pérez

89. Audiencia nacional y prohibición penal de reuniones y manifestaciones
Lucía Martínez Garay
Javier Mira Benavent

90. Fraudes contractuales y exacciones ilegales
Abraham Castro Moreno

91. La nueva medida de seguridad postdelictual de libertad vigilada
Faustino Gudín Rodríguez-Magariños

92. Calumnias, injurias y otros atentados al honor
Concepción Carmona Salgado

93. La responsabilidad penal por productos defectuosos
Susana Escobar Vélez

94. Estafa de inversores y de crédito
Carlos Martínez-Buján Pérez

95. La responsabilidad criminal de las personas jurídicas, de los entes sin personalidad y de sus directivos
José Miguel Zugaldía Espinar

96. El derecho a una segunda instancia con todas las garantías
Rafael Alcácer Guirao

97. Tipos penales en el ámbito internacional
Francisco Javier Dondé Matute

98. Dogmática y política criminal del aborto
Patricia Laurenzo Copello

99. El contenido de la antijuridicidad
Carlos Martínez-Buján Pérez

100. El delito de desatención sanitaria
Mª Rosa Moreno-Torres Herrera

101. El delito contra la seguridad e higiene en el trabajo
Cristina Faraldo Cabana

102. El delito de sustracción de un menor por su progenitor
Elena B. Marín de Espinosa Ceballos

103. Delitos relativos a la protección de la biodiversidad
Ángela Matallín

104. El delito de trata de seres humanos
Alberto Daunis Rodríguez

105. El error sobre las circunstancias del delito
Esteban Pérez Alonso

106. Delitos de tráfico ilegal de personas, objetos o mercancías
Paz M. de la Cuesta Aguado

107. El autoblanqueo
Ignacio Martínez-Arrieta Márquez de Prado

108. Sistemas de imputación subjetiva en derecho penal
Nicolás Oxman

109. El delito de *online child grooming* o propuesta sexual telemática a menores
Carolina Villacampa Estiarte

110. La aplicación de las circunstancias del delito
Emiliano Borja Jiménez

111. La prescripción de la pena tras la reforma del Código Penal de 2015
Sergi Cardenal Montraveta

112. Derecho penal europeo y legislación española
Norberto J. de la Mata Barranco

113. Comentarios a la reforma del Código Penal en materia de terrorismo: la L.O. 2/2015
Juan Carlos Campo Moreno

114. Los delitos de omisión
Miguel Ángel Núñez Paz

Made in the USA
Monee, IL
04 November 2026

67385318R00134